스토리텔링 학습법 혁명

Janice McDrury · Maxine Alterio 저
강현석 · 전명남 · 현영섭 · 이윤복 역

STORY
TELLING

박영story

역자 서문

본 역서는 Janice McDrury와 Maxine Alterio(2003)가 집필한 「Learning through Storytelling in Higher Education: Using Reflection & Experience to Improve Learning」을 우리말로 옮긴 것이다. 원제를 직역해보면, 「고등교육에서 스토리텔링을 통한 학습: 학습을 개선하기 위하여 반성적 성찰과 경험을 활용하기」쯤이 된다. 풀어서 해설해보면, 대학생들의 학습을 개선하기 위하여 스토리텔링 기법을 활용하면서 대학생들의 반성적 성찰과 경험을 학습에 활용하여 진정한 학습을 촉진시켜 주고자 하는 것이다.

최근에 대학생들의 피상적 학습에 대한 우려와 걱정의 목소리가 높다. 이러한 목소리는 대학 내·외부에서 자주 들려오고 있다. 대학 내부에서는 대학생들의 학습이 너무 기계적이고 단편적이며, 전공 교과 학습 외에 스펙 쌓기나 자격증 관련 공부에 함몰되어 학습이 자신의 성장으로 이어지지 못하고 있는 점에 우려를 표하고 있다. 대학 외부, 특히 기업체나 산업체, 관련 현장에서는 실무적 기초나 전공의 지식도 피상적이며, 특히 현장의 실무적 지식에서 너무 준비가 되어 있지 않은 문제를 질타하고 있다. 총체적으로 보면, 오늘날 우리 대학생들의 학습은 기초적 지식의 결여, 현장 맥락에의 적용력 취약, 자신의 성찰과 경험과 유리된 무의미한 학습의 범람, 자신의 삶과 통합되지 못하는 학습의 무기력함 등이 노출되고 있는 실정이다.

이러한 문제적 상황에서 학생들의 학습을 의미 있고 진정한 심층 학습으로 안내해 줄 소중한 기회를 접하게 되었다. 학생들의 학습의 문제점을 개선하기 위한 노력들을 다각도로 시도해오던 차에 본 저서를 접하면서 소중한 실마리를 찾게 되었다. 본 역서는 대학생들의 무기력한 학습을 업그레이드 하게 하고 자신의 경험을 성장시켜주는 데 유익한 자료가 될 것으로 기대한다. 본 저서를 작업하게 된 역자들도 대학에서 교육과정과 교수, 학습 및 상담, 평생교육과 인적자원개발에 관심을 갖고 연구, 티칭하는 사람들이다. 상호 주 관심사는 다소간 상이하지만, 크게 보면 학생들의 학습을 보다 유의미하게 조력하고 지원해주는 일에서는 공통의 관심사가 있었다. 이러한 공감으로 인해 본 저서에 매력을 느끼게 되었다.

본 역서는 크게 11개 장으로 이루어져 있지만, 정확하게는 9개 장이 주 내용으로 제시되고 있다. 1장은 이 책의 서론적 내용이고, 11장은 결론으로 소략하고 있다. 5장에서 9장까지는 스토리텔링 5단계 학습법에 해당된다.

제2장에서는 스토리텔링 영향력들로 반성적 성찰과 학습의 문제에 중점을 두고 관련 토픽을 다루고 있다. 제3장에서는 스토리텔링 개발과 관련한 문헌들의 개요를 살피면서, 스토리텔링의 정의와 내러티브 접근의 세 가지 이유를 제시하고 있다. 제4장에서는 스토리텔링 접근법을 구성주의적 패러다임과 관련시키며, 스토리텔링을 통한 반성적 학습 모형을 소개하고 있다. 특히 여기에서 경로 모형(McDrury and Alterio, 2001)을 제안하고 있으며, 이 모형을 통한 형식화된 스토리텔링의 개념을 제시하고 스토리텔링 과정과 반성적 학습 결과 사이의 연관성을 기술하고 있다.

스토리텔링 5단계 학습법이 시작되는 첫 단계인 제5장에서는 학생들의 구성적 학습을 유발하기 위해 어떻게 이야기를 사용할 수 있는지 입증하기 위해 5단계 접근법을 제공하고 있다. 여기서는 학생들에게 **이야기 찾기**(모형의 1단계)에서 지원하는 다양한 활동을 소개함으로써 스토리텔링 문화가 어떻게 창출될 수 있는지 제안한다.

제6장은 **이야기하기** 단계로 학생들이 실천 경험을 통해 이야기를 경청하는 것에서부터 이야기를 하고 본보기를 써보는 단계로 이동하는 방식을 소개한다. 제7장은 학생들에게 제3단계인 **이야기를 확장**할 수 있도록 몇 가지 반성 이론을 소개하는 방법을 기술한다. 이 장에서는 스토리와 반성의 메타 분석을 가지고 학생들을 지원하기 위해서 실습을 제공한다. 제8장에서 형식화된 스토리텔링에 관한 우리의 생각을 개발하고 **이야기 처리** 단계를 소개하는데 여기서는 실천 이야기에 관해 얼마나 집중적인 반성적 대화가 중요한 학습으로 귀결될 수 있는지 진술한다. 우리는 학생들이 형식화된 스토리텔링 과정을 사용하여 어떻게 그들의 이야기를 공유할 수 있는지 기술한다. 자발적으로 이끌린 활동에서 나온 이야기는 변화를 일으키기 위해 사용되는 반성적 과정과 마찬가지로 탐구된다. 제9장에서는 스토리텔링을 통한 반성적 학습 모형 4단계인 **이야기 재구성**에 집중하고 있다. 이 단계에서는 실습 사건을 바라보는 다양한 관점을 얻는 데 사용되는 그룹 스토리텔링 과정이 소개된다.

지금까지 소개된 5단계 학습법, 즉 제5장에서 제9장까지의 주 관심사는 학생들게 점차적으로 반성적 학습 단계로 안내하는 스토리텔링 이론을 제공하는 것이다. 이 과정에서 교육자들에게 이 과정을 보조하는 템플릿을 제공해주고 있다. 본 다섯 가지 단계에서의 의도는 스토리텔링이 서로 다른 목적으로 서로 다른 수준과 방식에서 학습도구로 사용될 수 있는지를 입증해 보이는 것이다.

제10장에서는 평가와 윤리적 문제와 관련된 이슈들을 살펴보고 있다. 이 장에서는 스토리텔링 평가에 관한 저자들의 관점을 소개하고 평가의 문제에 대한 실천 가능한 제안을 제공하고 있다. 이야

기의 소유권 문제 등 윤리적 문제에 대한 내용이 소개되고 있다.

본 역서는 주로 대학생들에게 초점이 맞추어져 있지만, 초·중·고교 학생들의 학습을 설명하는 데에도 적용가능하다. 그리고 전문직 종사자들의 모든 실천 분야에서도 적용가능하기 때문에 모든 전문직 종사자들에게도 유익한 자료로 기능할 수 있다. 특히 이 책은 전문적 실천이나 업무 실행을 준비하는 학부 학생들과 실천을 향상시키고자 하는 장래의 숙련된 실천가들에게 특히 유용하다고 생각한다. 예를 들어 훌륭한 교사, 간호사, 의사, 법률가, 건축가, 상담가 등이 되고자 하는 학생들에게 소중한 자료가 될 것으로 기대한다.

본 저서를 작업하면서 역자들의 이론적 관심사나 전공, 철학들이 다소간 차이가 있었지만, 상호검토를 통해서 용어나 문구들을 독자의 입장에서 수정하고자 많은 노력을 기하였다. 하지만, 그럼에도 불구하고 많은 오역이나 실수가 있을 것으로 생각한다. 독자 여러분들의 많은 지적을 기대한다. 출판계의 사정이 어려움에도 불구하고 이 보잘 것 없는 책을 보기 좋게 출간해주신 회장님과 편집부 가족에게 고마움을 전하고 싶다. 모쪼록 이 책이 우리 학생들의 학습을 되돌아보게 하고 자신의 성장과 경험에 유익한 도구가 될 수 있기를 고대해본다.

2015. 8.
역자 일동

서문

소설만큼 기록하기 어려운 정도로 누군가의 관심을 사로잡는 학술적 가치를 지니는 교육학에 관한 책을 만나는 것은 흔한 일이 아니다. 이 책은 이런 현상의 보기 드문 사례이며, 대학교육에서 학생과 실천가(대학 교수) 모두의 학습을 향상시키기 위해 반성적 실천을 활용하는 매우 중요한 사안에 신선하고 독창적인 관점을 부여해주고 있다. 내러티브 본능(narrative instinct)은 근본적으로 인간의 고유한 본능이다. 이 책을 통해서 저자들이 그 과정을 학생들이 다양한 전문적인 활동 배경에서 경험을 통해 학습한 것을 풀어내도록 돕기 위해 조직적이고 체계적인 방식으로 사용하는 것은 매우 인상적이다.

나는 처음부터 이 책에 대해 알고 있었고 비록 초고였지만 뉴질랜드에서 저자들과 대화를 나누었으며 그 책이 Dunmore 출판사에서 발행되었을 때는 그들과 함께 출간의 기쁨을 공유한 적이 있다. 따라서 이 책이 Kogan Page의 출판을 통해 좀 더 국제적인 관심을 받게 되어 더더욱 기쁘다. 나는 저자들이 전 세계적으로 대학교육에 긍정적인 영향을 미칠 수 있는 경험과 학습 간의 고리를 이해할 수 있는 방식에 지대한 공헌을 했다고 믿는다. 이 책은 가르치고 학습을 지원하는 모든 이들을 위한 전문적인 단체로 대학교육에서의 교수 상태를 강화하고 학습경험을 향상시키며 혁신을 지원하기 위해 설립된 고등교육 학습 및 교수 지원센터의 목적을 상당 부분 공유하고 있다. 그러므로 우리의 비전을 공유하는 회원들 및 다른 독자들에게 이 책을 기쁘게 추천하는 바이다.

고등교육 학습 및 교수 지원센터
회원 서비스 사업 부장
Sally Brown

머리말

이야기는 도처에 있다. 우리는 이야기를 듣고, 읽고, 쓰고, 그리고 말한다. 때로는 이야기를 느낀다. 우리는 이야기를 사용해서 다른 사람들을 북돋아주고 정보를 전달하며 경험을 공유한다. 우리는 친구와 가족을 즐겁게 하고 새로운 사람들과 연계하며 우리 주변 세계를 이해하기 위해 이야기를 한다. 우리는 이야기를 하면서 관점을 표현할 기회를 만들고 감정을 드러내며 개인적이고 전문적인 삶의 측면을 제시한다. 때로 우리는 이와 같은 인간 본연의 활동에 창의적인 방식으로 참여하며 또한 그렇게 함으로써 우리의 상상력을 자극하고 기억 및 시각화 능력을 향상시킨다. 우리 자신의 경험뿐만 아니라 다른 사람들의 경험과도 소통하는 능력은 개인의 관점과 틀을 넘어서 좀 더 넓은 관점을 취할 수 있도록 한다. 이러한 속성은 국제적이고 역사를 초월한 또한 여러 문화에 걸친 용도와 더불어 스토리텔링을 강력한 학습 도구로 만든다. 그러므로 그것이 오래 지속된 것은 놀랄만한 일이 아니다.

다양한 배경의 저자들이 경험의 의미를 구성하고 이해하는 수단으로서 이야기하는 것을 제안하였다. 여기에는 심리학자(J. Bruner, 1986, 1987; E. Erickson, 1975; Polkinghorne, 1988), 철학자(MacIntyre, 1981; Ricoeur, 1984), 역사가(Clifford 1986; Mink, 1978; White, 1973, 1981), 인류학자(E. Bruner, 1986; Rosaldo, 1989), 정신분석학자(Schafer,

1981; Spence, 1982), 의료 전문가(Benner, 1984; Diekelmann, 1990, 1992; Sandelwoski, 1991; Taylor, 2000), 치료사(Hart, 1995; Smith, 2001; White and Epston, 1990) 그리고 교육자(Bishop and Glynn, 1999; Clandinin, 1993; Friend, 2000; Lauritzen and Jaeger, 1997; Mattingly, 1991; McCormack and Pamphilon, 1998; McEwan and Egan, 1995; Pendlebury, 1995; Reason and Hawkins, 1988; Van Manen, 1991)가 있다.

그러한 다방면의 호소력은 스토리텔링이 교육적 맥락에 쉽게 실행되도록 하였다. 대학교육 분야에서 지난 20년에 걸쳐 등장한 반성적 패러다임은 스토리텔링을 학습도구로 수용되도록 하였다. 교육자들은 원리를 벗어나거나 원리에 맞는 범위에서 스토리텔링을 학생들의 비판적 사고 능력을 자극하기 위해 사용하고 있으며 자기-검토를 격려하고 실천 현장의 현실을 전달한다. 이 책은 스토리텔링 기술과 반성적 과정을 연결 짓고, 학생들이 어떻게 이러한 도구를 바탕으로 자신들의 학습에 정보를 제공하고 학습을 개발하며 향상시킬 수 있는지를 보여준다.

이 책은 11개의 장으로 구성되어 있다. 초반의 장에서는 대학교육에서의 반성과 학습 및 스토리텔링 사이의 관계를 탐구하고 이 책에 제시되어 있는 아이디어가 어떻게 개발되었는지에 관한 설명을 제공한다. 제4장에서는 중요한 스토리텔링 특징을 파악하고 그러한 특징이 제공하는 선택이 어떻게 스토리텔러들에게 서로 다른 학습 결과를 획득할 수 있는 8개의 경로선택을 제공하는지 설명한다. 이러한 측면은 스토리텔링 모형을 통해 반성적 학습으로 통합된다. 그 다음 5개 장에서는 5단계 스토리텔링 접근법—**이야기 발견, 이야기하기, 이야기 확장, 이야기 처리 그리고 이야기 재구성**—이 전문적 실천성을 개발하기 위한 학생들의 학습을 촉진시키기 위해서 어떻게 사용될 수 있는지 개요를 서술한다. 제10장에서는 평가와 윤리적 문제를 고려하고 제11장에서는 이야기를 하는 것에 대한 책을 집필하는 경험에 관해 반성적 이야기를 담고 있다.

이 책의 독자층

우리는 이 책이 다양한 분야에 있는 학생 및 전문가의 관심을 끌고 그들의 관심사와 적절히 관련되기를 희망한다. 또한 이 책이 전문적 실천을 준비하는 학부 학생들과 실천을 향상시키고자 하는 숙련된 실천가에게 적용된다고 믿는다. 병원 실습 상황에서 학생들을 감독하는 의료 전문가와 고객과 작업하는 훈련가 및 반성적 문화를 조장하고 싶어 하는 관리자들에게는 이 책이 매우 유용한 자원으로 제 역할을 다할 것으로 믿는다. 반성적 실천 이론을 심어주고 싶어 하는 멘토, 강사와 교직원, 그리고 교육 개발자들은 이 책에 있는 실행가능한 제안과 이론적 요소 둘 사이의 격차를 해소시켜주는 방식으로 진척되는 것을 발견하게 될 것이다. 그리고 스토리텔링이 실천에 관해 학습하는 데 사용될 수 있으리라는 점을 자각하고 또한 실제로 그것을 신중하고 효과적인 방식으로 사용하게 될 수 있는 능력을 갖추게 될 것이다.

감사의 글

이 책이 나오기까지 도움과 조력을 아끼지 않은 우리 가족과 친구들에게 감사의 인사를 전한다. 특히 이론적 부분에 대해 사려 깊은 피드백을 주신 Keith Ballard 교수님과 평가 및 윤리적 사항에 관한 유용한 조언을 해주신 Terry Crooks 부교수님께 감사의 말씀을 전하고 싶다. 또한 초기 초안에서 도움을 주신 Kate Doherty와 Martha Morseth에게도 고마움을 표하는 바이다.

차 례

chapter 11

반성과 결론 • 233

CHAPTER 1

서 론

STORY TELLING

✔우리의 이론적 근거
✔우리의 이야기
✔책의 개요

CHAPTER

1

서 론

이야기를 시작하는 방법만큼 책을 시작하는 방법도 여러 가지가 있을 수 있다. 우리가 관심을 갖고 있는 스토리텔링은 자발적으로 발생하는 방법인 반면에, 일부 작가가 독자들의 관심을 끌기 위해 사용하는 기법들은 많은 스토리텔러들이 청자들을 구두과정에 참여시키는 방식과 거의 유사하다. 특정 그룹의 독자나 청자들의 이목을 끌기 위해 어휘가 선정되고 페이지 위에 배열되거나 구두로 제시된다. 작가와 스토리텔러가 이러한 노력들을 얼마나 효과적으로 감내하느냐는 여러 요인에 달려 있으며 그 중 하나는 지식, 경험, 직관을 대상이 되는 독자들의 관심을 끌 수 있는 어휘나 이미지로 변환시키는 능력이다. 이상적으로는 모든 중요한 단어나 단어 결합은 두 가지 목적을 수행한다. 첫째는 전달되는 것에 의미를 부여하면서 기여한다는 점이고, 둘째는 텍스트나 스토리에 청중을 참여시키는 방식으로 진행된다는 것이다. 충분한 맥락적 정보를 제공하는 것은 또 다른 유용한 기법이 된다. 왜냐하면 이것은 독자나 청자가 그들에게 유의미한 측면과 연관되도록 돕기 때문이다.

이 책의 맥락은 고등교육(대학교육)이며 우리의 주된 의도는 스토리텔링이 학습도구가 되어 효과적으로 사용될 수 있는 방식을 제안하고자 하는 것이다. 이 목적을 위해 우리는 연구자 그리고 강사 및 학생으로서, 또한 이야기에 관심이 있고 어릴 적부터 이야기에 둘러싸여 있는 개인으로서 우리의 경험을 활용한다. 성인기 내내 우리는 스토리텔링이 어떻게 우리의 개인적 및 전문적인 삶에 영향을 미치는지에 관해 친구 및 동료와의 대화를 즐겨왔다. 최근 몇 년 동안 우리는 학생들의 학습을 향상시키기 위해 이야기를 가지고 형식화된 방식으로 작업을 진행해왔다. 이 기간 동안 우리들의 스토리텔링 과정을 사용했던 학생들 및 동료들과 대화를 나누었고 그들로부터 피드백을 수집하였다. 이러한 상호작용 및 차후의 피드백은 우리가 이 책의 집필을 준비하는 과정에서 우리 사고를 형성하였다. 본 저서인 ***스토리텔링을 통한 학습***은 그러한 상호작용의 결과이며 여기에는 동일한 장소에서 시의적절하게 우리들 자신의 전문적 여정과의 행복한 조우가 포함된다.

우리의 이론적 근거

우리의 의도는 스토리텔링 예술을 반성적 학습 과정과 관련시키는 것이고, 교육자들이 우리가 제시한 아이디어와 전략 및 과정을 전문적 실천(professional practice)에 내재되어 있는 엄격함과 불확실성에 대해 학생들을 더 잘 준비시키고 효율적으로 대처하기 위해 어떻게 사용하는지를 보여주는 것이다. 우리는 스토리텔링을 활용하여 우리가 일생동안 경험하는 것으로부터 학습할 수 있다고 확신한다. 또한 스토리텔링은 대학교육 현장에서 학습을 촉진시키는 의미 있고 즐거운 창의적 방법으로 사용될 수 있다는 것을 발견하였다.

학생들과 더불어 스토리텔링을 사용하면 할수록 우리는 그것을 평생 학습에 활용할 수 있음을 더 잘 깨닫게 되었다. 비슷한 시기에 우리는 비형식적인 스토리에 주목하기 시작하였다. 우리는 어떤 이야기가 어디에서 나왔고, 특정 환경에서 어떤 반응이 주어졌는지, 그리고 우리가 하는 이야기 방식이 성취 결과에 어떤 영향을 미쳤는지에 주목하였다. 스토리텔링의 본질, 특히 그것을 고등교육 맥락에서 정식으로 사용하는 방법에 관해 더 많이 알고자 하는 우리의 열정은 우리를 탐구의 여정으로 이끌었다. 우리는 스토리텔링 특징을 좀 더 상세하게 검토하였고 스토리텔링 경로 모형을 개발하였으며 연구 참가자들, 학부생과 대학원생들, 그리고 관심 있는 동료들과 함께 세 개의 형식화된 과정을 설계하고 그것들을 사용하였다. 우리는 결과물을 학회에 제출하였고 책으로 출판하였으며 스토리텔링에 관한 워크숍을 제공하였다. 이는 우리가 이 텍스트에서 기술하는 **스토리텔링을 통한 5단계 학습 이론**을 개발하고 실행토록 하였다. 우리의 개념과 전략 및 과정을 형성하게 됨에 따라서, 우리는 학생 및 동료와 더불어 스토리텔링에 관해 학습하였으며, 이 과정에서 우리는 그들의 열정적인 참여에 대해 매우 감사한 마음을 가지고 있다.

스토리텔링에 관한 우리의 사고는 우리가 이 책을 집필하는 작업에 착수했을 때 상당히 진전되고 도약하였다. 그러므로 우리는 다른 사람들이 좀 더 조정하고 발전시킬 수 있도록 스토리텔링에 관한 우리의 생각을 대중 무대에 올릴 수 있는 기회를 환영한다. 우리가 이야기를 통해 관계를 맺고 이야기와 더불어 작업하며 이야기로부터 학습하는 방식에 관해 여전히 열정적이므로, 우리는 스토리텔링을 학습 도구로 활용하는데 관심이 있는 누구에게든지 이 책을 자원으로 제공하고자 한다.

우리의 이야기

이 책을 집필하는 동안 우리는 스토리텔링에 대한 우리의 관심에 기여했던 많은 영향들을 더욱 잘 알게 되었다. 우리의 가족과 그들이 이야기를 들려주거나 들려주지 않았던 방식, 우리가 유년기 동안 독서 및 작문 관련 활동을 조망한 방법, 학교에서의 경험, 특정 직업을 선택한 이유, 그리고 무엇보다 중요한 것은 우리 삶에 있어서 이야기가 차지했고 여전히 차지하고 있는 위치 등이 예가 된다. 우리의 주제에 맞추어 이제 이 영향들을 이야기 형식으로 공유하고자 한다.

Janice

이야기를 통해 경험을 공유하는 것은 어린 시절의 중요한 일부분이었다. 다른 장소와 시간에 설정되어 있는 모험을 듣는 것에 대한 경이로움과 즐거움은 나를 다른 세계와 다른 현실을 의식하도록 하였다. 부모님은 시골에서 자신들의 유년기에 영향을 미쳤던 기쁨과 슬픔의 조각들을 공유하였다. 휴식 시간을 만들어내는 단순한 기쁨과 능력은 대공황 시기 동안 한정된 자원과 병든 부모님이라는 가혹한 현실과 대조를 이루었다. 이 이야기의 대부분이 일상의 활동 영역 안에 스며들어 있었지만 시간이 흘러도 끊임없이 지속된 주제와 인물이 담긴 중요한 사건들도 있었다. 아버지의 경험은 노동부에 고용되어 알프스 남부를 가로질러 전기 배선을 설치하는 것이었고 어머니의 경험은 전쟁 기간 동안 발생한 서사시의 모험이었다.

그러나 내 삶에 중대한 영향을 미쳤지만 언급되지 않은 이야기도 있었다. 특히 아버지의 전쟁 이야기이다. 아버지의 삶은 이집트와 로마 그리고 팔레스타인과 같은 곳에서 상당 부분 형성되었다. 하지만 아버지는 죽음이나 파괴 혹은 그 때 감염되어 일생동안 지니고 계신 질병과 같은 이야기를 거의 하지 않으셨다. 아주 가끔씩만 그가 겪었던 삶의 가혹함을 짧게나마 통찰할 수 있는 재미있었던 일화를 들려주셨다.

나에게 이야기는 주로 듣기와 말하기를 통해 구전(oral tradition)으로 발생했다. 이야기는 직접 혹은 간접적으로 이야기를 경험했던 사람들, 그리고 사건과 감정 및 결과를 공유하고 싶어 했던 사람들과 공유되었다. 나에게 가장 중요했던 것은 무엇을 해명하고 정교하게 말하고 혹은 이야기를 확장시키기 위해서 이야기를 하는 사람들과 함께 대화할 수 있는 것이었다. 이런 식으로 해서 나는 어떤 식으로든 이 이야기의 일부가 되고 이해와 통찰을 얻는 기회를 얻었다.

글로 된 이야기는 호소력이 부족하다. 나는 읽기를 배우려고 고군분투하였고 결국 읽을 수 있었던 따분한 학교 교과서에는 흥미가 별로 없었다. 그러나 내가 듣고 말하며 어떤 일이 벌어질지 궁금해하고 대안을 논할 수 있는 이야기가 있어서 행복했다. 이야기는 대화의 출발점이었다. 예상대로 학창시절동안 나로 하여금 이야기를 쓰도록 요구한 것은 별 의미가 없었다. 나는 주제를 발전시키고 줄거리를 전개하며 긴장감을 창출하거나 해결책을 발견하는 것에 관한 학술적인 개념이 없었다. 내가 학교에 제출한 에세이 대부분은 어머니와 함께 쓴 것이었다. 어머니가 이야기를 만들어내고 발췌하고자 하시면 나는 기쁘게 필요한 단어를 써 내려갔다. Massey 대학교에서 성숙한 학생으로 2단계 교육을 받을 때가 되어서야 나는 서로 다른 학습 스타일이 있다는 것을 깨달았다. 이러한 통찰은 글쓰기에 대한 나의 능력을 일깨워주었다.

따라서 글로 쓰인 이야기에는 관심이 거의 없었지만 구전에는 강했기 때문에 간호과에 들어갔다. 나는 다른 학생들에게 잘 들어맞는 것을 즉각적으로 찾아냈다. 간호 업무는 강한 구전을 지니고 있었고 스토리텔링은 나의 복명(復命) 도구가 되었다. 기쁨과 슬픔, 당혹스러웠던 순간과 재미있었던 상황을 함께 나누는데 보낸 시간으로 인해 우리는 세계를 이해할 수 있었고 동료들이 자신들의 현실을 다루는 방법 또한 알 수 있었다. 간호사들의 숙소는 멋진 스토리텔링 공간을 제공하였다. 밤이건 낮이건 언제나 이야기를 하는 사람과 듣는 사람이 있었다.

스토리텔링은 간호 업무 시절 내내 나와 함께 했고 매우 자연스럽고 자발적인 방식으로 교수/학습 환경으로 전달되었다. 경험을 공유하고 타인이 간호 현실을 바라볼 수 있도록 하며 슬픔과 기쁨의 순간에서 환자 및 가족과 함께하는 방식을 보여주는 도구로 스토리텔링을 사용하였다.

박사 여정에 착수하고 나자 스토리텔링은 새로운 의미를 띄기 시작했다. 나는 경험, 특히 반성적 경험으로 배우는 것에 관심이 있었다. 그 때 반성을 향상시키기 위한 도구를 개발하도록 도전을 받았는데 스토리텔링은 간호사들이 자발적으로 사용했던 수단이었던 만큼 명백하고 효과적인 해결책으로 보였다. 나는 커피를 마시거나 점심을 먹으며 서로 주고받는 이야기를 들었다. 나는 실천에서 나온 이야기에 관해 학생들 및 동료들과 대화를 나누었다. 점차적으로 나는 언제, 어디서, 어떻게 그리고 왜 이야기가 행해지는지 궁금해지기 시작했다. 또한 행해지는 이야기의 유형과 그것이 성취하는 결과에 관심이 있었다. 스토리텔링에 관한 나의 사고는 이러한 경험으로부터 정보를 얻고 이 책에서 우리가 공유하는 기반을 형성하게 된 것이다.

Maxine

나는 늘 반성, 특히 창의적인 작문 활동과 이야기 공유에 참여하면서 소설을 읽는 것과 관련된 반성의 형식으로 인해 기쁨을 누렸고 이에 도전과 자극을 받았다. 어릴 적 사고의 가치 있는 형태로서의 '공상'을 하도록 격려를 받아서 나는 나의 상상력을 자극하고 확장시키는 공상의 세계를 만들어냈다. 이러한 세계는 종종 대담하면서도 흥미로운 방식으로 펼쳐졌다. 닭장 지붕에서 비행하고 헛간과 차고 사이에 매달려있는 줄에 올라타며 서커스에서 볼 수 있는 바퀴가 하나인 자전거를 타고자 시도했던 것은 가공된 가능성으로서 시작되었고 깊이 생각하여 안무를 짠 신체적 모험으로 귀결되었다.

아버지가 잘 알려진 스토리를 창의적으로 해석하는 것에 내가 적극적으로 동참했던 것은 내 유년시절의 대부분을 차지했다. 아버지는 'The Three Billy Goats Gruff'와 같은 이야기를 극으로 만들어 직접 괴물이 되거나 부엌 식탁 밑에 숨어서 내가 '안돼요. 날 잡아먹지 마세요. 내 여동생들이 훨씬 더 맛있답니다.'라 말하며 뛰어다니도록 하셨다. 원작 또한 부모님의 레퍼토리 일부가 되었다. Hairy Fairy와 같은 상상 속 인물은 유년시절 나와 함께 했고 스토리텔링에 대한 나의 관심을 북돋아 주었다.

책을 읽을 수 있게 되자 나는 책을 폭식하였고 나의 마음은 존재하는 줄도 몰랐던 나의 조국에 호기심을 불러일으키고 어리둥절하게 하는 생활양식으로 이동시켰다. 나는 왜 등장인물들이 특정 방식으로 행동하는지 관심을 갖게 되었고, 종종 내가 만일 같은 상황이라면 어떻게 행동했겠는가를 스스로에게 묻곤 하였다. 허구적 인물의 삶 속에 빠져 나는 그들의 모험을 함께 하였고 그들의 이야기가 펼쳐지는 풍경에도 익숙해졌다. 이 단계에서 책은 내가 알고 싶어 하는 모든 것을 제공할 수 있다는 확신을 갖게 되었다.

나 자신의 이야기를 쓰는 것은 자연스러운 진행과정이었다. 나는 연극, 서커스 및 인형극, 가볍고 즐거운 활동을 위한 대본을 쓰면서 남쪽 지방의 긴긴 겨울을 버텰 수 있었다. 이 이야기들은 거의 편집되지 않았다. 내가 주안점을 둔 것은 쓰는 양식과 문법적 세부사항 혹은 철자가 아닌 내용이었다.

학교에 다니는 것은 나의 작문과 독서 생활에 방해가 되었기 때문에 삶의 침해로 여겨졌다. 나는 학교를 엄격하고 지루하며 규정에 얽매인 곳으로 여겼다. 한때는 교사들이 나에게 수학, 독서 혹은 철자법을 강요하면서 내 뇌를 망치고 있다고 믿었다. 40분 동안 이러한 과목을 공부하기 위해 앉아 있는 것은 '네가 원할 때 하고 싶은 것을 배우라'는 나의 이론과 맞지 않았다. 나의 창의적인 영혼이 짓눌리는 느낌도 들었다. 중등학교수준에 도달할 무렵 나는 학교 중심의 학습은 법적 이유로 인해 감내해야 하는 것으로 보았다.

20대 후반에 들어와 세 아이의 어머니가 되고 보니 나는 정규 교육이 제공할 수 있는 무언가가 있을 법하다는 생각을 하게 되었다. 동생의 격려로 나는 지역의 폴리테크닉에 있는 대학 진학 영어 강좌에 등록하였는데 나중에 여기서 7년 동안 학생들을 지도하게 되었다. 나는 이 강좌가 무척 좋았다. 무엇이 달라졌는가? 그 시간은 나에게 딱 맞았고 나는 학생 중심의 교사를 만났다. 다음 해에 나는 통신교육학교를 통해 학비보조를 지원받으면서 영어를 공부하였고 한 해 뒤에 Massey 대학교의 제1단계 교육에 등록하였다.

나는 이상적인 파트타임 학생이었고 내 목표를 정할 수 있도록 동기부여를 받았으며 내가 원하는 때와 방법을 알게 되어 행복했다. 나는 교육, 심리학, 언어학과 영어에 관한 논문을 썼고 결국 Otago 대학에서 파트타임 학생으로서 학사 학위를 받게 되었다. 그 후로 티칭 학위(고등교육기관용)와 석사학위(논문)를 받았다. 논문 요구조건을 충족시키기 위해 나는 네 개의 전문직에 종사하는 실천가들이 어떻게 하여 저널쓰기와 스토리텔링을 반성, 분석, 자기 평가 및 전문적 실천에 변화를 주도하고 지지하는 방식의 도구로 사용했는지 탐구하였다. 다시 과거로 돌아가 내가 유년기에 사랑했던 세 가지, 즉 쓰기와 읽기 그리고 스토리텔링은 내 삶에 스며들어 있었지만 연구 프로젝트에 온전히 몰두하게 될 때까지는 어떻게 그리 되었는지 잘 알지 못하였다.

연구 이전과 연구 동안에 나는 반성에 관해 읽고 생각하고 있었다. 그 개념은 나에게 꼭 들어맞는 것이었고 교수 실천을 위한 틀을 제공해주었다. 이때까지 나는 직원 개발 코디네이터로 고용되어 대학교육 분야에서 다양한 업무를 소화하고 있었다.

전문성 개발 도구로 스토리텔링을 탐구하는 것에 관한 관심은 지속적으로 성장했다. 나는 나의 생각을 학회에서 제시하기 시작하였고 지역 단위와 전국 및 국제 워크숍을 장려하였다. 개인적으로는 꾸준히 다방면으로 독서하고 단편 이야기와 시 그리고 소설의 조각을 썼다. 일부 단편 이야기는 라디오에서 방송되었고 일부는 뉴질랜드와 영국에 있는 문학 저널에 실렸다. 몇몇 작품은 수상하기도 하였다.

끝으로 나의 전문가로서의 삶과 개인적 흥미는 서로 교차한다. 나에게 스토리를 읽고, 쓰고, 듣고, 말하고 작업하는 것은 학습 과정에 포함된다. 이러한 관점에서 나는 교육자들이 학생들로 하여금 스토리텔링을 통해 학습에 참여하도록 할 때 고려해 볼 일부 아이디어와 활동 및 과정을 제공한다.

책의 개요

지금까지 이 장에서는 스토리텔링을 통한 학습의 개념을 소개하였고 책을 쓰게 된 이론적 근거를 제시하였으며 주제에 관한 우리의 관심이 어떻게 다양한 영향과 경험에서 나왔는지를 기술하였다. 다음에 이어지는 두 개의 장에서 우리는 스토리텔링 접근법에 정보를 제공해준 문헌을 검토한다. 제2장에서는 반성적 성찰과 학습에 중점을 두고 제3장에서는 스토리텔링 문헌의 개요를 제공한다. 제4장에서는 스토리텔링 접근법을 구성주의적 패러다임에 위치시키고 스토리텔링을 통한 반성적 학습 모형을 소개하며 경로 모형

(McDrury and Alterio, 2001)을 통한 형식화된 스토리텔링의 개념을 제시하고 스토리텔링 과정과 반성적 학습 결과 사이의 연관성을 기술한다.

학생들이 구성적 학습을 유발하기 위해 어떻게 이야기를 사용할 수 있는지 입증하기 위해 우리는 제5장에서 시작되는 5단계 접근법을 제공한다. 여기서는 학생들에게 ***이야기 발견***(모형의 1단계)에서 지원하는 다양한 활동을 소개함으로써 스토리텔링 문화가 어떻게 창출될 수 있는지 제안한다. 제6장은 이야기하기 단계로 학생들이 실천(혹은 실습)경험을 통해 이야기를 듣는 것에서부터 이야기를 하고 본보기를 써보는 단계로 이동하는 방식을 소개한다. 제7장은 학생들에게 제3단계인 ***이야기 확장***을 관리할 수 있도록 몇 가지 반성 이론을 소개하는 방법을 기술한다. 이 장에서는 스토리와 반성의 메타 분석을 가지고 학생들을 지원하기 위해서 연습을 제공한다. 우리는 제8장에서 형식화된 스토리텔링에 관한 우리의 생각을 개발하고 ***이야기 처리*** 단계를 소개하는데 여기서는 실천 이야기에 관해 얼마나 집중적인 반성적 대화가 중요한 학습으로 귀결될 수 있는지 진술한다. 우리는 학생들이 형식화된 스토리텔링 과정을 사용하여 어떻게 그들의 이야기를 공유할 수 있는지 기술한다. 자발적으로 이끌린 활동에서 나온 이야기는 변화를 일으키기 위해 사용되는 반성적 과정과 마찬가지로 탐구된다. 제9장에서 우리는 스토리텔링을 통한 반성적 성찰학습 모형 4단계인 ***이야기 재구성***에 집중한다. 이 단계에서는 실천 사건을 바라보는 다양한 관점을 얻는데 사용되는 그룹 스토리텔링 과정이 소개된다.

제5장에서 제9장의 목적은 학생들에게 점차적으로 그들을 반성적 학습 단계로 이끄는 스토리텔링 이론을 제공하는 것이다. 우리는 또한 교육자들에게 이 과정을 보조하는 템플릿을 제공한다. 우리의 의도는 스토리텔링이 서로 다른 목적으로 서로 다른 수준과

방식에서 학습도구로 사용될 수 있는지를 입증하는 것이다.

제10장에서 우리는 평가와 윤리적 문제를 고려한다. 이 도전적인 장에서 우리는 스토리텔링 평가에 관한 우리의 관점을 소개하고 평가가 어떻게 관리될 수 있는지에 관한 실천 가능한 제안을 제공한다. 윤리적 문제는 일단 이야기가 공유되면 누가 이야기를 소유하는지부터 학생들이 어떻게 형식화된 스토리텔링 상황에서 지원을 받을 수 있는지를 망라하여 탐구된다. 우리의 탐구 여정은 스토리를 말하는 것에 관한 책을 집필하는 과정에 대해 반성하면서 제11장에서 마무리짓는다. 우리는 스토리텔링에 대한 우리의 관점이 초고에 관한 논의와 동료 및 학생들로부터의 피드백, 그리고 무엇보다도 자기검토에 참여하는 것을 통해 우리 자신의 실천에 도전했을 때 어떻게 바뀌게 되었는지 기술한다. 이 책을 집필하는 것은 혼자의 힘으로 이루어지지 않았다. 그것은 사회적인 과정이었다. 따라서 협조적인 노력의 정신을 살리면서 우리는 독자들이 이 텍스트를 읽어감에 따라 스스로의 스토리텔링 경험에 대해 반성해보기를 바란다.

CHAPTER

2

스토리텔링에의 영향:

학습과 반성적 성찰

STORY TELLING

✔반성적 성찰

✔학습

CHAPTER

2

스토리텔링에의 영향:

학습과 반성적 성찰

스토리와 관련된 우리의 연구는 학습의 본질에 대한 현재의 관점에 의해 영향을 받고 있다(Brockbank and McGill, 1998; Brookfield and Preskill, 1999; Entwistle, 1998, 1996; Fry, Ketteridge and Marshall 1999; McGee and Fraser, 2001; Moon, 1999; Race 2000; Ramsden, 1992). 최근 몇 년간 학습에 대한 관점은 성찰(reflection) 또는 반성에 대한 생각을 동화해가는 방향으로 변화해 왔다. 이 변화에 따라 반성적 성찰 개념이 폭넓게 출판되어온 것을 인식하면서(Atkins and Murphy, 1993; Boud, Keogh and Walker, 1985; Boyd and Fales, 1983; Cowan, 1998; Holly, 1984; Moon 1999; Schön, 1983, 1987), 우리는 반성적 성찰이 학생들의 학습에 대한 관점에 어떻게 영향을 미치는가를 요약하는 것으로 시작하려 한다.

반성적 성찰

교육에서 성찰 또는 반성의 역할은 현재 전 세계에 걸쳐 상당한 관심과 논쟁을 모으고 있다. 다양한 학문 영역의 교육자들은 성찰적 조망을 수용하고 학생들이 성찰 활동에 참여하여 자신과 자신의 학습 분야에 대해 배우는 것을 장려하고 있다. 모든 수준에서 활동하고 있는 많은 교육자들이 성찰을 촉진하는 것을 인정하면서, 우리는 고등 교육의 맥락에서 성찰을 쉽게 촉진할 수 있는 방법에 초점을 맞추려고 한다. 이 상황에서 학부 및 대학원 프로그램에 등록한 학생들은 종종 임상적인 경험 또는 이와 동등한 활동 경험을 할 필요가 있다. 이러한 학습기회는 학생들에게는 공식적인 학습 경험을 교육자들에게는 학생들이 이론과 실제 사이에서 의미 있는 연결을 만들 수 있도록 교육할 수 있는 기회를 제공한다.

교육기관의 틀 안에서 행해져왔던 전통적인 전문가 교육 모델은 '무엇을 아는가(이론)'와 '그 방법은 무엇인가(실제)'를 분리해서 이루어져 왔으며 그러한 모델은 광범위하게 논의되어 왔다(Boud, Keogh & Walker, 1985: Bruner, 1985; Eraut, 1994; Habermas, 1987; Heron, 1989; Schön, 1983). 실제적 지식은 맥락에 연계되어 있는 반면에 이론적 지식은 맥락에서 자유롭다고 믿어져 왔기 때문에 전통적 모델이 지속되어 왔다(Eraut, 1994: 50). 그러나 지금 우리는 이론적 지식이 맥락에 의해 영향을 받고 있으며 그러한 맥락에 영향을 받은 지식은 변화와 관련된 학습에서 오히려 중요한 비중을 차지한다는 것을 알게 되었다(Eraut, 1994, 37).

Eraut(1994)는 또한 지식을 나중에 사용하기 위해 얻는다는 신념에도 의문을 제기한다. 그는 '아이디어는 사용하는 동안에 재해석될 뿐만 아니라 사용자가 중요한 의미를 습득하기 이전에 사용되는 데도 아이디어가 필요할지도 모른다고 말한다. 그러한 관점은 어떤 의미가 이전 맥락에 의해 영향을 받으며, 다른 맥락으로 전달되기 위해 지적인 노력이 요구된다는 것을 보여준다. 이러한 관점은 전문적인 지식의 본질과 연합된 복잡성을 조명해주고 있다. 전문 지식과 전문가의 중요한 역할은 단순히 명제의 형태로 표현될 수도 없으며 현재의 대중적인 지식기반에서도 구체화시키기 어렵다는 주장이 많아지고 있다(Eraut, 1994:15). 현재는 훨씬 더 넓은 사고의 틀(프레임워크)이 필요하다.

그러한 프레임워크를 제공하는 성찰적 실천은 개별로 적용할 수 있는 면에서 매력이 있다. 성찰적 실천은 실천가들이 알고 해야하지만 쉽게 공유할 수 없는 것들에게 접근할 수 있는 방법을 제공해준다. Polanyi(1967)은 이것을 '암묵지 또는 암묵적 지식(tacit knowledge)'이라고 했다. Argyris와 Schön(1974)은 실천가가 생각하는 것이 무언가가, 왜 일어나는지의 '지지 이론(espoused theories)'과 실제로 일어나는 것, '사용되는 이론(theories in use)' 간의 격차를 밝히는 것이 도움이 된다는 것을 알아냈다.

Polanyi(1967)의 암묵적 지식과 Argyris and Schön(1974)의 두 가지 이론에 대한 연구는 성찰적 패러다임의 발달에 크게 기여했다. 특히 Schön(1983)은 암묵지식에 대한 인식의 증가와 행위 중 앎(knowing－in－action)에서 행위 중 지식(knowledge－in－action)으로의 변화라는 측면에서 성찰의 중요성과 가치를 강조했다. 실제에 대한 성찰은 새로운 학습에서 사용하고 시작하며 지지하는 지지 이론과 이론들 간의 차이를 다루는 한 가지 방법으로 인식될 수 있다(Schön, 1983).

수많은 이론가들과 실천가들은 하나의 학습 도구로서 성찰의 사용을 지지하고 성찰의 과정을 분석해왔다(Boud, Koegh & Walker, 1985; Butler, 1994; Coutts－Jarman, 1993; Holly, 1984; Mezirow, 1981; Schön, 1983, 1987, 1991; Van Manen, 1977). 그러나 개념의 정의가 비교적 빈약하다. Boyd와 Fales(1983)는 '성찰적 학습은 학습자가 내적으로 검토하며 관심사를 탐색하고, 경험에 의해 야기되며, 이것은 창조하고 자기의 용어로 의미를 분명히 하며, 결과적으로 변화된 개념적 조망을 내놓는다'(p. 99)고 했다. Boud, Keogh, Walker(1985)

는 '학습의 맥락에서 성찰은 학습자들이 새로운 이해를 이끌고 자신의 기대를 탐색하기 위해 개입하는 지적이고 정의적인 활동의 생성적 용어이다.'라고 말했다(p. 19). 반면에 Kemmis는 성찰이 학습 맥락 안에서 능동적인 시도를 해나가는 학습자들을 격려함으로써 해방적 효과를 만드는 효과를 가질 수 있다고 하면서 성찰(reflection)과 수동적 숙고(passive contemplation)를 구분하고 있다. Kemmis(1985)는 성찰을 '하나의 사회적 과정, 인간의 관심사에 기여하며, 하나의 정치적 과정 그리고 우리가 의사소통하고, 의사결정하며 사회적 행위를 하는에 참여하는 방식으로 사회적 삶을 재구성하는 우리의 힘을 표현하는 하나의 실재(p. 140)'라고 주장한다. 포괄적으로 문헌을 검토했던 Moon(1999)은 '성찰은 명백한 해결책이 없는 상황에서 비교적 복잡한 아이디어에 적용되어 결과를 예상하는 정신적인 과정 혹은 그러한 목적을 가지는 정신적 과정의 형태이다'라고 결론짓고 있다.

이러한 정의는 성찰의 과정이 자기 자신과 관련되며, 성찰의 결과는 개념적 관점을 변화시킨다는 점에서 공통성을 지닌다. Moon(1999)은 성찰에 대한 활동이 이해는 잘 이루어지고 있으나 반면에 형식적 또는 학문적 용어로 정의하려고 할 때 문제가 발생한다고 주장한다. 뿌리부터의 공통된 정의없이 성찰에 대해 각각 다른 설명이 존재하기 때문에 성찰의 정의에 대해 우선 주제를 적용하기 위해 용어의 정의를 강조하거나 축소시키는 것과 같은 형태가 되었다고 했다.

Moon은 이러한 상황이 성찰을 둘러싸고 있는 사고(지식과 숙고)의 무계획적인 확산을 가져왔다고 보았다. 그러한 무분별한 개념의 발달과정이 잘못이라고 볼 수는 없다고 강조하면서도 연구자들이 이론적인 개념을 조사하거나 새로운 영역의 활동을 적용하는 데에 어려워질 수 있다고 이야기한다. 그 외에도 다양한 저자들이 성찰적 과정에 대해 각각 다른 관점을 가지고 있다.

Reason과 Hawkins(1988)은 경험을 성찰하고 처리하는 두 가지 방식을 설명(explanation)과 표현(expression)으로 보고 있다. 설명은 (경험적/분석적과 유사함) 분류하고, 개념화하고 경험으로부터 이론을 구축하는 양식이며, 표현은(해석학적/현상학적) 경험의 의미를 보다 명백하게 해주는 양식이다. 설명의 양식에서는 개념을 발견하거나 창조하고 이론적 모델에 적용시킨다. 그러나 표현 양식에서는 자신들의 경험에 능동적으로 관련되어 의미를 창출하고 의사소통하게 된다. 학생들이 이러한 방식으로 학습할 때, 그들은 '스스로 공부(self-study)'하는 법을 알게 된다.

Dilthey(1977)은 어떻게 성찰이 학습과정에 영향을 미치는가를 보여준다. 그녀는 맥락이 자기와 다른 사람들이 연관되어 있기 때문에 개인적 의미를 계속적으로 변화시키는 방식에 주의를 기울여 왔다. 이것은 Vygotsky(1987)의 근접발달영역과 연관되는 관점이다.

이는 Kemmis(1985)의 관점과도 연관되어 있다. 그는 성찰적 활동의 유형을 세 가지 사고의 유형으로 나누었다: 기술적, 실제적 및 비판적 추론이다. 기술적 추론(technical reasoning)은 안정적 환경에서 구체적인 기술의 적용에 초점에 맞춘다. 실제적 추론(practical reasoning)은 총제적인 접근을 포함한다. 비판적 사고(critical thinking)는 가장 복잡한 수준으로, 하나의 사상에 연관해서 사회적 및 역사적 맥락을 요구하는 대화적 접근을 취한다.

Kemmis(1985)에 따르면, 성찰은 여러 가지 방식에서 변증법적이다. 첫째, 개개인의 행위가(비판적 성찰이라 함) 역사를 만들어내는 방식이나 사고의 유형과 내용이 역사에 의해 형성되는 방식을 이해하는 방식에서 그렇다. 둘째, '개인적' 사고 과정이 사회문화적 맥락에 의해 조형되는 방식을 고려하는 점에서 그렇다. 그리고 마지막으로, 사회문화적 맥락이 그 자체로서 개인의 사고와 행위에 의해 조형되는 방식을 보면 그렇다. Kemmis(1985)에 따르면 성찰은 '메타사고(meta-thinking)'로 기술될 수 있으며(사고에 대한 사고), 행위에 의해 일어나는 것에 따른 더 한층 나아간 사고로 우리를 촉구할 잠재성을 가진다. 그러나 Mezirow(1981)는 성찰이 변화를 보장하지 않으며, 단지 변화의 가능성에만 기여할 수 있다고 했다.

성찰적 과정 그 자체의 하나의 어려움은 연구자들에 의해 제안된 성찰 수준이 각각 다른 설명을 한다는 점이다. Mezirow(1981)는 성찰(reflectvity: 이것은 사고와 느낌에 대한 자각)에서부터 이론적 성찰(theoretical reflexivity: 이것은 기존에 깔려있는 가정에 대한 도전과 관점의 변화를 결과로 함)까지 하나의 위계로 배열된 7가지 성찰 수준을 제안했다. Schön(1991)은 세 가지 수준을 제안하였다: 의식적 반영, 비판, 행위이다. Hatton과 Smith(1995)는 Schön(1983, 1987, 1991)의 활동을 5가지 수준으로 발달시켰다. 테크닉적, 기술적, 대화적, 비판적 성찰이며, 이것은 Schön(1983)이 사건 후에 발생하는 '실행 후 반성'이라고 부른 것보다 정교화된 수준을 나타낸다. 마지막 수준은 Schön(1983, 1987)이 사건이 진행되는 과정 속의 작업장면 과정에서 발생하는 '행위 중 반성'을 말하며 학습 상황에서 발생한다. 다른 저자들은 합리성 없이 이해하는 직관이 중심적 기능을 한다고 했다(Atkinson & Clazton, 2000; Benner와 Tanner, 1987; Goodman, 1984).

성찰 또는 반성의 용어, 상세사항, 과정이 위계적인 상황에서 배열되는 정도까지 지각하는 방법에 차이가 있다. 성찰에 대한 고찰 연구에서, Atkins과 Murphy(1993)는 3가지 핵심 단계를 규명했다. 이것은 대부분의 연구자들에 의해 공유되었다. 첫 번째 단계는 Boud, Keogh와 Walker(1985)의 '내적으로 불편한' 단계로 Schön(1991)의 놀라움의 경험단계이다. 연합된 사고와 감정은 특별한 상황에서 무엇이 알려지고 무엇이 일어나는가 간의 불일치가 있을 때 생긴다.

정서와 지식의 비판적 분석 과정과 관련된 두 번째 단계는 Mezirow

(1981)의 개념적, 심리적 및 이론적 성찰성, Boud, Keogh와 Walker (1985)가 연합, 통합, 타당화, 전유(오롯이 내 것으로 만듦)라 언급한 것이다. 이 단계의 분석은 새로운 지식의 검토 또는 생성을 포함한다. 마지막 단계는 새로운 상황 조망의 출현이다. Mezirow(1981)는 이 단계를 조망 변형(perspective transfromation)으로 언급했으며, 이것은 우리 자신과 다른 사람들과의 관계 속에 놓여져 있을 때 어떻게 우리가 비판적으로 자각할 수 있게 되는가를 기술하는 데 사용된다. 그는 갑작스런 통찰(insight)에 의하거나 추측과 가정의 연속에 의해 관점의 변화에 이를 수 있다고 제안한다. 이러한 과정은 우리들이 새로운 관점을 형성하도록 해 준다.

이러한 세 가지 단계는 통합되어 있으며 성찰의 결과는 학습이다. 그러나 우리는 성찰이 단순히 개인적 과정이 아니라는 점을 자각해야 한다. 언어와 마찬가지로 하나의 사회적 과정이다. Haigh(2000)는 성찰 과정이 다른 사람들이 생산적인 성찰에 관여하는 질문을 할 때 보다 생산적이라는 Brookfield의 관점을 지지해준다.

> 그러한 질문이 촉진적일 때, 실천가는 처음의 사고를 넘어설 수 있고 상황, 경험, 자신의 행위에 대한 아이디어를 내며, 기저에 깔린 신념, 가정 및 가치를 비판적으로 검토하고, 자신의 문제에 대한 해결책을 생성하고 평가한다(p. 92).

Haigh(2000)는 효과적인 성찰에 핵심이 되는 세 가지 선행요건을 제안한다. 성찰의 가치에 대한 신념, 무엇이 성찰에 초점 맞추어져야 하는가에 대한 지식, 성찰 기술의 풍부한 레퍼토리이다(p. 95). 상호작용적, 사회적 과정으로서 성찰은 행위와 맥락에 대한 참조 없이 이해될 수 없다.

Schön(1983)은 전문가들은 일상적 실천에서 복잡하고 다양한 상황에 직면하게 된다고 했다. 그러므로 학습에 대한 직선적인 합리적 접근이 충분하지 않다고 한다. Schön(1983)에 따르면 성찰적 실천은 경험의 중요성을 강조하고 이론적 요소를 활용한다. Schön(1983)에 의하면 아는 것과 행위하는 것은 동의어이다.

> 우리가 일상 생활의 행위 중에서 즉각적이고, 직관적인 수행으로 갈 때, 특별한 방식으로 스스로 지적임을 보인다. 우리는 우리가 아는 것이 무엇인지 말할 수 없다. 우리가 그것을 기술하려고 할 때, 스스로 어쩔 줄 몰라 부적절하게 기술하게 된다. 우리의 지식은 행위의 패턴과 우리가 다루는 것들에 대한 느낌면에서 암묵적이고 함축적이다. 우리의 앎은 행위 안에 있다고 말하는 것이 옳을 것이다.

Schön(1983)은 실천가는 때로 아주 직관적인 방식으로 실천적 경험을 도출한다고 주장한다. Schön에 따르면, 성찰은 하나의 상황이 더 나아간 다른 생각을 보장할 때 생긴다고 한다. 간호사를 대상으로 한 Benner(1984)의 연구는 무언가 옳지 않은 유사한 사소한 일이 편하지 않은 새로운 직관적인 감정을 생성했음을 알아냈다. Schön(1983)과 같이, 우리는 성찰이 우리의 행위에 영향을 미친다는 점을 알고 있다. 우리가 학습의 과정에서 성찰의 역할에 대해 덜 확신하고 있는 것은, 앞서 Moon(1999)이 말한 바와 같이 성찰에 대한 충분한 설명이 이루어지지 못해서일 것이다.

Moon(1999)은 '성찰의 본질과 학습의 과정을 동일시하는 것 간에 이러한 갭이 존재하는 것은 교육에서의 성찰의 적용이 확신없는 가정이나 추측에 의해 이루어지고 있다는 것을 의미한다'고 했다(서문: ix). 그녀는 직관과 본능의 실체로부터 성찰을 도출하고 학습 과정에 보다 밀접하게 관련시킴으로써 이러한 갭을 좁혀보려는 시도를 했다. Moon(1999)은 성찰의 입력 과정–성과 모델(input proc–

ess－outcome model of reflection)을 제안했다. '우리가 알고 있는 것'으로 기술되는 입력과, 우리가 반영하는 목적을 나타내는 일련의 성과를 창출하는 성찰로 처리된다.

Moon(1999)은 또한 '성찰적'이 되는 능력은 '정신적 과정 그 자체라기보다는 삶의 활동에 대한 하나의 지향'(p. 100)으로 보고 있다. 그녀는 교육자들이 어떻게 성찰이 학생들의 학습을 보다 증진시키기 위해 사용될 수 있는지에 대해 발견하여 학습과정을 그 자체로 이해할 수 있기를 원한다고 제안했다.

학습

학습에 대한 많은 이론은 학생들과 함께 스토리텔링을 사용하는 우리의 생각과 방식에 유용한 정보를 제공해주었다. 특히 Kolb(1984), Boud, Keogh와 Walker(1985), Boud, Cohen과 Walker(1993), Schön(1983, 1987), Moon(1999); Entwistle(1988, 1996), Vygotsky(1987)의 연구에서 상당한 도움을 받았다. 이 연구자들이 시사하는 바는 다음과 같다.

Kolb(1984)의 경험 학습 사이클은 개념에 기초를 둔 하나의 단계를 명명해주는 데 기여했다. 이 4단계 사이클은 4가지 적응적 학습양식으로 구체적 경험, 성찰적 관찰, 추상적 개념화, 능동적 실험이다. 학습 공동체에서 집중적으로 사용되었다. 수업에 참여하여, 또래나 교사의 도움을 받거나 시연을 관찰하는 것만으로 학습이 일어나는 것을 기대하기는 어렵다. 반면에, 유의미한 학습은 학생이 경험에 대해 성찰하고, 다른 상황에 그 경험을 일반화시키고, 어떻게 학습이 행위 속으로 변환되는지를 결정하며, 행위의 결과를 평가할 때 일어난다.

Kolb(1984)는 학생들이 학습 사이클의 각각 다른 단계에서 수행하며 그 능력을 다양하게 나타냈는데, 이러한 차이들을 선호하는 학습스타일에 그 원인을 두었다. 그는 각 단계를 마치는 것이 중요하다고 강조한다. 비록 그가 성찰 개념을 확장하지는 않았지만, 성찰의 질은 학생들이 자신의 학습을 진전시켜나가는 정도에 유의미한 영향을 미친다고 지적했다.

우리의 경험상, 경험 학습 사이클에서 새로운 학생들은 성찰적 관찰 단계가 가장 도전적이라는 점을 알게 된다. 이에는 많은 이유가 있는데, 그 중의 일부는 학생들 자신에게 있다. 어떤 것은 교수 학습 환경에 연계되어 있으며, 다른 것은 성찰 그 자체에 연계되어 있다.

우리는 Boud, Keogh, Walker(1985)가 성찰에 대한 우리의 이해에 보다 기여를 한 점을 이야기 한 바 있다. Boud, Cohen, Walker(1993)는 경험과 학습의 관계에 대해 우리에게 많은 영향을 주었다. 하나의 학습도구로써의 스토리텔링에 대한 우리의 생각을 키워나감에 따라, 경험과 학습에 대한 5가지 전제를 두게 되었다.

1. 경험은 학습의 기초, 그리고 자극이다.
2. 학습자는 능동적으로 자신들의 경험을 구성한다.
3. 학습은 총체적인 과정이다.
4. 학습은 사회적으로 문화적으로 구성되었다.
5. 학습은 학습이 일어나는 사회정서적 맥락에 영향을 받는다.

(p. 8－14)

Boud, Cohen, Walker(1993)는 교수－학습 전략이 지적이고 실제적인 방향으로 진행되는 대학교육의 맥락에서 간과하기 쉬운 사회정서적 측면을 강조하고 있다. 우리는 '느낌을 부정하는 것은 학습을 부정하는 것이다'라는 Boud, Cohen, Walker(1985: 15)의 관점에 의견을 일치한다. 우리의 경험상 가장 중요한 학습은 강력한 정서적 사건 중이나 후에 빈번히 일어난다. 이러한 현상이 Postle(1983)과 Criticos(1983)에 의해 인식되었는데 그들은 학습자가 어떤 상황에 부딪히게 되면 정서적 혼란이 온다는 것을 사전에 알게 되고, 그러한 상황을 피하려 하게 되어 학습기회를 놓치기 쉽다고 제안했다.

사실 Schön(1983, 1987)은 성찰적 실천가의 특징 중 하나는 스토리텔링 과정에서 사고와 감정 간의 연계성을 찾는 것이라고 했다. Schön(1983, 1987)의 연구에서는 또 다른 방식으로 이득을 얻었다. 전문적 지식 구성에 대한 그의 아이디어는, 특히 전문가가 상황을 재개념화하거나 문제를 재구성하거나 하기 위해 직관적인 능력을 사용하는 경우나 동시에 전문적 창의성을 강조하는 면에서, 초기에 우리가 협동적 저널 쓰기와 즉각적인 그림 그리기와 같은 성찰적 전략을 사용하도록 하는 것을 격려해주고 있다. 이러한 성찰적 활동의 사용은 성찰적 스토리텔링 과정을 개발하는 데 기여했다.

학습과 성찰 간의 의미있는 연계를 찾는 방식은 Moon(1999)에 의해 제안되었다. 심층적 및 피상적 접근(Entwistle, 1996), 인간 관심 이론(Habermas, 1971), 조망 변형(Mezirow, 1981)을 포함한 일반적인 학습 문헌을 기반으로, Moon(1999)은 학습의 5단계를 규명하였다. 주의, 이해, 의미 만들기, 의미를 가지고 공부하기, 변형적 학습이다. Moon(1999)은 비록 이론에 기반을 두었지만, 경험적 연구와 관찰, 심층 및 표면 학습에 대한 연구, 심층과 표면 학습 간의 관계에서(p. 136) 전체적인 지도(map)를 그려냈으며, 학습에서 학습과 성찰의 과정에 관한 생각을 발전시켰다.

Entwistle(1996)은 피상적, 전략적, 심층적 접근에 대한 기술을 수정했다. 피상적 학습은, 목적상 수업에 필요한 것들을 따라가는 것으로, 성찰의 부족으로 말할 수 있다. 즉, 목적 또는 전략에 대해 성찰하는 것 없이 공부하기이다(Moon, 1999). Entwistle(1996)은 학습이 평가를 통해서만 명백해진다는 것을 고려해보면 전략적 접근이 더욱 논쟁의 여지가 있다고 믿는다. Ramsden(1992)은 다른 관점을 제시했는데, 전략적 학습자는 심층적 및 피상적 학습을 사용하며, 필요로 하는 것이 무엇인가를 읽어내려 하고, 높은 평가점수를 성취하고자 한다고 했다. 이러한 신념은 학생들이 자신들의 특별한 상황을 추구하기 위해 학습전략을 채택한다고 한 Biggs(1999)의 주장과 일치한다.

심층적 접근은 성찰적 학습에 초점을 맞추며, 고차적 인지 기술과 개념적으로 사고하는 능력을 필요로 하는 전략이다. 이전 지식과 경험을 연계지음으로써 아이디어를 이해하고, 패턴과 기존에 깔려 있는 원리들을 찾아내며, 결론에 이르기 위해 증거를 점검하고 관련짓는다. 논리와 논쟁을 비판적으로 주의깊게 검토하며, 강좌 내용에 능동적으로 관심을 가진다(Entwistle, 1996). 심층 접근을 기술하기 위해 사용하는 문장인 '패턴 찾기', '주의깊게 비판적으로 검토하기' 등은 Moon(1999)에 의해 사용되었으며, 성찰적 활동의 지시자로 우리의 목적에도 유용하다.

이 저자들은 학습은 고립되어 일어나는 것이 아니라는 점을 주목하고 있다. 학생들의 실재(realities)는, Bishop(2000)이 주장한대로, 학습 과정에 핵심적이다. 그러므로, 다인종적 사회인 아오테아로아 뉴질랜드에서, 학습전략들은 모든 학생들의 문화의 유지와 가치, 지식과 가치를 인식하는 데 필요하다(Adams, Clark, Codd, O'Neill, Openshaw, Waitere-Ang, 2000). 이러한 다양한 학생의 배경을 유지하고 가치화하는 관점은 '학습 과정은 학생들이 학습에 가지고 오는 각각 다른 주관성을 무시하고 지우기보다는 그것을 사용할 필요가 있다'고 주장하는 Kalantzis와 Cape(1999)에 의해 지지되었다

(p. 27).

Vygotsky(1987)는 사고의 사회적 맥락을 강조한 러시아의 심리학자이며 교육자이다. 개인이 자신의 학습 잠재력에 유의미하게 영향을 미치는 상황이나 맥락을 중시했다. 또 다른 영향력 있는 교육자인 Bruner(1987)는 Vygotsky(1987)의 인간발달에 대한 개념 또한 하나의 교육이론이며, 그의 교육 이론은 사회문화적 이론으로 알려진 문화 전달 이론이라고 언급했다. Bruner(1987)는 이 신념을 Vygotsky의 교육이 자기와 인류의 발달을 의미한다는 관점에 기초를 두었다. 많은 교육자들은 Vygotsky의 기본적인 기여는 일반적인 심리적 발달 이론을 교육에 가지고 온 것이라고 본다(Moll, 1990). 이러한 발달은 교육자들이 어떻게 교육적 실제가 사고를 제약하거나 나아가게 하며, 새롭고, 혁명적이며 진보된 학습 접근을 요청하는가를 고려하게 만드는 결과를 냈다.

Vygotsky(1987)의 사회 문화적 이론의 핵심은 학습과 관련해서 맥락의 중요성에 있다. '활동 상황(activity setting)'으로 알려져 있는 맥락은 학생이 사회적 만남을 통해 의미를 발견하는 데 있어서 매개를 제공한다. 이러한 만남은 학생들이 맥락과 친숙해지게 하고 자신의 능력을 넘어서는 문제를 도움을 받아 해결하도록 만든다. 근접발달영역(ZPD)으로 불리는 이러한 구성개념은 교육자들이 상호작용하는 상황에서 그들 자신과 학생, 인위적 학습 및 교수 환경을 보는 방식에 영향을 미쳤다. Vygotsky(1987)는 ZPD를 '독립적으로 문제해결하는 실제적 발달 수준과 성인이나 유능한 또래의 협력을 받아 문제를 해결하는 잠재적 발달 수준 간의 거리'라고 했다 (p. 86).

여기에는 4가지 단계가 있다.

1. 수행은 보다 능력있는 다른 사람들에 의해 도움을 받을 수

있다.

2. 수행은 스스로에 의해 도움을 받을 수 있다.
3. 수행은 발달되며 자동화되며 시대에 뒤떨어지게 된다.
4. 수행의 반자동화는 근접발달대를 통한 반복순환을 이끈다.

(Gallimore와 Tharp, 1988: 184－186)

이 모델의 보다 상세화된 기술은 Tharp와 Gallimore(1988)의 책을 참고하라. Vygotsky(1987)는 자아－사회적 모델(self－social model)을 통해, 교육적 환경은 사회적인 창조이며 따라서 변경할 수 있다고 말한다. 그는 인간 능력이 고립된 상황 속에서 얼마나 과소평가될 수 있는지를 쉽게 알려주었으며, 인간으로서 우리가 수행하는 사회문화적 자원이 잠재적인 학습 도구가 된다는 점을 지적해 주었다. 그가 환경과 인간 관계를 결정짓는다고 믿는, 구어와 문어와 같은 이러한 도구들은, 사회적 활동을 통해 생성된다(Hedegaard, 1990).

이 장에서 우리의 목적은 성찰과 학습 간의 연계성을 탐색하는 것이었다. 다음에 이어지는 장에서 우리는 어떻게 이러한 저자들과 그들의 연구 측면이 우리의 생각에 알려주는지를 기술하고, 우리가 스토리텔링 접근을 개발해 온 방식을 조형해볼 것이다. 다음 장에서 우리는 스토리텔링에 대한 문헌들을 검토한다.

CHAPTER 3

스토리텔링 개발

STORY TELLING

- ✔ 스토리텔링이란?
- ✔ 왜 스토리가 (만들어지는가) 말해지는가?
- ✔ 정서적 해방감과 감정 표출을 촉진시키기 위해 내러티브를 활용하기
- ✔ 경험으로부터 학습을 하기 위해 내러티브를 활용하기
- ✔ 실천에 변화를 초래하기 위해 내러티브를 활용하기

CHAPTER

3

스토리텔링 개발

교육자들이 학생들을 학습하도록 촉진시키기 위해 사용하는 반성적 전략들은 다양하다. 특히 교육자들의 개인적 선호, 목적이나 맥락에 따라 교수 전략들이 다양함에도 불구하고, 여러 문헌들을 조사해보면 특히 스토리텔링 전략이 대학교육 수준에서 많은 호평을 얻을 것이라고 제안하고 있다(Clandinin and Connelly, 1998; Grant and Friend, 1996; McEwan and Egan, 1995; Pendlebury, 1995; and Witherell and Noddings, 1991). 따라서 이 장에서 우리는 스토리텔링이 무엇으로 구성되어 있는지 규명해보고, 스토리텔링 전략이 대학교육 상황에서의 학습과 깊은 관련이 있으므로 내러티브 개발에 대해서 논의, 소개하기 위하여 여러 문헌들을 검토해보고자 한다.

스토리텔링이란?

스토리텔링은 말의 언어, 우리 자신과 다른 사람들의 관점, 세계, 현실 또는 상상을 통해 우리가 전달할 수 있고 우리가 살아가는 독특한 인간 경험이다. 우리는 우리 자신, 가족, 친구, 동료, 지역사회, 문화, 역사 속 우리의 위치에 관한 이야기들에 의해서 어느 정도 구성된다는 점에서 그러한 이야기들은 우리들에게 이러한 세계와 이야기 속에서의 우리들의 위치를 알 수 있도록 해준다. '우리는 이야기 속에서 꿈꾸고, 이야기 속에서 상상하며, 이야기를 통하여 기억하고, 기대하며, 희망하고, 절망하며, 믿고, 의심하고, 계획하고, 수정하며, 비판하고, 구성하고, 험담하고, 배우고, 미워하며 살아간다'라고 한 Hardy(1977: 13)의 의견은 이야기가 우리의 삶에 잘 스며들어 있고 완전한 이야기가 어떻게 존재하고 있는지를 잘 알려 준다. Lodge(1990: 4)에 따르면, '이야기는 근본적인 감각 형성 활동 중 하나이다.' Byatt(2000: 166)는 '이야기는 삶 그 자체와 같이 그냥 거기에 존재하고 있다'라고 말한 Barthes(1977: 79)에게서 공감과 감명을 얻은 견해, 즉 스토리텔링은 '숨쉬기와 혈액 순환처럼 많은 부분을 차지하는 인간의 특성'이라는 말에 동의한다. 개개인의 삶에 감동을 주는 방법인 이야기의 힘을 고려해 볼 때, '우리가 소위 이야기(story)라고 부르는 내러티브의 특별한 형식인 이야기는 단순히 사실 또는 아이디어, 의견, 심지어 꿈, 두려움과 희망을 다루는 것이 아니라 어떤 사람의 삶에 대한 관점으로부터의 사실, 의견, 꿈 그리고 타인의 감정에 대한 상황들을 다루는 것이다'라는 McEwan과 Egan(1995: viii)의 의견에 주목할 만한 가치가 있다.

학생들 삶의 정서적 실제를 인정하고 소중히 여기며 이끌어 내는 교육자들에 대한 요구를 고려해 볼 때(Boud, Keogh and Walker, 1985; Beatty, 2000) 이러한 정의적 측면은 아마도 최근 다시 제기되는 한 이유인 스토리텔링의 장점 중 하나이다. 이러한 점은 우리가 이 장에서 나중에 보게 될 영역에 해당된다고 볼 수 있다.

정의적인 요인들이 포함된 경험들을 이야기하고 탐험하려는 기본적인 인간의 요구는 흔히 행동, 정서, 일시적 사건들의 결과로 묘사되는 내러티브의 형태로 구성된다. 그러한 이야기들은 내러티브 맥락 속에 사건을 두고, 그렇게 함으로써 그 이야기에 특별한 의미를 부여한다(Tappan and Brown, 1991).

White(1991: 1)가 제안한 것에 따르면 '이야기는 일반적인 사람들의 관심사에 대한 해결책, 즉 아는 것을 말하는 것으로 바꾸는 방법의 문제, 인간의 경험을 일반적으로 사람들이 의미하는 구조에 동화할 수 있는 형태로 만드는 문제로 고려되기도 한다.'

실제로, Van Manen(1991: 204)는 스토리텔링을 '매일 일상적 의견이 생기는 한 형태'로 생각한다. 우리가 스토리텔링을 통하여 이론적인 설명을 만들고 제시할 수 있다는 것에 여러 학자들도 동의하고 있다(Bishop and Glynn, 1999; Clandinin, 1985; Lauritzen and Jaeger, 1997; McEwan and Egan, 1995; Pagano, 1991; White, 1991). Noddings와 Witherell(1991: 277)은 다음과 같이 설명한다. '이야기는 추상적인 것들을 구체적이고 이해할 수 있도록 함으로써 우리의 이해를 도울 수 있다.'

Stockhausen(1992: 9)은 스토리텔링의 목표는 '경험, 관찰, 직관에서 나오는 (생성적) 지식을 포착하고 코드화하며 입증하는 것'이라고 보고 있다. 지식의 형성 과정에서 경험의 역할은, 모든 탐구 방식은 경험적 앎과 2장에서 서술된 Kolb(1984)의 경험적 학습주기가 구성되었을 때 행해진 관찰로 시작된다고 주장한 Heron(1981)에 의해 인식되고 교육자들에 의해 널리 사용된다.

Reason과 Hawkins(1998)에 따르면, 스토리텔링은 질적 초점을 가지고 있고 전체론적 관점을 아우르는 협동 활동과 관련되기 때문에 하나의 탐구 방식으로 간주될 수 있다. 그들은 또한 동료들과 이야기를 공유하고 다른 방식으로 이야기를 처리한 후에 그들이 도달한 관점, 즉 스토리텔링은 '설명하거나 표현하기 위해 그리고 분석하거나 이해시키기 위해'(p. 79) 사용될 수 있는 것으로 주장하고 있다. Reason과 그의 동료들은 그들이 개인적인 이야기를 하면 할수록 그 이야기가 가지는 힘을 알게 되고 그들이 결론을 내리도록 하면서 실체론적으로 우리는 사건으로부터 우리 자신만의 의미를 만들어낸다(p. 98)는 것을 발견했다.

작가이자 수필가인 Didion(1979)에게는 이야기를 통해 의미를 만드는 것은 삶과 복잡하게 연결되어 있다. '우리는 살기 위해서 우리자신에게 이야기를 한다.[1] 우리는 이질적인 이미지에 대해서 이야기를 가지고 와서 풀어보고, 우리의 실제 경험이 주마등처럼 스쳐 지나가는 것을 정지시키게 하는 생각들에 의해 ... 살아간다'(p. 11).

Winter, Buck와 Sobiechowska(1999: 21)가 주장하는 것처럼, 우리의 삶은 '이야기로 가득 차 있고' 항상 같이 존재하고 있다. Parkin(1998: 1)이 언급했듯이, '일화, 직유, 비유와 함께 이야기, 은유, 신화와 전설은 태고 시절부터 의사소통과 가르치기 위한 방법으로 사용되어 왔다'. 문자 언어 이전에, 이야기꾼들은 이야기를 통하여 누적되는 문화 지혜를 다음 세대로 전승해주었다.

마오리와 같은 토착 문화에서의 이야기꾼들은 '어떤 문화는 더해지고 문화 그 자체에 관해 구성하는 많은 지식을 전승해주면서'(Bishop and Glynn, 1999) 대개 그들의 무리에서 평화롭게 지내곤 했다. 여행자, 음유시인, 음악가와 같은 서양 이야기꾼들은 이야기, 시, 노래를 통하여 소식을 전달하며 이 마을 저 마을로 이동하면서 생활했다(Parkin, 1998). 이야기는 전염병과 같은 재앙이 도사리고 있음에도 불구하고 이야기를 전달하기 위해 불 주위에서, 숲 속에서, 여행에서, 마을 관장과 여관에서 이야기들이 오고 간다(Winter, Buck

1) 이 말은 역설적으로 '이야기하기 위해 살아가기'라는 의미에 더 가까울지 모른다. 우리가 구성하는 이야기 속에 우리의 삶이 존재한다. 왜냐하면 삶은 한 사람이 살았던 것 그 자체가 아니라 현재 그 사람이 기억하고 있는 것이며, 그 삶을 이야기하기 위해 어떻게 기억하느냐 하는 것이기 때문이다. 최근 노벨문학상 수상자인 마르케스 자서전 제목 「이야기하기 위해 살다」가 의미심장하게 다가온다. 그리고 '내러티브 탐구'에서는 '살아가는 이야기(stories to live by)'라는 개념과 유사한데, 이는 '정체성'에 해당하는 것이다. 즉 우리는 이야기를 통해 우리의 정체성을 구성해나간다(역자 주).

and Sobiechowska, 1999).

여행하는 이야기꾼들은 그들의 삶의 방식을 천직으로 여기고 있었으며, 효과적으로 그 역할을 수행하기 위해 요구되는 기량들은 다양하게 존재한다. 그들은 적절한 언어를 선택하고 이해와 감성을 예를 들어 실증하고 이야기꾼이 그 지역을 떠난 후 오랫동안 청자의 마음 속에 남아있는 이미지를 전달하는 능력까지도 기량에 포함시켰다. 이 같은 기량은 오늘날 우리가 우리와 소통하는 사람들에게 알려지지 않은 영역 속에서는 모두 여행자이고 현대 사회에서 삶의 특수적 전문화 경향 때문에 이러한 기량들이 이야기꾼에게 요구되고 있다(Winter, Buck and Sobiechowska, 1999).

왜 스토리가 (만들어지는가) 말해지는가?

Winter, Buck와 Sobiechowska(1999)는 기록된 이야기가 있음에도 불구하고 왜 많은 사람들이 이야기 형식에 매혹되는지에 대해서 쉽게 설명을 해주고 있다. 이들은 특별한 사건을 경험하고 사회적으로 용인되는 결과를 지향하여 노력하는 캐릭터에 관한 이야기를 함으로써 우리는 어떤 점에서 특정한 이론을 탐구할 수 있다고까지 제안하고 있다. 가르치는 것처럼, 스토리텔링은 담론적 과정이며 해석적 실천이다. Pagano(1991: 197)가 주장하듯이, '우리가 가르칠 때, 우리는 세상에 관한 이야기를 말한다. 어떤 이야기는 과학적이고 역사적이며 철학적이다.'

교육자들이 그들이 경험한 사건에 관해 이야기를 말하고 세상의 이야기와 그들 자신의 이야기를 연계지어 주기 위해 학생들을 격려하는 것은 납득할만한 일이다. Witherell(1991: 84)은 다음과 같이 말하고 있다: '창의적으로 이야기와 대화를 사용하는 것은 우리의 이해 지평을 확장시키고 등장인물(배우, 행위 주체), 의도와 경험에 대한 풍부한 맥락적 정보를 제공하는 이야기와 대화의 능력 때문에 교육 경험이나 치료 경험에 힘을 부여한다'. 이 능력은 학생들이 자신과 다른 사람, 주체와 객체 그리고 사고와 감정 사이를 연결지을 수 있도록 도와주기 위하여 교육자들이 여러 형태의 이야기와 대화를 사용할 수 있는 그런 것이다.

스토리텔링을 사용하여 가르친다는 것은 경험을 이해하고 그들의 삶으로부터 의미를 찾기 위해 학생들의 진심 어린 요구를 수용하는 것이다. Wells(1986: 194)는 다음과 같은 방식으로 그 중요성을 파악하고 있다.

> 마음 속에서 이야기를 구성하는 것은 의미를 만드는 가장 근본적인 수단 중 하나, 즉 보통 말하는 모든 양상의 학습을 스며들게 하는 활동이다. 이야기 하는 것이 명시적이고 입으로 표현된다면, 발생하는 이야기는 다른 사람들이 이용 가능한 사건과 아이디어를 자신의 방식으로 해석하는 가장 효과적인 방법 중 하나이다.

경험과 그 맥락을 인정하고 공유하는 것은 학생들에게 성찰적 학습과 다른 사람과 맺고 싶은 관계 발전에 대한 기회를 제공한다. 왜냐하면 '우리는 넓고 시기적절하게 우리 모두와 연결되기' 때문이다(Keller, 1986: 248). 만약 교육자들이 그러한 연결에 가치를 두고 적절한 시기에 앎을 내러티브 방식으로 사용하여 가르친다면, 아마도 학생들은 그들 개인적, 전문적 삶에 내재하는 도전을 감당하기 위해 더 잘 준비될 것이다. '지식을 통하여 그리고 지식에 대한 우리들만의 이야기를 통하여 우리는 우리 자신과의 일체감에 초점을 맞추는 것'을 중요하게 고려한다면(Pagono, 1991: 199), 스토리텔링은 문화적 실재(realities)를 나타내기 위한 이상적 학습 수단이 된다. 이러한 생각은 Bishop(1996)이 지지하는 견해이기도 하다.

Bishop과 Glynn(1999)은 그들의 접근법은 삶의 복잡성과 관계를 아우르기 때문에 이야기 치료사의 일은 교실 수업에 가치로운 기여를 한다고 제안하고 있다.

> 우리가 말하고 있는 이야기들은 사람들이 살아가는 이야기이다. 그 이야기들은 삶에 '관한' 것이 아니다; 우리가 아는 것으로서의 삶과 우리가 경험한 것으로서의 삶이다. 의미, 희망, 두려움, 이해, 동기, 계획 그리고 기호와 관련되는 것까지 이야기들은 우리의 삶이기 때문에 사람들에게 이용 가능한 이야기는 우리에게 중요한 영향을 끼친다(Freedman and Combs, 1996: 77).

교육자들이 좀 더 복잡하고 창의적이며 다양한 의사소통 형태를 위한 기회를 만들어 낸다면 교실 내에서의 상호작용을 배우는 것은 또한 유익하다(Bishop and Glynn, 1999). Bishop(2001: 108)은 '학습자들이 성공적으로 교실의 상호작용에 참여하기 위해 문화적으로 생성되는 지각(의미) 형성 과정이 사용되고 개발되는 교실 내에서 우리는 학습 관계를 창출하기 위한 노력을 시도해야만 한다'고 주장하고 있다. 이러한 관점으로부터의 학습은 함께 만들어지는 다양한 상호작용의 결과로 보인다.

학습 전략으로서 스토리텔링은 다양한 실제들을 수용하고 학생들이 자신의 문화적 참조 체제로부터 나오는 경험을 공유할 수 있도록 해준다(Bishop and Glynn, 1999). 포괄적인 전략으로서 스토리텔링을 본다면, 교육자들은 교육과정 개발에 내러티브 접근법을 받아들여야 한다고 권장한 Lauritzen과 Jaeger(1997)와 같은 구성주의자들의 요구를 만족시킨다. 구성주의적 접근법이 변화를 줄 수 있는 실천에 관여할 수 있음에도 불구하고 스토리텔링은 일련의 지도 원리에 기초한다. Jonassen, Davidson, Collins, Campbell과 Haag(1995)는 이러한 원리들로 맥락, 구성, 협력과 대화를 거론하고 있다. 이러한 원리들은 또한 학습에 관한 내러티브 접근법에 잘 나타난다. 지식의 구성은 스토리텔링 과정에 대한 그들의 참여 결과이지만 이러한 관점으로부터의 맥락은 이야기에 내재되고 화자와 청자로 구현되는 물리적, 문화적, 사회적, 정치적 측면을 나타낸다. 협동은 화자와 청자 사이에서 전개되는 관계와 함께 새로운 지식을 구성하기 위해 노력하는 방법을 포함한다. 대화는 관련된 것들이 경험을 생성하고 심사숙고하는 대화에 참여시키는 수단이다.

학습 도구로 스토리텔링을 보는 생각은 우리의 관심을 끈다. 아마도 교육자로서 우리가 한 과정으로써 스토리텔링을 묘사하고 그와 같은 방식으로 우리는 직관을 떠올린다고 주장하는 Eraut(2000)가 제안한 '앎의 한 방식으로' 스토리텔링을 본다면, 우리는 대학교육 상황에서 널리 실천에 옮기기 위해 우리의 사례를 면밀히 살펴보고 탐구해보아야 한다.

'앎의 방식'으로서 스토리텔링은 이미지를 알아내고, 발견하고 정지시키며 만들어 내거나 새로운 방식으로 재생하고 후속 학습을 생성시킬 수 있는 능력을 가진다. 이야기가 가지는 자연스러움에 의해 그 형식들은 묘사되는 이미지와 지식 구성을 위해 만들어진 공간들을 재생성할 수 있다. 스토리텔링의 강점 중 하나는 융통성이다. 우리는 아주 다양한 방법으로 이야기나 이야기의 관점을 가지고 사용할 수 있다; 우리는 이야기를 다방면으로 검토하여 다루고, 이야기 속을 여행하며 이야기 중심부에 들어가거나 경계에 맴돌 수 있다. 각 접근법들은 우리들에게 다시 체험하고 우리가 겪은 경험의 양상을 좀 더 깊이 알 수 있게 할 수 있다. 만약 우리가 어떤 점에서 우리 이야기로 거슬러 올라간다면, Jung(1963)이 말한 것처럼 우리는 '꿈꾸는 것을 꿈꾸는' 기회를 가지고 결국 우리가 아는 곳에 다다를지도 모르며 의미 있는 학습을 생성할 수 있다.

Bruner(1986: 69)는 자아를 이해하고 우리의 경험에 '문화적 적합성'을 제공하기 위해 인지, 정서, 행동을 함께 통합하는 데에 있어서 이야기의 중요성을 강조한다.[2)] Bishop과 Glynn(1999: 177)은 '이야기는' 마오리에 관한 '진실을 나타내는 강력한 방법이다'라고 주장하고 '다른 이야기는 진실에 대한 다른 형태의 이야기와 접근법을 가져다 준다'고 제안한다. 현재 지속적으로 행해지고 있는 여러 문화 간의 관습과 습속에 따라서 다양한 관점을 수용하는 능력은 스토리텔링이 문화적 차이점을 초월할 수 있는 학습 도구라고 제안하고 있다. 그것은 또한 가끔 수행을 통해 이야기 치료사들이 '아직도 알려지지 않은 것'이라고 언급하는 것을 우리들이 느끼도록 도와준다(Freedman and Combs, 1996; Monk, Winslade, Crocket and Epston, 1997).

사실, Lopez(1987)는 문화 내에서 가장 귀중한 곳은 종종 눈으로 볼 수 없다고 우리들에게 상기시키고 오직 이야기 드라마 (춤 또는 노래)를 통해서만 보이게 된다고 주장한다. 개인들 또한 그들 자신만의 눈에 보이지 않는 장소들을 그들 자신, 그들의 삶, 그들의 경험에 대한 이야기를 통해서 드러낼 수 있다.

스토리텔링은 우리가 혼란스런 경험에 의미를 부여하고 그 과정에서 우리 자신의 목소리를 찾을 수 있도록 해준다(Grumet, 1988). 이야기는 또한 중요한 역할을 하고(Tappan and Brown, 1991) 주제의 연관성과 상관성에 접근하기 쉽게 해준다(Belenky, Clinchy, Goldberger and Tarule, 1986). Benner(1984)와 같은 간호 교육자들은 이야기는 힘의 원천이고 이야기를 공유하는 것은 화자와 청자에게 변형적 효

2) Bruner의 본 저서는 강현석 외 공역(2011) 「교육이론의 새로운 지평: 마음과 세계를 융합하기」로 출간된 바 있다(역자 주).

과를 가져다 준다고 주장한다.

이야기는 또한 강력한 조사(연구) 도구이다(Bishop, 1996; Josselson and Lieblich, 1995; McEwan and Egan, 1995; Witherell and Noddings, 1991). 스토리들은 매 일상에 관련된 실제 사람들의 세계에 우리들이 참여할 수 있도록 해준다. 잠깐 동안 우리는 상기된 경험들이 화자에게 어떠한 느낌이었는지 상상할 수 있을 뿐만 아니라 그와 유사 상황에 직면했을 때 우리가 어떻게 생각하고 느끼고 행동하는지 고려하게 된다. 이야기에 주의를 끌고 참여하게 되는 과정에서 우리는 의미를 구성한다. Polkinghorne(1988: 6)은 '내러티브 의미는 어떤 것은 전체의 한 "부분"이라는 것과 다른 어떤 것의 한 "원인"이라는 점에 주목할 때에 만들어진다'고 말한다. 이야기는 우리들이 다른 사람들의 세계를 이해하고 좀 더 완전하게 우리 자신의 세계를 알 수 있도록 해준다.

이야기는 교육적 가능성, 변형적인 가능성을 가지고 있기 때문에 가르치고 배우는 데에 있어서 중요한 역할을 한다. 교육자로서 우리들은 여러 가지 이유로 학생들에게 이야기를 한다. 즉, 학생들에게 재미있고 흥미로운 방식으로 새로운 자료를 설명하기 위해, 핵심적인 수업 내용을 설명해주는 실제 실천 경험을 공유하기 위해, 그리고 우리 자신들을 드러내기 위하여 이야기를 한다. 저자(작가)로서 우리는 또한 실천과 관련된 사건에 대한 이야기를 학생들이 말하도록 장려한다. 우리는 3가지 이유, 즉 첫째, 정서적 해방감과 감정 표출을 촉진시키기 위해, 둘째, 경험으로부터 학습하기 위해, 셋째, 실제에 사려 깊고 신중한 의미 있는 변화를 초래하기(변화 촉발 효과) 위해 내러티브 접근법을 사용한다.

정서적 해방감과 감정 표출을 촉진시키기 위해 내러티브를 활용하기

우리는 학생들에게 이야기를 하는데 가장 중요한 원동력은 임상이나 직무연수 동안 그들이 경험한 감정과 정서로부터 나오는 것이라는 것을 발견했다. 이러한 감정과 정서에는 종종 무기력함, 어색함, 분노, 좌절, 환희, 자부심, 슬픔과 기쁨이 포함된다. 그러한 정서적 반응을 표출하려는 욕구는 학생들에게 스토리텔링의 기회를 찾아내기 위한 에너지를 제공하는 것이다. 감정 표출이 주된 동기부여 요소일 때, 그 결과는 주로 카타르시스적이다.

과거 경험으로부터 해결되지 않은 감정이 때때로 현재의 이야기에 뒤엉키게 됨에도 불구하고 시간이 지나면서 카타르시스에 대한 요구가 지나가거나 적어도 덜 강렬해진다. 이러한 상황은 학생들이 그들의 현재 이야기에 적절한 감정에 비해 지나친 강렬한 감정을 표현하게 야기할 수 있다. 이러한 상황에서, 과거에 해결되지 않은 문제는 현재 경험과 합쳐지게 되고 카타르시스에 대한 학생들의 요구가 생기게 될 가능성이 있다. 그러한 이야기가 스토리텔링을 통해 학습 영역에 옮겨갈 수 있기 전에, 과거의 문제는 반드시 다루어져야 한다.

때때로 이야기 하는 과정은 학생들이 정의적 요소에 의해 압도되어지는 것으로부터 그들이 식견을 가지는데 중점을 둘 수 있는 부분으로 이동할 수 있도록 하기에 충분하다. 또 다른 이유는 학생들이 다른 사람들에게 그들의 이야기를 많이 이야기 할 필요가 있다. 시간이 경험 사이를 지나는 것을 허용하고 그들에게 이야기를 하는 것은 또한 정서적 반응을 통합시킬 수 있도록 도와준다.

카타르시스적 표출과 해방감을 장려하기 위한 다른 옵션은 학생들의 이야기에서 회상되는 정서를 확인하고 전문적 상황에서 그들이 어떻게 그러한 정서를 다루는지를 토론하는 것이다. 이러한 방법을 사용하는 것은 카타르시스적 표출을 야기하고 학생들이 그들의 이야기로부터 학습할 준비를 도울 수 있다.

경험으로부터 학습을 하기 위해 내러티브를 활용하기

경험은 때때로 마치 기괴하고 시간과 장소에 의해 상당히 제약되지 않는 것처럼 묘사됨에도 불구하고, Boud, Cohen과 Walker(1993: 7)이 주장한 것처럼 '경험은 다면적이고 다층적이며 일시적, 공간적으로 위치하기 불가능한 다른 경험과 불가분하게 연결되어 있다'. 그러므로 경험으로부터 배우기 위해 잠깐 동안 상기(회상)하고, 재현하며 심사숙고하는 시도는 하나의 도전이다. 경험으로부터의 학습에 관한 Boud, Cohen, Walker(1993)의 5가지 전제(2장에서 개요를 나타냈듯이)가 제안되었듯이, 학습은 관계적인 속성을 지니고 있다: 경험은 학생들에게 외적인 요소들을 가지고 직접적으로나 상징적으로 상호작용이 요구된다. 스토리텔링에서 화자와 청자를 위한 핵심 요소는 대화이다.

Reason과 Hawkins(1988)는 스토리텔링을 통한 학습의 비결은 반성적 대화를 통해 의미를 개발하는 것이다. 대화는 '그들이 대화를 만들고 새롭게 만들 때 사람들이 그들의 실재를 반영하기 위해 충족시키는 모멘트이다. 대화는 인간의 본질적 행위이고 우리가 유대관계를 맺고 다른 사람에 대한 진정한 자각과 인식을 가지는 사회적 모멘트이다'(Shor and Freire, 1987: 98-99). 우리가 반성적 대화를 통해 이야기를 말하고 처리할 때, 우리는 우리 자신과 다른 사람들의 변화 가능성을 불러일으킨다. 내러티브 형식을 통하여 우리 자신을 표현하는 우리의 능력은 특정 사건을 재형성하고 재평가하며 재구성할 수 있게 해줄 뿐만 아니라 우리로 하여금 대안적 관점을 불러일으키고 상상력이 풍부한 가능성을 제안하며 질문을 활성화하도록 요구하는 개개인들과 함께 우리의 경험을 토론하면서 학습할 수 있도록 허용해준다.

Brookfield와 Preskill(1999)은 또한 내러티브 학습 형식과 교수의 한 방법으로서 토론을 지지한다. 그들은 '토론', '대화'라고 사용되는 용어에 상관없이 활발한 상호작용에 참여함으로써 비판적 입장을 가지려고 준비하는 학생들이 편견이 없이 다양한 생각과 이점들에 대해 의문을 품고 분석한다고 주장한다.

해방시키는 과정에서 우리가 주목하고 유의해야 할 점은 사람들의 이야기를 비판적으로 말하도록 그들을 장려시키는 것이다(Freire, 1970). 하지만 의미없이 분리되어 별개로 말해지고 반성적으로 전해지지 않은 이야기들은 유의미한 학습이나 이해로 이끌지 못하는 경향이 있다. 또 다른 위험은 대화가 끊기거나 의미가 강제적으로 부과될 때이다. 이러한 경우에는 이야기는 발견의 도구라기보다 이데올로기적 도구로 변질되어 버린다(Reason and Hawkins, 1988). 만약 교육자가 성찰(반성)능력을 개발시키기 위해 학생들과 함께 한다면, 이러한 위험은 최소화 될 수 있다.

반성적 성찰능력

반성적 성찰능력(reflexive capability)은 우리가 반성적 대화(Brockbank and McGill, 1988)에 참여할 때 발달한다. 이는 Brookfield와 Preskill(1999)에 의해 공유된 견해이다. 형식화된 스토리텔링의 과정은 학생들에게 그러한 기회를 제공한다(Alterio, 1999a). 대화를 통하여 심도 있게 경험을 분석할 준비가 되었을 때 다양한 관점이 생길 수 있다. 이러한 관점들로부터 새로운 학습과 관계가 구성될 수 있다.

우리가 이러한 관련성을 정립함으로써 과거 경험을 이해하는 과정의 일부분은 White와 Epston(1990)과 같은 이야기 치료사가 사용한 접근법인 새로운 방식으로 상상하고 재구성하는 것을 포함할 수도 있다.

Churchman(1971)은 스토리텔링은 우리들에게 다양한 관련성을 만들 수 있게 하고 '이야기의 근원적 삶은 드라마에 있지 정확성에 있는 것이 아니다'(p. 178)라는 것을 우리들에게 상기시키는 Eckhartsberg(1981)의 견해에 동의한다. 그는 가장 좋은 이야기는 '사람들의 정신, 마음, 영혼을 움직이는 것이며 그들 자신, 그들의 문제, 그들의 상황에 새로운 통찰력을 심어 주는'(p. 93) 것으로 본다. 그는 스토리텔링과 지식의 구성 간의 직접적 연관성을 이해한다. Wilber(1981)는 이에 동의하고 '의미는 제한받지 않는 의사소통적 질문과 해석에 의해 정립된다'(p. 32)라는 견해를 밝히며 자기 검토라는 측면을 관련시킨다.

자기 검토(반성)

스토리텔링을 통해 통찰력을 가질 수 있는 가능성을 증대시키기 위하여 학생들을 자기 검토(self-review)의 형태에 참여시키는 것이 중요하다. 하지만 그 성격상 본질적으로 자기 평가 과정은 학습 영역에 취약성 정도를 도입할 수 있다. Nias와 Groundwater(1988: 3)가 지적한 것처럼 '무엇에 대해 증거를 모으고 반성하며 아마도 자신의 관습과 실천을 변화시키기 위해서는 자기인식, 자기 평가, 자기 표출(폭로)이 필요하고 아마도 자기 회의가 이루어져야 한다'. 그러나 이러한 과정은 지속적인 자기개발(발달)에 필요하다. 만약 우리가 개발(발달)이란 개념 전체에 가치를 둔다면, 가끔 불편함이 동반되는 자기 검토는 전문가가 되기 위한 학습에서 필수적인 부분이다.

자신(자아)의 특성과 자아의 형성과정을 이해하기 위하여 개인적 경험을 반성하고 숙고해보는 것은 문화-역사적, 개인-전기적, 대인-관계적 형태를 드러낼 수 있다.

> 자기 검토는 시간을 통해 우리를 이끄는 마음 속 여행이다. 이는 앞으로 또는 뒤로, 거의 직선으로 가지 않으며 대개 나선형으로 돈다. 우리 개개인은 다른 것에 대하여 이동하고 변화한다. 우리는 발견하고, 기억하고 기억하면서 발견하기 때문에, 개별적으로 분리되어 관련이 없는 우리의 여행들이 수렴하게 될 때 우리가 경험한 것을 가장 집중적으로 한다(Welty, 1984: 102).

Welty의 저작물과 Dilthey(1977)의 글을 기반으로 하여, Witherell(1991)은 '어떤 사람이 존재하는 그 나라의 문화, 언어, 의미 시스템 내에서 그 사람의 행동, 의도, 역사를 조사하여 인간의 행동을 이해하는 공감적 이해' 개발의 중요성에 대해 역설하면서 우리의 관심을 이끌었다. Bruner(1983)는 의도적인 (반성적) 학습을 위한 주요한 결정적 요인의 예를 다른 사람들로부터의 도움을 이용하고 창의적인 사고를 위한 능력으로 들었다. Bruner(1986), Gilligan(1982), Belenky 등(1986)과 같은 사람들은 주관적, 창의적, 은유적 앎의 방식의 가치를 강조한다.

Witherell(1991: 90)이 밝힌 것처럼 이러한 저자들은 '자아는 자신과 타인, 주체와 객체, 개인과 문화 간의 관계 상황에서 발달되고 의미를 찾는다'라고 제안한다. 이 견해는 자아 발달에 있어 관계성과 상황의 중요성을 강조하는 Vygotsky(1987)의 사회문화적 이론과 관련이 있다. 우리가 이미 강조했듯이, 관계성을 구축하는 한 방법은 대화를 통해서 이루어진다. 우리는 '청자로서 우리 자신의 전기적 대화에 참여하는 것은 우리의 실제를 다시 구성하고 반성하기 위한 유용한 수단이다'라고 주장한 Boud, Cohen, Walker(1993: 19)의 의견에 동의한다. 대화를 통해 우리는 우리 자신에 대한 지식을 증대시키고 타인들과의 관계를 강화시킨다. 반성을 장려하는 대화는 의미를 구성하고 그렇게 함으로써 경험을 인정하고, 변화를 가능케 하는 실제를 지지해주는 기능과 지식을 탐구할 수 있는 공간을 만들어낸다.

실천에 변화를 초래하기 위해 내러티브를 활용하기

변화 가능성은 항상 존재한다. 그러나 우리가 우리 자신을 바라보는 방법과 우리의 전문적 삶에 대한 측면들을 변화시키는 것은 '개선하고 발전시키기 위해 기존의 개념 네트워크를 어느 정도 깨부수어야'하기 때문에 다소간 불안하게 할 수 있다(Harrison, 1962, Dadds 인용, 1993: 288). 또한 변화된 관점이 자기 이해를 증가시키기 때문에 개인적이고 전문적 상황에 대해 통찰력을 지니고 관계성을 파악하는 것은 추후 조치와 심도있는 실천이 뒤따르고 조치를 필요로 한다. 그러므로 대학교육 상황에 있는 학생들이 스토리텔링을 통해 학습할 때, 교육자들은 다양한 지원 전략을 가지는데 신중해야 한다. 그러한 전략에는 동료 지원 계획, 학생 상담자 연결, 학생과 교사의 정기적 소그룹 모임을 포함한다. 만약 교육자들이 이야기가 말해질 때 무엇이 관련되는지에 대해 학생들이 공감할 수 있도록 발전시키고 도와준다면 스토리텔링은 유용할 수 있다.

우리가 학생들을 자기 검토 활동에 참여시키도록 장려할 때 우리는 학습 영역에 취약한 요소를 도입할 위험이 있다. 만약 학생들이 가끔 불편한 감정이 기대되거나 학습과정에 내재될 수 있다는 것을 인식한다면, 그들은 이러한 시간은 좀 더 건설적으로 관리할 수 있다. 학생들이 이러한 것을 이해하고 창의적 가능성을 열어둔다면, 그들은 실천에 변화를 가져올 필요를 인지하고 사려 깊고 안전한 방법으로 실행할 경향이 매우 높다고 볼 수 있다.

학습 상황 속에서 반성적 대화를 포함한 스토리텔링 과정은 전문적 지식의 발달에 원인이 되고 우리의 자아의식과 관계성에 영향을 끼칠 가능성이 매우 높다. 이야기를 어떻게 이야기하고 처리하는지 더 잘 이해하기 위하여 최근까지 교육자들로부터 별로 관심을 끌지 못했던 감정과 정서의 역할과 영역을 분석하는 것이 유용하다.

정서적 실재(realities)

정서적 측면들을 드러내고 그것을 경험에 통합적이고 필수적인 것으로 가치있게 인식함으로써 스토리텔링 과정의 질을 높일 수 있다. 그렇지만 우리는 우리가 쉽게 표현하는 것 이상으로 많이 느낀다. Mulligan(1993)에 따르면 감정은 우리가 세상에 대해 판단하고 추론하는(생각하는) 2가지 주요한 방법 중 하나이다. 우리가 어떤 대상에 대해 감정을 느낀다는 것은 주관적으로 우리들에게 중요하다고 생각되는 것을 강조하고 우리가 좋아하고 싫어하는 것, 가치와 선호를 드러내는 것을 강조하는 것이다. 반면에 우리가 추론(생각)하는 것은 이론, 틀, 개념에 근거하는 경향이 강하고 그로 인해 좀 더 객관적일 수 있게 되는 것이다.

스토리텔링을 통하여 학습의 이점과 혜택을 최대화하기 위해서 우리는 주관적이고 객관적 관점을 모두 포함시킬 필요가 있다. 그러나 모든 교육자들이 교육하는 데 있어 감정을 적극적으로 포함시키지는 않는다. 감정의 역설과 교육적 리더십에 관한 연구는 감정이 어떻게 간주되고 교육자와 학생 간의 관계를 어떻게 다루는가 하는 문제(Beatty, 2000)에 대해서 강조한다. 교육자가 되는 것은 엄청난 양의 감정과 관련된다는 것을 교사와 교육 지도자들은 Beatty

(2000)에게 역설하고 있다. 그러나 현재 실천상의 관행으로 보면 교수와 학습의 정서성은 주로 정서 통제의 문제(p. 2)라는 것을 발견하였다. 이러한 결과에도 불구하고 그녀는 교육자들에게 교육적 환경 속에서 오래 지속되는 정서적 회피가 지속되기보다 교사로서 그들의 삶의 감정적 실제(realities)를 포용하고 사용하도록 충고한다.

그러한 변화가 발생하는데 대해, 교육자들은 '관계성을 인정할 필요가 있고, 실제 관계는 시간과 에너지를 바쳐야 하고 교육상황에서 이미 많이 미비한 자원들을 신경써야 하는 그러한 실제성을 필요로 한다는 것을' Beatty(2000: 7)는 주장한다. 이러한 결과로 교육자들은 Hargeaves(1994)가 '부자연스러운 협력관계'라고 부르는 것으로 받아들이면서 종종 그들의 역할에 대한 측면들을 별개로 '다루고' 감정을 통제 하에 두려고 한다(Beatty 인용, 2000: 8). 동료와 의미 있는 관계성이 인간적이지 못하다면, 그들이 학습 과정에 통합되지 않는 한 교육자들은 학생과의 진정한 관계성을 확립하지 않을 가능성이 높다. 진정한 관계성은 신뢰와 협력과 관계된다. 이는 스토리텔링에 있어 근본적으로 감정적이면서도 본질적으로 중요한 측면들이라고 우리는 믿고 있다.

교육자들과 학생들이 이야기를 다룰 때, 형식적인 과정을 사용함으로써 적절하고 의미있는 방식으로 정서적 반응이 다루어질 수 있다. 이야기를 말하는 과정을 통해 우리는 생각과 감정의 세계로 함께할 기회를 가질 수 있다(Brody, Witherell, McDonald and Lundblad, 1991). 감정에 포함되는 것은 근본적으로 사람의 경험에 있고 더 이상 교육 분야에도 무시될 수 없다. 결국, 교수와 학습은 완전히 정서적 활동이다(Fried, 1995).

학습 과정에서의 반성적 성찰 모형에서 Boud, Keogh, Walker(1985)는 2가지 방식에 주목하고 있다. 첫째는 긍정적 감정을 가지고 일을 하는 것, 둘째는 방해하는 감정을 제거하는 것이다. 그들은 긍정적 감정을 가지고 일을 하면서 생긴 결과로서 얻어진 것은 학생들이 그들의 경험을 처리함으로써 생길 수 있는 혜택과 이점을 기대하고 예상할 수 있도록 해주는 잠재가능성이 있다고 주장한다. 이처럼, 만약 학생들이 그들의 경험과 관련된 방해하는 감정을 다룰 수 있도록 도움을 받게 된다면, 그들은 그 이유나 근거의 처리 과정에 좀 더 적극적으로 참여하고 몰두하게 된다(Boud, Keogh and Walker, 1985). 종종 어떤 카타르시스의 형태로 방해하는 경험을 제거할 것이다. 이는 때때로 그 원래의 발생원인과 결과에 대한 자발적인 통찰력을 생성하는 바로 그 해방감, 혹은 감정표출인 것이다(Heron, 1979). 반성적 대화를 포함하는 스토리텔링 과정은 또한 카타르시스가 생기도록 도와준다. 하지만 스토리텔링의 가장 큰 가능성은 자신과 실제(실천)를 변화시킬 수 있는 잠재력을 가진 학습을 촉진하는 데에 있다. 다음 장에서 우리는 이론적 틀 내에서 다루어질 수 있는 스토리텔링을 통한 학습을 우리가 어떻게 생각하는지 하는 문제에 대한 몇가지 아이디어를 제공하고자 한다.

CHAPTER

4

학습이론으로서 스토리텔링

STORY TELLING

- 스토리텔링을 자리매김하기
- 학습의 단계
- 스토리텔링을 통한 반성적 성찰학습
- 어떻게 스토리가 이야기되는가?
- 스토리텔링의 경로

CHAPTER

4

학습이론으로서 스토리텔링

이 장에서 우리는 '어떻게 스토리가 이야기되는가?'라는 질문에 대한 해결책을 4가지로 접근하려고 한다. 첫 번째로, 우리는 우선 스토리텔링 접근이 어떻게 특정 패러다임과 일치하게 되는지에 대하여 간단한 탐구로부터 시작하고자 한다. 두 번째로는 사회-문화적 틀 내에서, 우리가 강조하는 스토리텔링의 위치를 정하고 우리가 그렇게 하는 이유를 정당화한 후, 우리는 스토리텔링을 통한 학습이 일어나는 것을 어떻게 생각하는지 입증하기 위해 우리의 접근법을 사용하여 이론적 모델을 제시할 것이다. 세 번째로 우리는, 학생들로 하여금 상이한 학습 성과를 달성할 수 있도록 해주는 과정(절차)들을 학생들이 어떻게 의식적으로 선택할 수 있는지를 강조하기 위해 스토리텔링 경로 모델을 소개할 것이다. 마지막으로 우리는 스토리텔링 모델을 통한 반성적 학습을 소개하려고 한다.

스토리텔링을 자리매김하기

우리는 일반적으로 패러다임 교육자들이 자신들이 사용하는 언어를 가지고 하는 것이 무엇인지, 그리고 그들이 지지하고 옹호하고자 애쓰는 학습과 교수원리가 무엇인지를 알고 있다. 교육자(연구자)들이 연구한 패러다임과 관련된 관찰들이 스토리텔링의 자리매김에 대하여 무엇을 수행하였는지를 탐구하기 위하여 우리는 문학의 문제로 돌아가서 논의하고자 한다. 많은 교육자들이 알고 있는 방식으로 스토리를 인식하는 세계관이 받아들여지고 있지만 패러다임에 충성하는 양상은 그리 분명하지는 않다. 우리는 이 문제가 학습도구 자체의 특성으로 인해 스토리가 어디에서 적합한지에 대해서 혼란이 있기 때문인지, 아니면 패러다임의 개념 속에 본래 내재된 어려움 때문인지에 대해서 다소간 의문을 가지고 있다. 그러한 문제들은 우리에게 계속해서 흥미를 불러일으킨다. 앞서 나열된 것 중 마지막 문제는 이 책에서 다루고자 하는 범위에서는 벗어나지만, 이 전에는 그러한 흥미가 정당화 되었다. 이 책을 쓰는 과정에서 우리는 스토리를 연구 대상으로 하는 현재의 방법을 지지하는 패러다임을 선택할 수밖에 없었다. 내러티브를 사용하고 구성주의와 해석학과 같은 몇몇 패러다임 속에 놓여있기 때문에 이러한 결정을 한다는 것은 간단한 일이 아니다.

뉴질랜드의 Bishop(2001)과 같은 교육자들은 '학습자들의 문화적으로 발생된 이해하기 과정'(p. 108)을 수용할 수 있는 능력을 부여해주는 구성주의 접근 방식을 지지한다. 또한 우리가 문화내에서 지식을 구성하는 방식에 영향을 미치는 이데올로기적인 관심사와 기타 관련된 관심사가 있다는 점을 언급할 가치가 있다는 점이다.

구성주의가 단독으로 몇몇 저자들 및 다른 사람들에 의해 출현되지만, 그것은 의미와 이해를 강조하는 해석적 틀 안에 놓여있었다(Greene, 1996; Fosnot, 1996). 구성주의는 지식과 그것을 구성하는 방식에 초점을 맞춘 성인 교육실천을 응용한 심리학적 이론으로 볼 수도 있다(Arlidge, 2000). 구성주의 체제의 교육자들은 '학습은 기존의 지식 구조 내에서 새로운 정보를 추가하고 통합하는 이해의 과정'이라고 생각한다(Arlidge, 2000: 34). Chaille와 Britain(1991: 11)은 이러한 점을 다음과 같이 이야기하고 있다:

> 학습자들은 정보를 수동적으로 받아들이는 것보다는 적극적으로 지식을 구성한다. 학습자들은 다양한 경험, 아이디어가 포함된 교육 환경에서 학습에 접근한다. 학습자들은 그들에게 전달되는 지식을 습득하지 않는다; 오히려, 자신의 지적활동을 통해 지식을 구성하고 스스로 확인하여 지식을 구성한다.

이 텍스트에서 사용된 언어, 스토리텔링 과정(맥락, 협동, 대화와 구성)을 뒷받침하는 입장(tenet)들은 우리의 비고츠키적인 연계점과 통합시켜 보면, 우리는 현재의 구성주의 체제 내에 우리의 입장을 위치시키고 있다는 것을 시사해주고 있다. 구성주의는 두 부분, 즉 심리적/인지적 구성주의와 사회-문화적(사회적 구성주의)으로 나뉜다.

학생들이 적극적으로 학습과정에 참여한다는 공통점이 있기 때문에 두 가지 관점의 차이가 항상 명확한 것은 아니며, 구성주의가 가지는 양면 중 어느 쪽을 선택해야 하는 문제점을 가지고 있다(Arlidge, 2000).

어떤 문헌들에서는 심리적 구성주의를 연구하는 교육자들은 학생들이 지식을 구성하는 방식에 초점을 맞추는 경향이 있고, Vygotsky와 같은 사회 문화적 구성주의자들은 의사소통 과정과 지식구조에서의 사회적 요인의 영향에 더 많은 관심을 가진다는 것을 시사하는 문헌들도 있다(Philips, 1997a, 1997b). 비고츠키는 언어와 대화의 중요성, 지식의 구조 속에 있는 학습의 사회적 맥락(Wilson, Teslow and Taylor, 1993), 그리고 학생의 지원이 필요하거나 필요 없는 역량(근접 발달 영역)을 강조하고 있다. 그는 또한 '문화적으로 자리 잡고 있는 학습, 주변의 문화를 반영한 교육적 상호작용에 대한 믿음'의 중요성을 강조하고 있다(Vygotsky, cited by Arlidge, 2000: 37).

학습은 학생들의 사전 지식과 경험을 소중히 여기고, 지식을 구성할 수 있는 매체로 반성적인 대화를 촉진하는 사회적 협력과정으로 보기 때문에 우리의 스토리텔링 방식은 비고츠키의 관점에 충실하게 접근하고 있다. 우리는 또한 사회적, 역사적, 사상적, 문화적 맥락과의 상호작용으로 우리의 세계를 구성한다는 것을 인정한다. 사실 우리는 이러한 상황에 의해 영향을 주고 받는다.

사회-문화적 체제 내에서 우리의 연구를 위치시키면서 우리는 스토리 방식이 학습과정의 중심이고 이러한 만남이 문화적 맥락에 의해 영향을 받는다는 것을 인정한다(Shotter, 1995). 우리는 또한 지식구성을 단순히 상황적인 문제 그 이상으로 보고 있다; 그것은 하나의 과정이며, 담화(discourse: 소통과 대화)의 역할을 포함하는 영향력에 대한 매우 복잡한 이유를 제기하는 문제이다.

대화를 촉진하는 학습과정은 효과적인 스토리텔링 접근법의 핵심이다. 따라서 그 과정은 역시, 의미 구성과정이며 동시에 반성적 과정을 의미한다. 우리가 스토리텔링이 기본적인 일차적 도구로 사용이 될 때 학습이 어떻게 발생하는가에 대한 생각을 발전시켰을 때, Entwistle(1996)의 표면적 학습과 심층적 학습에 대한 연구와 특히 유용한 Moon(1999)의 5단계 학습 지도안에 대한 연구를 발견했다. Entwistle의 표면적이고 심층적인 학습의 개념을 포함한 Moon의 연구(1999, 2001)에 대한 개요는 다음과 같다.

학습의 단계

주목하기(noticing)

우리 주위에 있는 것들을 어떻게 지각하고 인식하는가에 주목하는 것이 Moon의 학습지도안(1999)의 첫 번째 단계이다. 이 단계에서는 학생들이 미리 알고 있는 내용이 무엇인지, 학습의 목적을 통해 무엇을 상상하는지, 학습 상황에 의해 유발되는 감정적인 반응은 무엇인지, 그리고 그들이 배우게 될 내용이 어떻게 제시되는지 등 네 가지의 다양한 요인들에 의해 영향을 받는다. 이 단계에서 학생들은 표면적인 수준에서 기능하기 때문에 어떤 것을 주목한다는 것이 학습이 발생될 것이라는 것을 의미하는 것은 아니다.

이해하기(making sense)

학습에 대한 표면적(피상적) 접근으로 특성화된 이 단계에서 이루어지는 학생들의 학습은 학습자료(교재) 그 자체에 관심이 있다. 이 단계에서의 학습은 학생들의 사전 지식과 경험을 장차 갖게 될지도 모르는 그런 지식과의 연관성에 관심이 있는 것은 아니다. 이 단계에서의 주요 초점은 학습 자료를 조직하고 정리하는 것이며, 아이디어들을 통합하는 것이다. 모든 학습 자료의 통합은 피상적인 수준에 그칠 것이다.

의미 만들기(making meaning)

이 단계의 학생들은 인지구조 속으로 새로운 자료를 흡수함과 동시에, 인지 구조가 그들이 이미 알고 있는 것과 관련되는 새로운 학습의 의미를 수용한다.

그 결과, 의미 있는 학습과 이해가 발생하고, 경우에 따라서는 학생들은 정서적 '정당성'의 감각을 경험할 수도 있다(Entwistle, 1996; Head and Sutton, 1985). 이 단계가 진행되는 동안에 학습 혜택과 이점이 최대화 되는 경우에 '서로 연결되는 아이디어들과 교과내용이나 교재의 전체적인 관점에 대한 증거들을 가지고 이루어지는 심층적 학습'(Moon, 1993: 143)이 시연된다.

유의미하게 학습하기(working with meaning)

이 단계에서는 본래의 학습 자료에서부터 초점이 변경되어 달라진다. 그것은 조절 과정에서 수정될 수도 있고, 지속적인 학습의 결과로 만들어진 아이디어로 이동할 수도 있다. 학생들은 반성이나 성찰의 형태로 참여할 것이다. 생각은 명료해지고, 문제해결 전략이 실행되며, 판단이 이루어진다. 학생들은 검토 과정에 참여할 수도 있는데, 이 과정에서 학생들은 개인적 지식이 전문적인 실천 맥락에서 취해지는 조치나 행동에 영향을 미치는 방식에 대한 자신들의 의식이나 자각을 고양시키기도 한다.

변형적으로 학습하기(transformative learning)

이 단계에서의 학습은 보다 정교하고 종합적인 인지적 구조의 조절과 관련된다. 학생들은 스스로의 참조 틀을 평가하고 그들의 지식과 다른 사람들의 지식에 대한 이해를 전달하는 능력을 발휘한다. 학습과정 자체에 대한 이러한 인식은 학생들이 자신과 다른 사람의 지식에 대한 비판적인 개요(overview)를 가질 수 있도록 한다. 학생들은 사려 깊고 합리적인 토론에 건설적으로 참여하고 다양한 출처에서 소재와 아이디어의 유용성에 대한 판단을 함으로써 스스로 동기부여가 되기도 하고 스스로 동기부여를 할 수도 있다.

우리는 학생들과 그들의 스토리, 우리가 형식적인 의미에서 스토리텔링 모델을 통해 반성적 학습을 발전시키기 위한 발견에 대해 연구하는 여러 가지 방법이 이 5단계에 반영되어 있다. 우리가 모델(그림 5, p. 60)을 제시하기 전에 [표 4-1]에서 Moon(1999)의 학습 지도와의 관련성을 보여주고 있다.

〈표 4-1〉 학습과 스토리텔링의 관련

학습지도안(Moon, 1999)	스토리텔링을 통한 학습
• 주목하기 • 이해하기 • 의미만들기 • 유의미하게 학습하기 • 변형적으로 학습하기	• 스토리 발견하기 • 스토리텔링하기 • 스토리 확장하기 • 스토리 처리하기 • 스토리 재구성하기

스토리텔링을 통한 반성적 성찰학습

우리가 학습도구로써 스토리텔링을 사용할 때, 학생들의 과거 경험, 스토리텔링을 향한 태도, 그리고 특정한 스토리에 의해 발생된 정서(감정)의 강도들이 이러한 스토리들이 어떻게 진행되는가 하는 것과 더불어 어떻게 학습되고 그리고 무엇을 배우게 되는지에 영향을 미친다. 스토리텔링이 이야기를 하는 사람과 듣는 사람 모두에게 의존을 하는 반면에, 모든 스토리는 말하는 사람의 관점으로부터 진행된다는 것을 인지하는 것은 필수적이다. 모티브, 아이디어, 단어 또는 사건들은 그들의 보는 관점을 묘사하고, 목소리 톤, 강조점, 제스처에 의해 입증된다. 말하는 사람은 어떠한 요소가 포함되고 제외되는지 그리고 그들이 어떻게 그들의 스토리를 표현할 것인지 선택한다. 말하는 사람은 또한 그들이 표현할 정서적 몰입의 수준을 결정한다.

몇몇의 학생들에게만 매력적인 스토리들은 아마 다른 사람들에게는 거의 적합성이 없을 것이다. 이해하는 과정은 문화적으로 만들어져왔다. 어떤 스토리들은 강력한 카타르시스 반응들을 환기시키는 반면에, 다른 이야기들은 아마 거의 영향을 미치지 않을 것이다. 만약에 영향을 미친다면, 감정적인 연관성이다. 학생들이 흥미가 있고 말하기를 원하는 경향이 있는 그 이야기들은 종종 그들의 경험과 관련된 몇몇 방법과 연결되어 있는 어떤 것들이다. 이러한 연관성은 아마 주제와 관련되거나, 사회적이거나, 문화적이거나 또는 아마 현재의 관심과 연결되어 있다. 예를 들어, 교육 실습생은 그녀와 흥미롭거나 그녀와 관련된 교실 상호작용에 대해서 이야기 할 것이다.

학습에 대한 5단계 접근법을 취함으로써 우리가 발견한 Moon(1999)과 같이, 우리는 학생들과 그들의 의미 있는 이야기로 작업할 수 있었다. 스토리텔링 모델을 통한 성찰적 학습의 단계를 지금부터 제시해보고자 한다.

스토리 발견하기

우리가 발견한 이야기들 그리고 시급하게 말해야 할 필요성을 가진 이야기들은 종종 높은 감정적인 내용이다. 상황에 대한 어떤 이야기는 우리를 흥분시키고, 화나게 하고 또한 흥미롭게 한다. 우리는 감정에 의해 아마 압도당할 것이고 왜 우리가 특정한 상황에 대해 생각하는지 인지하지 못할 것이다. 우리의 스토리텔링의 한 수업에서, 왜 우리가 특정한 이야기를 이야기해야 하는지 물었을 때 이야기 하는 사람은 말했다. '모르겠어', 이것은 첫 단계 동안 흔한 반응이다.

스토리텔링하기

두 번째 단계에서, 말하는 사람과 듣는 사람은 내용을 조직하고 배열하는 것에 초점을 맞춘다. 이야기되고 들리는 이야기는 이야기를 그 자체로 이해하기 위한 목적을 위한 것이다. 학생들은 맥락과 인간의 경험 모두를 이해하려고 시도한다(Josselson, 1995). 아마 어떤 생각과의 연계성이 있을지도 모른다; 그러나, 이것은 표면 수준이 어느 정도인가 하는 문제에 있을 경향이 있다. 말하는 사람과 듣는 사람은 제시되고 있는 이야기를 이해하는 것에 더 관심이 있다. 비록 이 단계에서 말하는 사람과 듣는 사람과의 관계성은 확립되는 과정에 있다.

스토리 확장하기

이 단계는 공유되고 있는 사건들에 대한 '의미 만들기'를 통해 특성화 된다. 스토리텔링 전과정에 걸쳐서는 망각된 측면들은 종종 재생된다. 그것은 때때로 역추적의 정도를 필요로 한다. 질문이 제기되고, 중요한 질문이 확장되고, 그리고 감정이 명료해진다. 이 과정에 능동적이고 성찰적으로 참여하는 화자와 청자들은 새로운 학습을 자신들의 인지 구조 속으로 동화시킨다. 그리고 그것을 조절시켜서 기존의 지식과 과거의 경험과 연계될 수 있도록 해준다.

과거 경험은 기술(묘사)되고 있는 상황의 양상들이 화자들에게 얼마나 자주 발생하였는지 그리고 얼마나 그들이 그 관련성을 인지하는지 하는 문제를 포함할 수도 있다. 특정한 이야기와 관련이 있는 감정의 강도는 아마 이전의 상황으로부터 해결하지 못한 감정들의 존재를 나타낼 것이다. 그 이전의 상황은 상기되고 재생되는 것들과 어느정도 유사하다. 그리고 이 관련성은 몇몇 말하는 사람에게는 학습의 잠재가능성에 영향을 미친다. 이것은 또한 유사한 상황을 경험했던 듣는 사람에게서도 사실이다.

어떠한 이야기의 성공적인 발표(제시)에 대해서 중요한 것은 얼마나 '왜?'라는 질문이 많이 발생하는가 하는 것이다. 왜 상황들이 특정한 방법으로 발생하고 왜 주요 참가자가 특정한 방법으로 행동하는 것일까?

의미 있고 타당한 관련성이 만들어지고 공유된 사건들에 대한 전체적인 접근의 증거가 있을 때, 피상적 학습에서부터 심층적 학습으로의 변화가 발생한다.

스토리 처리하기

심층적 학습은 반성적인 활동과 연관되어 있다. 반성적 활동은 '유의미하게 학습하기'로 초점이동하는 이 단계의 핵심적 측면으로서 여기에는 반성적 대화를 통하여 사건의 다양한 시각을 개발하면서 유의미하게 학습하는 것이 포함된다. 말하는 사람들과 듣는 사람들은 검토 과정에 관여하게 된다. 그 검토 과정은 어떻게 개인적인 지식이 전문적인 실천의 맥락에서 취해지는 여러 조치들에 영향을 미치는지에 대한 의식이나 지각을 고양시킨다. 말하는 사람의 감정은 인정되고 평가된다. 해결되지 않는 상황에 대한 가능한 해결방안이나 해결책이 만들어진다.

어느 정도까지는, 듣는 사람의 이해력과, 여기에 관계되고 있는 상황을 자신들이 경험하는 것이 이 단계를 구성한다. 듣는 사람들이 말하는 사람에게 어떻게 반성적으로 질문하는가 하는 방식은 그들 스스로 무엇을 배우는지에 영향을 미친다. 듣는 사람이 대화를 통해서 통찰력을 얻을 수 있는 반면에 말하는 사람은 그들의 이야기의 통제력을 얻을 수 있고 듣는 사람들에 의해서 발생할 수 있는 양상들을 확인하고, 심화확대시키고, 설명하고, 분류하고 또는 반박할 수 있다. 동시에 요점들은 비판적으로 분석될 수 있고, 특정 이야기가 지니는 중요성의 심층적 이해와 의미, 맥락 사이의 연결성을 반박할 수 있다.

이 단계는 종종 잊혀져왔던 네 번째 양상들이라고 부른다. 그리고 이 단계는 상황을 나타내기 위하여 어떤 방식으로 연결된 다른 이야기들을 표면상으로 가지고 올 수 있다. 이런 연결들을 잘 연계되도록 반성적으로 처리하는 것은 현재 상황과 과거 경험 사이에서 이루어져 왔다. 그리고 대안적 관점들에 대해서 개방적인 자세를 지님으로써 말하는 사람들로 하여금 중요한 강조점을 지니는 5단계로 옮아가게 할 수 있다.

스토리 재구성하기

이 마지막 단계에서, 말하는 사람(화자)과 듣는 사람(청자)은 가능한 많은 관점으로부터 이야기를 비판적으로 질문(심문)하기 위한 능력을 시연해보인다. 그들은 또한 해결방안과 해결책의 잠재가능성을 비판적으로 평가한다(Kemmis, 1985; Taylor, 1998). 이러한 점들이 자신과 실제에 어떠한 시사점을 제공해주는가 하는 점은 각각의 해결방안이나 해결책이 평가되는 경우에 고려된다. 대화는 논리정연하고 사려 깊고 건설적이다. 말하는 사람과 듣는 사람은 무엇이 자신들의 관점을 형성하였는지 보다 잘 자각한다. 스토리들은 재구성되며, 그 과정 속에 '스토리에 의해 변형되고, 변모되고, 그리고 구전되는' 것과 관련된 것들에 대한 잠재가능성이 들어 있다(Jackson, 1995). 이 단계는 말하는 사람과 듣는 사람에게 실제를 변화시킬 수 있는 기회들을 제공한다.

Gudmundsdottir(1995: 34)는 내러티브는 귀중한 변형 도구이며, 대부분의 경우에 그 성격은 다음과 같다고 지속적으로 말하고 있다:

> ... 변형은 불완전한 스토리에서 보다 완전하고 매력적인 스토리로의 진행과정을 의미한다. 우리는 우선 시간에 연속적으로 걸쳐서 스토리 라인을 이동시키는 연결성이나 일관성을 확립함으로써 변형을 수행한다. 다음에는 스토리의 목적이자 포인트인 스토리의 방향이다. 스토리의 목적을 잘 설정하면, 사건이 선정되고, 거절되고, 변형되며, 그리고 아주 매력적으로 독자들을 매혹시켰다면 중요성을 띠게 된다.

어떤 스토리들은 지식과 크게 관련 없는 방식으로 우리를 변화시키지만, 우리 삶이 존재하는 방식과는 보다 밀접한 방식으로 우리를 변화시킨다. 스토리가 이러한 방식으로 우리를 감동시킬 때, 다른 사람들과 우리 자신, 그리고 우리가 살고 있는 세상을 돌이킬 수 없도록 변화시킨다. '우리는 이전에 알려지지 않았던 삶의 양상을 알아가게 된다. 요컨대, 스토리들은 우리를 변형시키고 개인으로서 우리를 변화시킨다'(Jackson, 1995: 9).

그러나 이러한 혜택들이나 이득들은 항상 발생하는 것은 아니다. 몇몇 스토리들은 얘기되고 또 얘기된다. 진보나 해결책에 대한 명백한 생각 없이. 질문들은 대답되지 않은 상태로 남아있게 되거나 갈등과 주요 관심사나 근심거리는 해결되지 않은 채로 남아있게 된다. 그 결과, 학습의 기회들을 놓치게 된다. 그러므로 어떻게 스토리텔링이 가장 풍부한 이점을 얻을 수 있는가 하는 점을 탐구하는 것은 유용한 일이라고 볼 수 있다. 만약 Josselson(1995: 35)이 주장한 것처럼, '내러티브적 삶의 모델이 형성 중에 있는 (처리)과정의 모델들'이라면 우리는 우리가 어떻게 스토리를 얘기하는지를 고려해 볼 필요가 있다.

어떻게 스토리가 이야기되는가?

교육자들은 여러 가지 이유로 학생들이 실제(실천)와 관련된 이야기를 하기를 권장한다. 그들은 또한 학생 개인의 스토리를 말하는 것과 탐구를 가능하게 하기 위해 다양한 접근법을 사용한다. 우리는 학생들이 자신들의 스토리를 어떻게 이야기하는지 그리고 그 이야기를 어떻게 처리하는지가 자신들이 달성해야 하는 학습성과가 무엇인지를 결정한다는 점을 발견하였으며, 이것이 스토리텔링 경로모델의 개발로 이끄는 관찰로 이어졌다(McDrury and Alterio, 2001). 이 모델을 이용해서 우리는 3가지 요소를 조합하여 어떻게 학생들

이 다른 학습 성과를 달성할 수 있었는지 설명할 수 있다: 배경, 청자의 수, 스토리 유형

이 요소들은 3가지 주요 스토리텔링 특성으로 결합된다.

1. 상황 및 배경: 형식적인가, 비형식적인가?
2. 청자: 한명인가, 다수인가?
3. 스토리: 자연발생적이고 즉흥적인가, 미리 짜여져 있나?

각각의 특성은 독특한 방식으로 스토리텔링 과정에 기여한다.

상황 및 배경

이 요소에서 우리는 두 가지의 배경 장면 내지 장소가 있다는 것을 안다. 해프닝 장면(happening settings)은 어디서 사건이 벌어지는가 하는 것이고, 말하기 장면(telling settings)은 이런 사건에 대해서 어디서 스토리를 이야기 하느냐는 것이다. 어떤 사건이 발생한 것과 그것에 대해 말해지는 스토리 간의 시간차는 (상황에 따라) 달라지게 (변화하게) 되며, 이런 변화들은 스토리가 어떻게 이야기되고 왜 이야기 되는가에 영향을 미치게 된다는 점을 잘 알고 있다. 우리는 또한 학습성과들은 상이한 장면들이 제공하는 상호작용의 타입에 달려있다는 점을 믿고 있으며, 이것은 우리가 지금 입증할 관점이다.

스토리가 공유되는 말하기 장면은 형식적이거나 비형식적이다. 비형식 장소는 우연한 만남을 허용하지만 형식적 장소는 계획과 (협상)합의를 요구한다. 비형식적인 스토리텔링은 말할 스토리와, 기꺼이 들어줄 사람, 적당한 공간이 있을 때 발생한다. 식사시간은 주로 그들이 드라마를 공유할 수 있는 짧은 기회를 준다. 그러나 이런 형태의 스토리텔링은 식당과 매점이라는 장소에 한정된다. 복도

계단과 같은 경계 공간에서의 짧은 만남도 마찬가지이다.

비형식적인 길(경로)을 간다는 것은 그것이 발달하는 것처럼 화자와 청자들이 스토리텔링 과정을 만든다는 것을 의미한다. 화자가 강한 카타르시스적 요구가 있을 때, 이야기 내용에 대한 대화는 발생할 가능성이 낮으며 학습의 기회를 제한하게 된다.

학습 잠재력에 영향을 주는 다른 요소는 어떻게 청자가 화자의 이야기에 반응하느냐에 관련이 있다. 비형식적 상황에서 반응은 변동차가 심한 경향이 있고 청자가 자주 자신들의 스토리를 공유하는 결과를 낳는다. 이런 스토리는 종종 화자의 스토리 안에서 드러나는 감정과 강렬함을 반영한다. 카타르시스적 욕구는 해결되지만, 충분한 학습이 일어날 가능성은 희박하다. 스토리로부터의 학습의 가능성을 증가시키기 위해서는 경험의 우연한 교환을 뛰어넘는 조치가 필요하다. 그리고 형식적 상황에 스토리텔링을 위치시킴으로써 특별히 학습과정에 초점을 맞추는 것이 필요하다. 이러한 기회제공 여부는 달라질 수 있다. 현재 주목할 만한 차이는 교육자들이 스토리텔링을 사용하는 방식에 있다. 스토리텔링은 여전히 어떤 그룹에서는 '전문적인 이야깃거리(가십)'로 인식된다(Laing, 1993). 반면에 과정을 형식화함으로써, 우리는 스토리텔링을 전문성 개발의 중요한 부분으로 격상시켰다(Alterio, 199b; McDrury and Alterio, 2001). 형식적 스토리텔링은 대화를 촉진시키고 정서적인 반응의 가치를 높이고 실천의 딜레마에 대한 대안적 접근법을 탐구하기 위한 기회를 제공하기에 좋다. 청자들은 이런 과정에서 핵심적 역할을 하게 된다.

청자

청자는 스토리텔링 과정을 형성하는 것을 도와주며, 반성적 대화에서 스토리를 경청하고 화자의 관심과 주의를 끌어 사로잡음으로써 성과에 영향을 미친다. 청자는 반성적 질문하기와 다른 전략들을 통해, 발생하는 반성의 수준, 폭, 그리고 반성의 정도에 영향을 미침으로써 대화가 이루어지는 동안 주목할만한 중요한 역할을 수행할 수 있다.

우리의 스토리텔링 모델의 모든 다섯 가지 단계에서, 청자는 그 과정의 일부가 되는 것으로부터 혜택을 받을 수 있는 상호학습자들이다. 학습은 아마도 다면적인 형태, 즉 다양한 스토리텔링 과정에 참여를 통해서, 그리고 전체적으로 또는 부분적으로 자주 마주했을지도 모르는 화자의 경험에 대한 설명을 경청하는 것을 통해서, 그리고 반성적 토론에 참여함으로써 청자에게 학습이 발생하게 된다.

스토리가 처리되고 진행될 때, 참석자들은 자신들의 개인적 경험들이 집합적으로 경험된 곤경과 어려움이라는 것을 자주 자각한다. 상세한 세부 내용과 핵심 역할자가 다를 수 있지만, 발생하는 어려움은 본질적으로 동일하다(Brookfield, 1995). 따라서 중요한 학습은 화자와 청자 모두에게 발생할 수 있다. 우리의 경험에서 이러한 학습은 일정한 대화의 형태를 자주 포함하는 '스토리텔링 처리하기' 단계 동안 발생할 가능성이 높다.

대화는 응답(반응) 담론(response discourse)과 응답(반응) 스토리(response story) 두 가지 주요 방법으로 발생한다. 청취자가 원래의 스토리에 초점을 유지하는 경우, 대화는 관련되는 실천(연습)경험의 요소에 초점을 맞춘다. 이것이 발생할 때에 청자는 우리가 응답 담론이라 부른 것에 참여하고, 그것은 말하는 화자가 그들의 경험을 깊게 탐구하도록 도와준다. 만약 청자가 우리가 응답 스토리라고 부르는 것을 말함으로써 반응한다면, 대화는 이 경험들을 포함하기 위해 전환된다. 응답 스토리는 비슷한 사건을 탐구함으로써 원래의 이야기에서 테마를 선택할 수 있는 반면에, 어떤 응답 스토리는 원래의 테마에 단지 느슨하게 연결되고 그리고 거기에서 초점을 상당하게 전환할 수 있게 된다. 이것이 발생할 때에 우리는 일부 학생들이 느끼는 분노의 느낌과 감정을 전달하기 위해 ***스토리 하이재킹*** (*story hijacking*)이라는 용어를 사용한다. 경영학을 공부하는 2학년 학생 마리아는 다음과 같이 설명한다:

> 점심식사가 끝난 뒤 나는 친구들과의 소모임에서 내가 최근에 경험했던 끔찍한 직장 연수에 대해 말하려고 했다. 그것은 나를 정말 불안에 떨게 했고 나의 이야기를 들어줄 그 누군가가 필요했다. 어쩌면 나는 사무에 적합하지 않을 수도 있다고 생각했다. 내가 막 이야기를 시작하자마자 친구 중 한명이 이야기에 불쑥 끼어들어 나를 밀어내고 자신의 경험을 이야기했다. 그것은 마치 모든 사람의 노예처럼 취급받으면서도 어떻게 해야할지 안내받지 못한 채 사무적인 일을 그냥 해야하는 것과 같은 그런 종류의 것으로서, 당연히 그런 분위기에서는 당신이 하는 모든 일은 잘못하게 된다. 그러고 나서 다른 사람들은 그녀가 회사에서 휴일 근무를 할 때 일어났던 어떤 일과 내가 몰랐던 그들의 고등학교 시절에 경험한 아르바이트에 대한 이야기를 서로서로 나눴다. 나는 어떤 이야기는 매우 재미있었지만 어떤 것은 매우 불만스러웠다. 나는 주목받지 못했고 어떻게 하면 다음 직장에서 더 나은 경험을 할 수 있는지에 대해 이야기가 잘 풀리지 않았기 때문에 매우 화가 나서 그 자리를 떠났던 것을 기억한다.

Maria는 하나의 스토리에 초점을 맞추면서 그리고 그 스토리에 머물면서 경청하고 있는 그 세션동안에 자신의 story-hijacking 경험을 공유했다. 이어지는 계속된 논의에서, 교실 안에 있던 모든 학생들은 이야기가 그들에게 주목받지 못해서 강탈당했을 때의 불만과 비슷한 감정을 경험했던 몇 가지 경우를 기억할 수 있었다. 모든 경우에, 이러한 스토리들은 차 내부나 카페 안, 파티 또는 가족

모임처럼 비형식적 장면에서 이야기 된다.

우리는 스토리텔링 과정의 격식 없고, 즉흥적(자발적)이며 서서히 전개되면서 발전하는 성질 때문에 응답 스토리가 비형식적 장면에서 보다 많이 발생할 것 같다고 생각한다. 만약 화자들이 유의미 학습에 참여하기를 원한다면 추가된 차원이 포함(통합)되어야 한다. 때때로 '이 상황에서 당신은 무엇을 할 것입니까?' 또는 '내가 이것을 어떻게 별도로 취급할 수 있습니까?'와 같은 구체적인 질문을 물음으로써 화자가 이야기를 끝내기에 충분하다. 이러한 질문들을 사용하면서 화자는 응답 담화를 향한 대답을 포함하거나 안내하는 것을 시도해 볼 수 있다. 그러나 비형식적 장면에서 청자들은 그러한 조언을 무시하고 계속해서 그들 자신의 대답을 말할지도 모른다.

형식적 장면에서, 응답 스토리의 발생을 최소화하고 주요 이야기에 초첨이 맞춰진 대화를 최대화하기 위한 과정들을 실행한다. 반성적 성찰학습이 용이하도록 만들어진 형식적 장면에서 한 명의 청자와 한 명의 화자가 스토리 내용에 대한 대화를 할 때, 청자가 추가적인 차원을 말하더라도 화자의 관점에 초점이 맞춰진 숨겨진 의미까지 알아낼 것이다. 또한 대화가 초첨에 맞춰져 있을 때, 해결책이나 계획들이 발생될 것이다. 사회학과 3학년 Terry의 설명이다:

> 나는 내가 이름과 얼굴을 가지고 이 일을 해결했다고 생각했다. 당신은 그것이 직업과 잘 어울리기 때문에 내가 잘할 것이라고 생각했지만 나는 실제로 많은 문제를 가지고 있다. 그것은 내가 해야 하는 어떤 것이다. 그러고 나서 나는 돌파구를 찾았다고 생각했다. 동료의 장례식에 가서 내가 어떤 사람을 봤을 때, 나는 다음 계단에서 알아차렸다. 나는 그의 이름을 기억하지는 못했지만 얼굴은 알고 있었다. 나는 그에게 다가가서 일은 잘 풀리고 있는지 물었고 그도 똑같이 하였다. 그러고 나서 우리는 교회에 가기 전에 장례식에 관련된 것들을 이야기 하였다. 나는

> 매우 기뻐했다. 나는 이후, 그날 밤 가족들에게 말했다. 당신이 믿으려 하지 않을 때까지 나는 그의 이름을 기억하려고 노력하고 있었다. 그는 TV화면에 있었다. 그는 내가 거의 매일 밤에 보았던 뉴스리더이다. 그래서 나는 다시 출발점으로 돌아왔다.

이 스토리를 고등학교 교실이라는 형식적 장면에서 다른 학생 한명에게 이야기했다. 이것을 말하고 나니까 그 뒤에 웃음이 뒤따르고 다른 당황스러웠던 순간들에 대한 짧은 이야기들이 공유되는 동안, 청자와 화자는 Terry가 어떻게 이름을 외우는 어려움을 극복했는지에 대한 대화의 중심으로 빠르게 빠져들었다. 그 과정이 Terry가 시행할 수 있는 몇 가지 전략을 형식화하는 것으로 이동된다. 그는 하나의 효과적인 전략을 찾았다: 예를 들어 'TERRY FRASER'처럼 이야기 제목과 같이 사람의 이름을 시각화 하는 것, 그리고 나서 'Talks Fast'처럼 이름의 첫 번째 문자를 따서 사람을 설명하는 특징을 제시하는 것이다. 스토리텔링 이후에 Terry는 그의 어려움을 솔직히 드러내는 것에 보다 편안해졌을 뿐만 아니라 이제 이름을 부르고 기억하는 능력을 향상시키는 것을 도울 수 있는 전략들을 가지게 되었다고 말했다.

몇몇 청자들이 다양한 관점으로 스토리를 볼 때, 그들에게 새로우면서 전혀 예측하지 못했던 학습에 대한 기회가 더욱 증가된다. 가족을 돌보고 난 뒤 직장으로 다시 돌아온 여성인 Sue는 봉급을 받으면서 생활했던 직장생활이 거의 끝났음을 말했던 자신의 경험을 떠올렸다.

> 나는 간병인이 되기 위해 교육받고 있었다. 나의 과정 중 일부로써, 나는 일주일에 하루 치매환자를 위한 요양원에서 일을 해야 했다. 나는 그 일이 꽤 쉬운 일이며, 차를 마시는 공간 주변에서 앉아있거나 이야기하는 시간이 많다고 생각했다. 실제로

> 그것은 매우 어려운 일이었다. 내가 할 일 중에 하나는 그들이 가고 싶어 하든지 아니든지 기본적으로 모든 사람을 돌아가며 용변을 보게 하는 것이었다. 때때로 그들은 나와 가고 싶어 하지 않거나 다른 시간에 가고 싶어 했기 때문에 그것은 끔찍한 일이었다. 만약 그들이 갈 수 없다면 나는 그들을 돕기 위해 수도꼭지를 틀었다. 하루는 내가 절대 잊지 못할 일이 있었다. 나는 모든 사람이 힘들게 해서 짜증이 났다. 나는 결국 의자에 앉아있던 노인에게 다가갔다. 그는 내가 오는 것을 원하지 않았다. 그는 나에게 집으로 가고 싶다고 말했다. 그들 모두 그렇게 말했다. 나는 그를 화장실로 보냈지만 그는 내가 뭐라고 하든지 바지를 내리려고 하지 않았고 그래서 나는 그의 바지 지퍼를 내리려고 노력했다. 어떤 것에 관한 소음인지 확인하려고 나의 감독관이 왔을 때 그는 가고 싶지 않다고 말했다. 그녀가 나에게 무엇을 했는지 물었다. 나는 내가 그를 용변 보게 하기 위해 노력했다고 말했다. 그 때, 그녀가 나에게 그는 치매 환자가 아니라 방문객이라고 말했다.

Sue가 이 이야기를 고등학교 교실이라는 형식적인 장면에서 소그룹의 청자들에게 말했다. 한 번 더 처음의 반응이 카타르시스적이었고 웃음을 통해 표현되었다. Sue는 그녀가 왜 치매환자와 방문객을 구별하는 것을 실패했었는지를 몹시 알고 싶어했기 때문에 한 번 웃음이 가라앉으면, 그녀는 청자들에게 '이러한 일이 결코 다시는 일어나지 않도록 하려면 나는 무엇을 할 수 있을까?'와 같은 몇 가지의 질문을 했다. 이러한 접근은 Sue의 딜레마에 집중하게 했고 많은 의견을 이끌어냈다. 그녀가 발견한 가장 유용한 전략은 궁금해하던 한 학생으로부터 나왔다. 그녀가 직원에게 일을 시작하기 전에 누구를 책임져야 하고 어떻게 그들을 구별할 수 있는지를 물어봤어야 한다는 것이다.

이 세 가지 스토리들은 실수를 하는 것이 직장에서의 자신감을 어떻게 흔들게 되는지를 학생들에게 보여주었다. 비형식적 장면에서 그녀의 스토리를 말했던 Maria보다 형식적 장면에서 이야기를 공유한 Terry와 Sue의 경우에 어디에서 이야기를 하는 것이 그들이 (수용하고)받아들이고 처리하는(진행하는) 것에 얼마나 효과적인지를 더 잘 입증해준다. 우리가 말하는 스토리의 유형은 또한 경험으로부터 우리가 어떻게 그리고 무엇을 배울 것인가 하는 문제에 영향을 준다.

스토리

스토리는 자연발생적이고 즉흥적이며 자발적으로 발생하는 경향이 있으며, 주로 화자는 자신들을 그런 말하기에 적합하게 하는 특정한 사건이나 상황을 공유할 필요가 있기 때문에 스토리가 발생하는 경향이 있다. 실천 장면에 시의적절하게 연계된 즉흥적이고 자발적인 즉흥적 말하기는 자주 강한 정의적인 동기화의 힘을 지닌다. 세부 사항은 이러한 요구를 중심으로 꾸며지고 요소들은 이야기의 드라마가 이야기를 통해 공유될 수 있도록 강조되고 최소화된다.

흔한 일은 아니지만, 반성적 학습의 결과로 나타날 가능성이 큰 것으로서, 그것은 실제로 화자가 스토리 이전의(pre-story) 반성적 국면에서 사건을 고려하는 곳에서의 미리 결정된 스토리텔링이며, 화자는 더 깊이 탐구하길 원한다.

그러므로, 어떤 추가적인 연구는 이미 얻어진 통찰력을 강화해 줄 것이다. 이런 스토리텔링이 비형식적 장면에서 일어날 경우, 화자는 자주 응답 담론의 형태의 대화를 원한다. 그러나 현실은 청자들이 종종 응답 스토리를 말하는 것이다. 그것은 단지 확실한 형식적 자리에서 응답 담론이 일어난다.

상황(장면)에 관계없이, 그것은 경험의 어느 부분이 공유될 것인가 하는 문제가 결코 명확하지 않다는 것이다. 확실히 그들이 학생을 '행위 중 반성(reflection-in-action)' 또는 '실행 후 반성(reflection-on-action)(schön, 1983, 1987)' 중 하나에 참여시키려고 하지 않기 때문에 '제2의 생각'을 수용하지 않는 어떤 경험이 있다. 어떤 방식으로 관련된 경험을 공유하는 사람과 같은 촉발 사건이 없다면 이런 스토리들은 검증되지 않은 채 남는다.

이와 대조적으로, 화자로 하여금 경험하는 동안이나 경험 이후에 사건을 숙고하게끔 하는 스토리가 있다. 때때로 그것은 대화를 이끄는 간단한 호기심이지만, 다른 경우에는 대인관계의 역학을 포함하면서 지식과 기술에 관련 있는 대답될 수 없는 질문이 있을 수 있다. 또한 경험의 영향이 표면적 참여를 넘어서 움직이고, 개방성과 취약성의 특정 수준이 있는 곳에서의 화자 내면의 보다 깊은 공간을 자극할 경우도 있다. 이 이야기를 공유하는 것은 그들이 거의 말할 수 없거나 형식적 장면에 특히 적합하기 때문에 일반적으로 신중하게 계획된다.

몇몇 스토리들은 다양한 이유로 다른 청자들에게 수많이 다시 들려진다. 화자들에게 중요한 사건들은 그들을 보다 깊게 탐구하려는 시도 아래 더욱 다시 말해질 것이고, 따라서 경험으로부터 의미 만들기가 이루어진다. 각각의 다시 이야기하기와 함께 새로운 학습이 발생한다. 이것은 특히 어떻게 화자들이 자신들의 이야기들을 말하는지에 대하여 의식적인 선택을 할 때 더욱 새로운 학습이 발생할 가능성이 높다.

스토리텔링의 경로

앞에서 논의한 스토리텔링의 주요 3가지 요소인 배경 장면, 청취자의 수와 스토리의 유형은 화자가 선택할 수 있는 3가지 영역이다. 경로는 카타르시스의 수준과 달성될 수 있는 반성적 성찰 학습의 수준을 결정한다. 학생들이 상이한 다른 경로를 사용하는 것의 결과와 중요성을 이해할 때, 그들의 반성적 성찰학습의 잠재력은 높아진다. 학생들은 서로 다른 학습 성과를 이루기 위해 각각의 경로를 사용한다. 그러한 경로들은 다음의 그림으로 묘사되고 나타낼 수 있다(그림 1, 2, 3, 4).

비형식적(비공식적) 배경, 한 명의 청자

경로 1에 해당하는 비형식적 배경, 한 명의 청자, 자발적 이야기 경로는 카타르시스의 정도를 극대화할 것 같다. 한 명의 청자는 화자에게 완전히 주목할 수 있고 정서적 영역에 더 초점을 맞출 수 있을 것이다. 이 경로는 또한 화자가 정리되지 않은 생각, 관심사와 감정을 표현하는데 보다 큰 자유를 제공할 수도 있다.

경로 2에 해당하는 비형식적 배경, 한 명의 청자, 사전에 결정된(미리 정해진) 이야기 경로는 여전히 강한 정서적 요소를 포함할 가능성이 있다. 또한, 화자가 스토리를 함께 나누기로 마음먹었을 때,

〈그림 4-1〉 경로 1 & 2

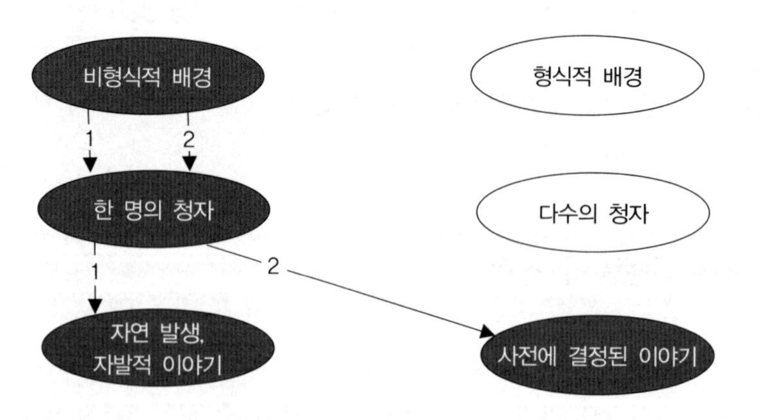

이야기하기 이전에 초기의 반성적 모습을 포함한다. 만약 이야기 이후 그에 관련해 토론을 할 수 있을 만한 시간이 허락한다면, 청자는 화자의 관심사, 불확실성과 욕구를 이해하게 될 것이며 관련 질문을 던질 가능성이 높다.

비형식적 배경, 다수의 청자들

경로 3에 해당하는 비형식적 배경, 다수의 청자들, 자연 발생적이고 즉흥적인 이야기(자연스런 이야기) 경로는 다수의 청자들이 그들의 경험을 공유하기 때문에 지배당할 가능성이 있으며 청자의 이야기가 장악당하는 결과가 초래된다. 청자가 그들 자신의 경험을 가지고 이야기에 끼어들어서 화자가 나누고자 하는 것이 산산조각나게 될 수도 있다. 스토리 중 일부분은 또한 부분적으로 말하게 될 수 있다. 다양한 스토리 부분들을 공유하는 것은 공동의 카타르시스로 이어질 수 있다.

〈그림 4-2〉 경로 3 & 4

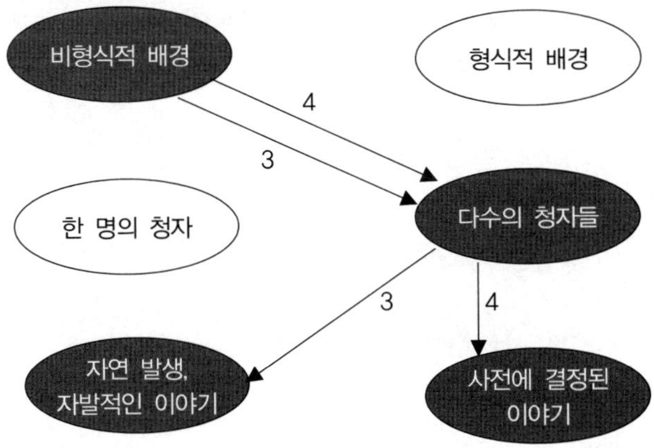

경로 4에 해당하는 비형식적 배경, 다수의 청자들, 사전에 결정된 이야기 경로는 실제로 사건에 초점을 맞춘 대화를 초래할 가능성이 있다. 형식적 배경과 구조화된 과정의 부재는 그러나, 토론의 효과성을 최소화하고 화자의 요구에서부터 초점이 이동할 수 있다.

형식적(공식적) 배경, 한 명의 청자

경로 5에 해당하는 형식적 배경, 한 명의 청자, 자연 발생적이고 즉흥적 이야기 경로는 동의된 주제 때문에 화자와 청자에게 초점이 맞춰지고 유익한 대화에 참여할 수 있도록 기회를 제공한다. 두 파트너 모두 반성적인 과정에서 책임감을 가지고 있다. 화자의 책임은 이야기를 공유하고 그것의 의미를 기꺼이 탐구해야 한다. 청자의 책임은 반응을 북돋우기 위해서 적절한 질문 또는 응답을 하는 것이다.

경로 6에 해당하는 형식적 배경, 한 명의 청자, 사전에 결정된 이야기 경로는 경로 5가 지니는 모든 장점을 가지고 있고 최초 반응 단계의 추가된 장점을 가지고 있다. 이 단계에서는 화자로 하여금 어떤 이야기를 공유해야 할지를 결정하도록 요구하며, 적절성과 시사성과 같은 측면에 대한 판단을 포함할 수도 있다.

〈그림 4-3〉 경로 5 & 6

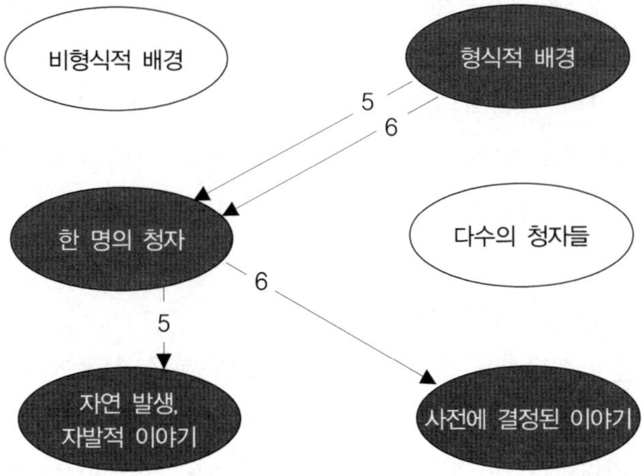

〈그림 4-4〉 경로 7 & 8

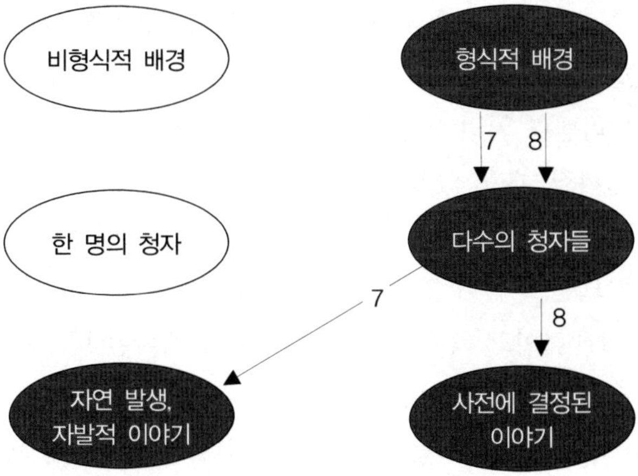

형식적 배경, 다수의 청자들

경로 7에 해당하는 형식적 배경, 다수의 청자, 자연 발생적이고 즉흥적 이야기 경로는 이야기가 공유되고, 실천 상황이 검토되고, 대안적 접근이 탐색되는 반성적 집단 과정에 관여한다. 여기에는 다수의 청자들과 함께 이야기에 대한 화자의 이해를 분명히 하고 다수의 관점을 탐색하는 기회들이 존재한다. 이 추가적인 정보를 가지고 화자는 대안적 행위나 조치들을 고려할 수 있고, 가능한 결과들을 평가할 수 있게 된다.

경로 8에 해당하는 형식적 배경, 다수의 청자, 사전에 결정된 이야기 경로는 화자가 스토리텔링 처리 과정에 앞서 사건을 고려한다는 것을 의미한다. 이 앞선 반성은 경로 7에서 설명한 이점을 제고시켜주며, 의미심장한 학습을 가져다 줄 가능성이 높다.

이상의 8가지 경로들은 화자들에게 이용가능한 다양한 옵션들을 제시해주고 있으며, 이 외에 다른 경로들도 존재할 수 있다. 우리가 제시한 각각의 경로들은 각각 독특한 역할을 지니고 있지만, 일대일 스토리텔링 처리 과정이 집단 스토리텔링 처리 과정보다 적절하다고 느껴질 때가 있을 것이며, 혹은 그 반대의 경우도 있을 것이라는 점을 강조한다. 비형식적 배경이 형식적 배경보다 특수한 스토리텔링 모멘트에 더 잘 어울리는 경우도 있을 것이다. 마찬가지로 자연 발생적이고 즉흥적 이야기와 미리 계획된 이야기 모두에게는 뭔가가 항상 있을 것이다.

우리가 어떻게 이야기를 얘기할지, 어디서 그들에게 얘기할지 그리고 우리가 공유하는 어떤 종류의 이야기를 할지는 이야기 스스로처럼 바뀔 수 있다. 스토리텔링은, 그리고 항상 다목적, 다면적, 다층적인 인적 자원이다. 우리 각각은 우리 안에서 전달하고 우리의 삶을 통해 다양한 방법으로 사용한다. Robert Fulford(2000)가 언급한 것처럼, 이야기는 "사실과 감정이 만나는 접점이다."(p. 9).

교육적 관점으로 보면 우리의 관심은, 어떻게 스토리텔링이 전문적인 실천의 개발과 관련된 학습을 유발하는데 사용될 수 있는가 하는 데에 있다. 우리는 반성적 학습과 그리고 실천(실제)에 사려깊고 합당한 변화를 초래할 수 있는 능력은 화자와 청자들이 반성적 대화를 촉진시키는 과정들을 사용하면서 지식을 구성하기 위하여 형식적 맥락에서 협동적으로 일을 할 때 발생할 가능성이 높을 것이라고 주장하고 있다. 다음의 모델(그림 4-5)은 이번 장에서 나타난 아이디어를 모두 끌어온다.

특정의 성과를 성취하기 위하여 스토리텔링 특성들과 동기화 문제를 의식적으로 선택하는 것이 학생들의 학습상의 이점을 최대화할 수 있게 하는 것인 반면에, 동일한 스토리텔링 과정에서 참여하는 것으로부터 화자와 청자가 배우는 것은 아마 다를 것이다. 그들이 스토리텔링으로부터 무엇을 얻는지 혹은 무엇을 잃는지 하는 것은 다양한 요소에 달려있다. 그 요소들이란 어떻게 스토리텔링이 학습의 도구로서 소개, 논의되고 있는지, 스토리텔링 과정에 관련된 과정들이 어떻게 관리되고 있는가 하는 것이다. 다음 장에서는 우리는 스토리텔링 문화가 어떻게 확립되는지에 대해 개괄해보고, 교육자들이 우리 모델의 '스토리 발견하기' 단계를 가지고 학생들을 돕기 위해 사용할 수 있는 다양한 활동범위를 제공한다.

〈그림 4-5〉 스토리텔링을 통한 반성적 성찰학습모형

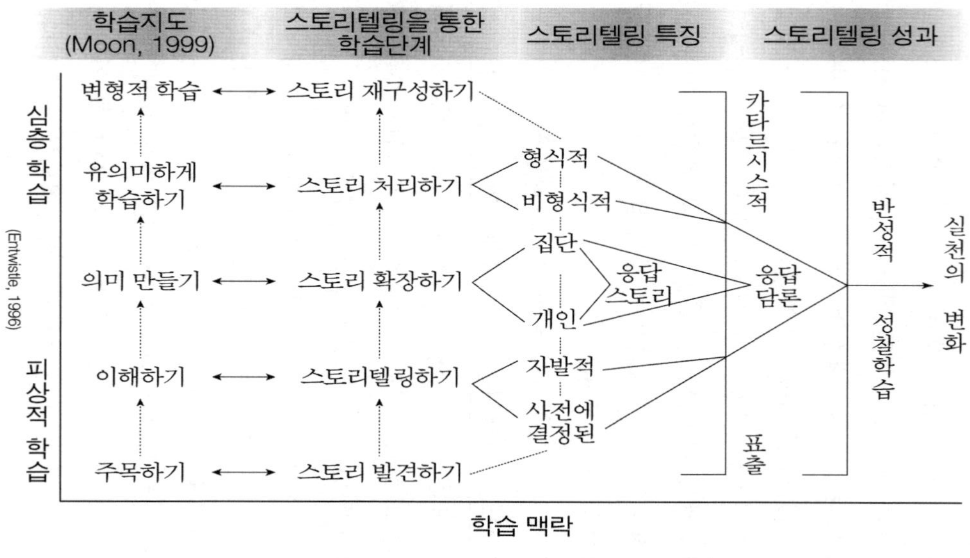

CHAPTER 5

스토리 발견하기

STORY TELLING

- ✔스토리텔링 문화 형성하기
- ✔스토리텔링 활동들
- ✔간격 좁히기
- ✔스토리텔링 활동 설계하기

CHAPTER

5

스토리 발견하기

반성적 성찰학습의 도구로서 스토리텔링의 잠재성을 인지하는 것이 중요하다. 다른 한 가지는 자신 있게 그것을 사용하는 것이다. 교육자와 학생들이 자발적으로 스토리를 찾으면서 편안함을 느끼며 그것들을 활용하는 것 또한 중요하다. 이번 장에서는 스토리텔링 문화의 초기 정착에 사용 가능한 여러 활동들을 안내할 것이다. 이 활동들은 다양한 자료에 기반을 두었고 우리 목적에 적절하게 활용될 수 있다. 우리가 알고 있었던 자료든 아니든 소개해준 사람들에게 매우 감사하고 있다. 활동 중 일부는 임상 장면이나 교수 장면에서 활용되고 있는 것이다. 간혹 몇몇 활동들은 한밤중에 갑자기 일어나기도 한다. 또 다른 활동들은 드라마 워크숍과 창의적 글쓰기 활동에 기초를 두고 있다. 대부분의 활동들은 다양한 집단에서 오랜 기간 동안 사용되고 있으며 많은 교수학습 자료와 함께 다양하게 활용되고 있다. 우리는 이런 다양한 활동들을 통해 교육자와 학생들이 스토리텔링의 영역으로 입문하기를 희망한다. 각각의 활동들을 설명하기 전에 목적, 그룹 크기, 시간, 준비물들에 대해서 일반적인 설명을 하겠다.

스토리텔링 문화 형성하기

우리는 스토리텔링 활동이 가능한 한 편안한 장소에서 소규모로 진행하기를 권한다. 기본적으로 활동들은 교육자와 학생들이 어떤 것을 활용할 것인지와 구체적인 학습 목표를 달성하기 위해 적절히 사용하는 방법을 결정하는 것에 달려있다. 하지만 우리는 교육자가 학생들과 진행해갈 때 은밀한 방법으로 지원하기를 권한다. 공인된 스토리텔링 과정을 이용할 때, 우리가 다루는 이러한 관점에 관한 자세한 설명이 8장과 9장에 소개되어 있다. 스토리텔러는 이 장에서 소개된 활동들을 활용하기에 앞서 이 내용에 먼저 친숙해지는 것이 좋겠다.

우리의 개인적이고 전문적인 경험들은 학습도구로서의 스토리텔링의 사용 방법에 영향을 준다. 우리 자신의 스토리를 이야기할 때, 어떤 활동들은 구술 활동을 통해 전달하기도 하지만 어떤 활동들은 문서 형식으로 전달하기도 한다. 이러한 차이를 생각해보면서, 우리는 적절하게 구술 활동과 서술 활동의 배합을 하도록 제안한다.

스토리텔링 활동들

▲ 스토리와 장소

목적: 스토리텔링의 일상화 강조

그룹 크기: 소규모 또는 대규모

시간: 10분(10~12명 기준이므로 더 큰 그룹은 더 길게 하도록 한다.)

준비물: 화이트보드, 화이트보드펜

교육자는 학생들이 24시간 전에 스토리를 접하는 곳에서 사고하고, 기록을 하고 짝을 만들도록 요구한다. 책, 영화, 신문, TV, 친구,

가족, 인터넷, 상점, 버스, 전화, 구내식당, 교실, 경기장, 식당, 까페, 바비큐 파티 등 일상생활에서 스토리텔링의 예를 찾을 수 있다. 각각의 짝들은 집단 앞에서 보고를 한다. 교육자는 화이트보드에 태양 모양을 활용한 그래픽 조직자로 스토리텔링의 대중성을 묘사해 보여준다.

〈그림 5-1〉 태양 모양을 활용한 그래픽 조직자(graphic organizer)

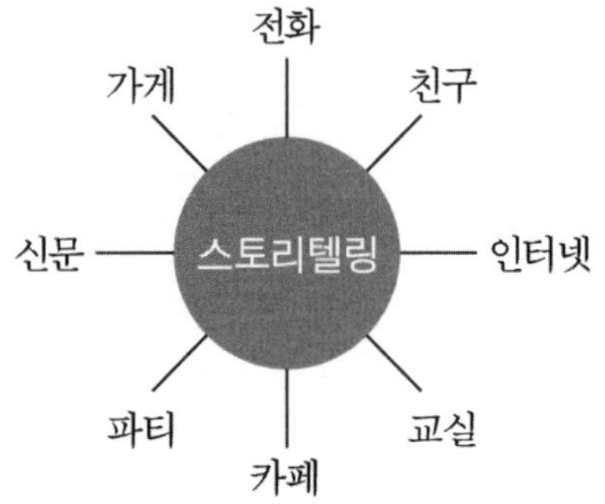

▲ 교류하기

목적: 사전학습 준비와 교류하기

크기: 소규모 또는 대규모

시간: 15분(10~12명 기준이므로 더 큰 그룹은 더 길게 하도록 한다.)

준비물: 각 학생들에게 제공할 '스토리 양식'의 색인 카드, 화이트보드, 화이트보드 펜, 프로젝터와 슬라이드

교육자는 다양한 스토리 양식의 주제를 소개하고 각 학생들에게 색인 카드를 배부한다. 학생들에게 교실을 돌아다니면서 서로 스토

리 양식에 대해 간단한 토의 활동에 참여하도록 요구한다. 각 학생들은 신화, 전설, 동화, 전기문, 학회지 형식으로 스토리를 모으고, 반드시 그들의 카드에 서명을 하고 기록한다. 모든 학생들이 정보를 모으면 화이트보드나 슬라이드를 통해 공유한다. 상호작용이 일어나는 동안, 교육자는 전시물들을 보고 집단의 주제에 대한 사전지식 수준을 고려한다.

▲ 단어 연상

목적: 자발성과 창의성 증진하기

크기: 소규모 또는 대규모

시간: 20분(10~12명 기준이므로 더 큰 그룹은 더 길게 하도록 한다.)

준비물: 종이, 펜, 구체적인 주제에 관한 단어리스트

예－전문적 실천

*성찰

*윤리

*실습(praxis)

*문화적 안전성

활동 1

교육자는 학생들에게 응답할 시간을 주고 각 단어와 문구를 차례대로 읽는다. 응답은 다양한 형태로 나올 수 있는데, 예를 들어 감정, 정의, 경험, 시적인 문구, 한 단어로 표현된다.

활동 2

짝을 이룬 학생들은 서로에게 최소한 두 가지의 단어나 문구로 그들의 응답을 바탕으로 실화 또는 상상한 이야기를 이야기해준다.

▲ 진술과 반응

목적: 주제에 관한 반응 유도하기(예: 검토 및 평가)

크기: 소규모 또는 대규모

시간: 20분(10명~12명 기준이므로 더 큰 그룹은 더 길게 하도록 한다.)

준비물: 각각의 학생들을 위한 아래 묘사된 진술과 응답 박스가 적힌 A4용지, 펜

진술 우리의 개인적이고 전문적인 삶을 이야기하는 것은 우리 스스로 실험가로서 다양한 형상을 개척하는 것이기 때문에 경험을 드러내기도 하고 종종 혼란스럽게도 한다(Alterio, 1998).

반응(응답)

자기 검토 및 평가의 개념을 소개한 후 교육자는 A4용지를 배부하고 학생들에게 진술에 대한 응답을 적도록 요구한다. 이 활동은 빠른 응답을 유도하는 것이 목적이기 때문에, 교육자는 학생들에게 너무 깊이 사고하지 않고 최초의 생각을 기록하도록 유도한다. 이 단계에서는 3~4분이 제공된다. 학생이 이 단계를 완성한다면 교육자는 5~6분 동안 짝을 이루어 그들의 응답에 대해 토의를 하도록 유도한다. 이 토의는 종종 학생들이 낯설어 힘들어하기도 한다. 하지만 걱정을 확인하고 밝혀낸다면 학생들은 그것들을 더 잘 해결할 수 있을 것이다.

▲ 덧붙이기

목적: 태도 확인과 참여 조장하기

크기: 이 활동은 특별히 소규모(10~12명)집단에 유용하지만 더 큰 집단에서도 활용가능하다.

시간: 30분 제공(10명~12명 기준이므로 더 큰 그룹은 더 길게 하도록 한다.)

준비물: 없음.

활동 1

교육자는 미리 정해진 주제에 관련된 구두 진술문을 만든다. 각각의 학생들은 덧붙이는 활동을 한다. 표현 양식이나 문장 길이에 관해 정해진 규칙은 없으며 학생들 각자 다양한 방향으로 자유롭게 덧붙일 수 있다.

예:

진술문: 좋은 듣기 기술은 서비스 직종에 종사하려는 견습생들에게 필수적이다.

학생1: 맞다.

학생2: 나는 사람들과 이야기하는 것이 그들을 좋아하는 방식이라고 생각한다.

학생3: 때때로 듣는 것이 말하는 것보다 더 중요하다.

학생4: 나는 시시한 것을 들어야 할 때 미치겠다.

학생5: 사람들이 도움이 되는 것에 대해 이유를 모른다면 그들에게 모든 것을 설명하는 것은 시간 낭비이다.

학생6: 듣기 기술은 좋은 책과 같다.

학생7: 들어야 한다면 읽을 필요가 없다.

학생8: 듣는 것은 사람들의 행동이 어떠한가를 보고 그들의 입장에서 상상해보는 것이다.

학생9: 누구나 다른 사람의 신발을 신을 수 있는 것은 아니다.
학생10: 그들의 모카신을 신고 걸어보지 않고 그 사람들을 비판할 수 없다는 속담이 있다.
학생11: 인디언이 우리와 일하기 위해서 무엇을 해야 하는가?
학생12: 우리는 다양한 문화를 가진 사람들과 일해야 할 것이다.
학생13: 듣기는 듣는 것이다. 그렇지 않은가?

활동 2

충분한 활동 후 교육자는 학습한 것을 물어본다. 학생의 응답을 들은 후에 집중해서 듣지 못했을 때 해결할 수 있는 의사소통 방법을 포함한 중요한 듣기 기술에 관한 짧은 수업을 한다. 듣기에 관해 일반적인 토의가 끝난 후, 학생들은 짝을 만들어서 각자에게 교육자의 이야기를 바꾸어 말하여 본다. 바꾸어 말할 때 듣는 사람은 수업에서 언급된 중요 듣기 기술 중 최소한 한 가지를 사용해야 한다. 바꾸어 말하기가 끝이 난 후 교육자는 이야기에서 어떤 것이 변하였는지 확인하는 토의를 진행한다.

이 활동은 Wordweave(http:www/welcome.to/Wordweave)에서 등록된 활동을 각색한 것이다.

▲ 시동걸기

목적: 이야기 아이디어 발견을 돕기
크기: 소규모 또는 대규모
시간: 40분(10~12명 기준이므로 더 큰 그룹은 더 길게 하도록 한다.)
준비물: 문장 첫 부분, 펜, 종이

활동 1

교육자는 6개의 문장 첫 부분을 읽고 진짜 또는 연습 상황을 포함하여 모든 문장의 끝을 완성하도록 요구한다.

예:

*그녀는 늦게 도착하였다~

*그들은 기다리고 있었다~

*그는 창백해졌다~

*문이 열렸다~

*혼란스러웠다~

*나는 아무 것도 할 수 없었다~

각 학생들은 완성된 문장을 집단 앞에서 읽는다. 시간이 부족하다면 짝을 만들어서 서로에게 읽어준다.

예:

*그녀가 늦게 도착해서 나는 폭풍 속에서 잠시 기다렸다.

*그들은 누군가 올 때까지 기다리면서 싫어하는 과제를 모두 하고 있었다.

*내가 그에게 가격을 말하자 그는 창백해졌다.

*문이 열리고 새로운 관리자가 들어왔다.

*처음부터 끝까지 혼란스러웠다.

*소동이 일어난 첫 3분 동안 아무것도 할 수 없었다.

활동 2

학생들은 완성한 문장들 중 하나를 선택해서 다른 학생에게 이야기해준다. 이런 이야기들은 진짜 또는 연습 상황을 포함해야 한다.

▲ 신문 이야기

목적: 창의적인 스토리텔링 조장하기

크기: 소규모 또는 대규모

시간: 30분(10명~12명 기준이므로 더 큰 그룹은 더 길게 하도록 한다.)

준비물: 전문적인 연습과 다양하게 관련된 신문 주요기사, 접착제, 화이트보드, 펜, 핀보드, 핀

예:

*교사들은 상여금을 받고자 한다.

*도피는 터놓고 말하도록 이끈다.

*청소년 및 가정복지관은 방어적이다.

*경찰은 거리의 패싸움을 진압하려고 노력한다.

*연구자는 여전히 방향을 잡지 못한다.

*다작의 작가는 돈을 쫓지는 않았다.

*검찰관은 좌절했다.

*중개업자는 온라인으로 구매하는 것의 질을 높였다.

*밝은 미래가 도래할 것이라고 재정 전문가는 약속하였다.

*소프트웨어 공장이 뉴질랜드에 세워진다(오타고 신문, 2001년 1월 15일).

활동

신문 주요기사를 확대해서 화이트보드에 붙이거나 다른 방법으로 보여준다. 각각의 학생들은 주요기사를 선택하여 50개의 단어로 작성한다. 이야기들을 모아서 조합한 후 학생들에게 배부한다. 각각의 학생들은 다른 학생의 이야기를 집단 앞에서 읽는다.

▲ 엽서 이야기

목적: 두 가지 관점으로 상황을 바라보는 능력 조장하기

크기: 10~12명(큰 집단은 더 작은 각각의 집단으로 나눈다.)

시간: 활동1 7~8분

활동2 7~8분

활동3 12~15분

(이 활동은 3가지로 구별된다.)

준비물: 다음에 제시된 엽서와 비슷한 종이나 카드, 우편함(마분지 상자), 펜

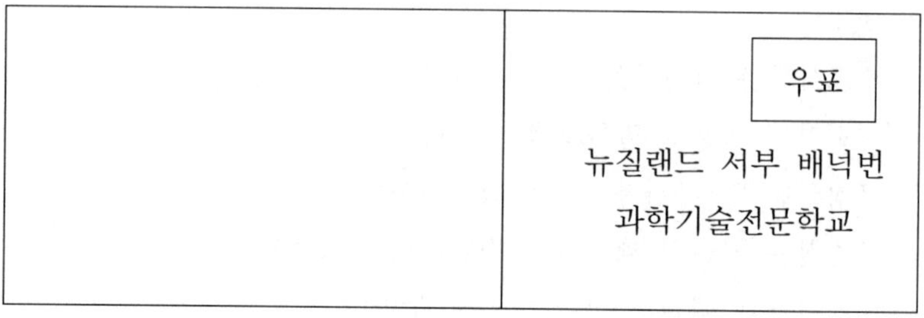

활동 1

교육자는 학생들에게 가장 최근의 연습 경험이나 임상 상황에 집중해보고 듣는 사람으로서 가장 집중했던 시간에 대해 생각해보고 한다. 회상을 돕기 위해 교육자는 학생들이 서로에게 왜 인상적인 시간이었는지 이야기하도록 한다. 이 단계에서 2분~3분의 시간을 제공한다. 교육자는 엽서를 배부하고 학생들에게 그들의 조정자 혹은 관리자의 입장에서 그들의 진보된 학습 경험이나 그 입장을 20개의 단어로 구성된 이야기를 쓰게 한다.

활동 2

교육자는 학생들에게 가장 최근의 연습 경험이나 임상 상황에 집중해보고 듣는 사람으로서 가장 집중하지 못했던 시간에 대해 생각해보게 한다. 회상을 돕기 위해 교육자는 학생들이 서로에게 왜 가치가 없는 시간이었는지 이야기하도록 한다. 이 단계에서 2분~3분의 시간을 제공한다. 교육자는 또 다른 엽서를 배부하고 학생들에게 그들의 조정자 혹은 관리자의 입장에서 그들의 학습을 저해하는 경험이나 그 입장을 20개의 단어로 구성된 이야기를 쓰게 한다.

학생들은 조정자 혹은 관리자에게 전달하는 익명의 엽서를 우편함에 넣는다. 조정자 혹은 관리자는 역시 20개의 단어로 각각의 카드 뒷면에 응답을 적는다.

활동 3

다음 단계에서는 학생들이 박스에서 두 엽서를 회수하고 3~4명의 소규모 집단에서 서로에게 엽서에 대한 이야기를 한다.

이 활동은 Sally Brown and Phil Race(1997)가 고안한 엽서 활동과 Stephen Brook-field and Stephen Preskill(1999)이 고안한 피드백 활동을 각색하였다.

▲ 침묵의 이야기

목적: 임상 상황이나 연습에서 경험한 감정을 조용하고 시각적인 표현의 기회를 제공

크기: 소규모 또는 대규모

시간: 90분

준비물: 교실에 있는 소도구, 감정카드, 포스트잇, 각 집단당 A3 종이와 펜

활동

교육자는 마임이나 춤같은 조용한 형태의 표현을 통해 걱정과 같은 감정을 연기한 후 각 집단에게 같은 감정을 조용하게 표현하도록 요구한다. 각 표현들은 시각적으로 상황을 묘사해야 한다. 집단은 주어진 10분 동안 상황을 해결하고 어떻게 표현할 것인지 결정한다. 집단원들은 준비하는 동안 이야기를 하지 않고 종이와 펜을 이용한다.

감정 표현 후에 각 집단은 카드를 선택하여 적혀있는 감정을 표현하도록 한다. 한 집단이 한 번씩 선택한 감정을 표현한다. 관찰자는 연기된 감정을 결정하고 포스트잇에 기록한다. 이러한 포스트잇들은 연기 이후에 집단에 주어지고 마지막 단계로 진행하기 전에

고려해야 할 점에 관해 피드백을 받는 시간이 주어진다.

이 활동의 마지막 단계에서는 각 집단은 다른 감정이 주어지고 조용하면서 시각적으로 이야기하도록 요구 받는다. 각 이야기들은 실제 등장인물과 학생의 소유물이나 교실의 물건을 활용해 실제 상황이나 가상의 상황을 전개한다. 의사소통을 하는 것은 허락되지 않는다. 이야기에서 감정을 조용하게 표현하고 그것을 조용하게 이해하는 것이 중요하다.

아래처럼 표현된 문장의 서두가 적힌 포스트잇을 사용하고 관찰자는 연기하는 집단의 감정을 기록한다.

*나는 연기했던 감정이~라고 생각한다

*나는 물건이~라고 생각한다

*나는 배역이~라고 생각한다

*나는 장면이~라고 생각한다

이러한 포스트잇은 연기가 끝난 후 각 집단에게 제시된다. 교육자는 각 집단의 학생들에게 조용하게 피드백을 고려해보도록 하고 A3 종이 위에서 세 번째에 그들의 연기에 대한 설명을 적도록 한다. 중간 부분에는 포스트잇 문장 서두를 활용해 관찰자의 설명을 적는다. 세 번째 부분에서 두 설명의 차이점들을 기록한다. 모든 종이는 핀이나 접착제로 벽에 고정한다. 교육자는 학생들이 주위를 돌아다니면서 각 집단의 종이를 읽고 조용히 성찰하도록 유도한다.

▲ 나는 ~기억한다

목적: 일상 생활 연습 속에서 내재된 도전 의식 고양하기

크기: 소규모 또는 대규모

시간: 60분

준비물: 펜과 종이

활동 1

교육자는 학생들에게 최근에 물리치료사, 회계사, 변호사, 의사와 같은 전문적인 사람들과 불만족스러운 상호작용을 했었던 경험에 대해 생각해보게 한다. 이 기억을 활용하면서 학생은 '나는 기억한다'로 이야기를 시작해본다.

예:

나는 피곤한 기운이 들어서 의사를 찾아간 것을 기억한다. 나는 목이 아팠고 내분비선이 좋지 않았다. 몇 달 전에 같은 병에 대하여 여러 검사를 받았었다. 결과를 받으러 갔을 때 의사는 검사의 결과를 확신할 수 없다고 말했다. 종종 판독하기 어렵기 때문에 그럴 수 있다고 말했다. 그 소식을 들었을 때 자신감이 사라지고 기분이 좋지 않게 되었다. 의사는 컴퓨터 작업을 하며 나에게 주말에 한 일에 대해 물으면서 동시에 그녀의 책상을 두들기고 있었다. 기분이 나빠졌기 때문에 나는 다른 전문가를 보기를 원한다고 말했다. 그래서 의사는 다른 의사에게 서류를 보내겠다고 말했다. 하지만 서류 전달이 잘못 되어서 난 6주 동안이나 그 의사와 연락이 닿지 않았다. 나는 화가 났고 당황하였다. 나는 다음 주에 바로 의사를 바꾸었다.

활동 2

학생들이 '나는 기억한다' 이야기를 쓴다면, 교육자는 같은 상황에서의 전문가의 입장에서 또 다른 이야기를 쓰도록 지도한다. 이 의도는 그 날 따라 일어날 수도 있는 특수한 상황일 수도 있다는 점을 고려하도록 하는 것이다.

예:

이런 일이! 마을에 있는 모든 어린이들이 독감에 걸렸다. 내 자식 2명도 역시 걸려버렸다. 보모가 아이들을 돌볼 수 없어서 내가 놀아주어야 했다. 마침 여동생이 왔지만 기분이 좋지 않았다. 그녀는 문제가 있어서 돈이 필요하다고 하였다. 왜 이러한 일들은 항상 상황이 안좋을 때 파트너가 없을 때 일어날까? 내가 직장에 도착하였을 때 대기실은 사람들로 넘쳐났다. 나는 업무 약속을 보고 화가 났다. 접수원이 여분의 환자들까지 스케줄에 넣었기 때문이다. 나는 집에 일찍 가기로 약속을 했었다. 여동생에게 전화를 하며 커피를 마시고 일을 시작했다. 우선 3명의 환자들은 통증에 대해 자세히 설명하였고 내 스케줄인 9시 30분을 넘어서까지 계속 이야기하기를 원했다. 늦은 오후까지 감염된 목과 귀를 많이 보았다. 한 아이가 나를 걱정하기도 하였다. 나는 문서들을 확인하면서 점점 정신이 나가기 시작하였다. 책상을 두드리고 있는 동시에 다음 환자가 들어왔다. 그녀는 나처럼 매우 바쁜 전문가였다. 그녀와 이야기 하는 것을 좋아하지만 오늘은 시간이 없었다. 이전 방문에서 증상에 대해 걱정을 하고 있다는 것을 기억했기 때문에 여러 질문을 할 것을 기억했다. 그녀는 비슷한 증상을 가지고 있다고 설명했다. 나는 같은 검사를 했지만 결과를 알 수 없었고 그녀가 다른 의사에게 가겠다고 말을 하여 동의했다. 그녀가 나가고 난 후 너무 바빠서 추천서를 작성할 시간이 없었다. 그 날 상황은 더 악화되었고 난 독감 증상을 보이는 어린이들이 더 심해질까 걱정했다. 집에 도착했을 때는 여동생과 아픈 두 아이들 때문에 녹초가 되었다.

활동 3

교육자는 두 관점의 이야기를 읽을 자원자들을 집단에서 선정한다. 여러 개의 같은 이야기를 읽고 난 후에 일상 생활에서의 가능성에 대해 토의하도록 유도한다. 무엇이 도전인가? 왜 감당할 수 없는가? 전문가의 요구와 고개의 요구 모두를 맞출 수는 없는가?

▲ 임의적인 이야기 구조

목적: 임의적인 구조를 활용한 창의적인 스토리텔링 조장하기

크기: 소규모 또는 대규모

시간: 하나의 이야기 구조 활동에 40분씩

준비물: 설명, 이야기 구조, 화이트보드, 펜, 프로젝터와 슬라이드, 종이

다음 설명을 화이트보드나 슬라이드에 기록한다.

1. 한 가지 이야기 구조를 선택한다.
2. 임의적인 이야기 구조의 파트1을 읽고 당신의 이야기 첫 단락을 쓴다.
3. 파트2를 읽고 두 번째 단락을 쓴다.
4. 과정을 계속 거쳐서 각 단락을 계속 쓴다.
5. 조용하게 또는 큰 소리로 당신의 이야기를 읽는다.
6. 이야기의 가치를 더 높이려는 생각이 든다면 방법을 생각해 보고 단편 이야기 글이나 기사, 시와 같은 다양한 방법으로 개발하도록 노력해야 한다.

임의적인 이야기 구조 1 – 여행기

1. 당신에게 여정이 있다.
2. 당신은 영향을 주는 것들을 본다.
3. 당신은 본 것들에 대해 생각한다.
4. 당신은 강한 감정을 경험한다.
5. 당신은 알고 있는 누군가를 만난다.
6. 당신은 본 것들을 그들에게 말한다.
7. 당신은 당신의 길을 결정한다.

임의적인 이야기 구조 2 – 도청

1. 당신은 일을 하고 있다.
2. 당신은 이야기를 우연히 듣게 된다.
3. 당신은 들은 것들을 생각해본다.
4. 당신은 변경을 하게 된다.

임의적인 이야기 구조 3 – 질문

1. 당신은 새로운 직장에 있다.
2. 어떤 사람이 당신에게 와서 이야기를 한다.
3. 당신은 대답을 하고 대화를 한다.
4. 당신은 걸어가면서 그 사람과의 대화를 생각해본다.
5. 당신은 대화의 일부를 기억한다.
6. 당신은 대화하는 동안에 질문에 대한 대답을 둘러싸고 있는 것을 보게 된다.

이 활동은 The Writer's Path: A Guidebook for your Creative Journey, Todd Walton and Mindy Toomay, 2000에서 각색하였다.

▲ 추상적인 이야기 구조

목적: 초보자에게 단어를 연상시키는 이야기 준비

크기: 소규모 또는 대규모

시간: 하나의 이야기 구조 활동에 40분씩

준비물: 설명, 이야기 구조, 화이트보드, 펜, 프로젝터와 슬라이드, 종이

다음 설명을 화이트보드나 슬라이드에 기록한다.

1. 한 가지 이야기 구조를 선택한다.
2. 첫 번째 부분을 읽는다. 사고와 형상을 떠오르게 하는 어휘를

생각해보고 이야기 첫 번째 단락에 기록한다.

3. 각 단락을 다 쓸 때까지 이 과정을 계속해서 진행한다.
4. 조용하게 또는 큰 소리로 이야기를 읽는다.
5. 이야기의 가치를 더 높이려는 생각이 든다면 방법을 생각해 보고 다양한 방법으로 개발하도록 노력해야 한다.

추상적인 이야기 구조 1

1. 집
2. 메모
3. 자동차
4. 모임
5. 좌절
6. 대화
7. 해결책

추상적인 이야기 구조 2

1. 웃음
2. 걷기
3. 소포
4. 기억
5. 비
6. 책상
7. 전화

추상적인 이야기 구조 3

1. 관측
2. 음악
3. 사람
4. 대화

5. 즐거움

6. 시작

이 활동은 The Writher's Path: A Guidebook for your Creative Journey, Todd Walton and Mindy Toomay, 2000에서 각색을 하였다.

▲ 9개의 다이아몬드

목적: 이야기 안에서 중요 요소를 확인

크기: 소규모 또는 대규모

시간: 45분

준비물: 포스트잇, 펜

교육자는 학생들이 지난 주에 말했던 이야기를 생각하게 하고 9장의 포스트잇에 하나씩 각각 다르게 그 이야기에 대해 써보도록 지도한다. 이 작업이 끝나고 교육자는 학생들이 포스트잇을 다이아몬드 모양으로 만들게 하고 가장 중요한 부분은 위쪽에, 가장 중요하지 않은 부분은 아래쪽에 배열하도록 한다.

1

2 3

4 5 6

7 8

9

교육자는 가장 우선순위인 포스트잇 1번에 대한 생각을 물어본다. 그곳에 무엇을 적었는가? 느낌, 장소, 사람, 사건 중 하나인가? 스토리텔링의 중요 요소를 나타내는 순서인가? 이야기에 관련된 것을 다양하게 나타내는 방법으로 9가지의 관점인가?

이러한 질문에 학생들이 생각할 시간을 가진 후 교육자는 짝을 만들어 서로 물어보도록 지도한다. 학생들은 이야기 요소들을 공유하기 위해 포스트잇들을 가지고 3분씩 짝에게 이야기를 한다. 이 활동에서 학생들은 이야기의 요소를 공유하는 것을 조절할 수 있다.

이 활동은 Sally Brown and Phil Race, 1997의 9개의 다이아몬드 활동에서 각색하였다.

▲ 경험 재구성 스토리

목적: 이야기 재상상하기와 다시 말하기

크기: 소규모 또는 대규모

시간: 60분

준비물: 포스트잇, 펜

교육자는 학생들에게 1~9까지의 9장의 포스트잇을 가지고 다음 그림처럼 쓰도록 한다.

1 언제?	2 어디서?	3 누가?
4 무엇?	5 반응	6 감정
7 행동	8 결과	9 변화

교육자는 학생들에게 실제 상황에 관한 아래의 질문을 생각하게 하고 대답을 작성하도록 한다(포스트잇1에는 1번의 대답, 포스트잇2에는 2번의 대답 등).

1. 언제 일어났습니까?
2. 어디서 일어났습니까?
3. 누가 관련되어 있습니까?
4. 무엇이 일어났습니까?
5. 어떻게 반응했습니까?
6. 어떤 느낌이 들었습니까?
7. 상황을 해결하기 위해 누가 시도했습니까?
8. 어떻게 성공적으로 했습니까?
9. 상황을 해결하는 방법을 바꾼다면 어떻게 하겠습니까?

교육자는 학생들에게 메모를 읽게 하고 9번 포스트잇에서 확인한 변화를 조합해서 이야기를 재구성하도록 한다. 짝을 만들어 학생들은 서로에게 재구성된 이야기를 들려준다. 학생들은 재구성된 이야기 끝에 '나의 이야기를 이 방법으로 만들어 말하는 것은 나의 감정을~'이란 문장을 완성하도록 한다.

▲ 포스트잇 행렬

목적: 이야기 줄거리 확인하기
크기: 소규모 또는 대규모
시간: 25분
준비물: 포스트잇, 펜

활동

교육자는 다음의 과제를 학생들에게 제시한다.
1. 당신에게 현재 흥미를 주는 연습과 관련된 상황을 생각한다.
2. 그 상황에 대한 이야기를 한다면 주제나 줄거리는 무엇인가?
3. 줄거리를 포스트잇에 쓴다.

4. 짝과 줄거리를 공유한다.
5. 당신이 왜 그 상황을 선택하였는지 성찰적 질문을 통해 탐구한다.
6. 그 상황을 더 깊이 성찰하고 탐구한다면 당신에게 영향을 미치는지 확인한다.
7. 문제가 미해결된 상태로 계속된다면 짝에게 이 문제를 해결하기 위해 어떻게 행동을 하도록 자기를 살펴야하는지 이야기한다.

▲ 꿈의 직장

목적: 직업적 열망과 가치 확인하기

크기: 소규모 또는 대규모

시간: 45분

준비물: 종이, 펜

활동 1

교육자는 다음과 같이 말한다.

'눈을 감고 가만히 있어보자. 꿈에 그리던 직장에 들어갔다고 상상해보자. 어떤 모습이 보이는가? 당신의 직장은 어떻게 생겼는가? 냄새는 어떠한가? 누가 있는가? 어떻게 당신을 맞이하는가? 당신의 위치는 무엇인가? 당신의 첫 업무는 무엇인가?'

교육자는 다음의 과제를 학생들에게 제시한다.

1. 각자가 꿈꾸는 직장에 대해 묘사하는 단락을 몇 분 동안 쓰게 한다.
2. 짝에게 이야기를 크게 읽어준다.
3. 작성한 것을 실제 이야기처럼 다른 사람에게 이야기한다. 예를 들어,

나는 계단을 올라가고 있다. 웃음 소리가 들렸다. 나는 문을 열고 접수처로 갔다. 나는 꽃향기를 맡았다. 의자는 편안하였고 여러 쇼파가 있었다. 나는 집처럼 느껴졌다. 나는 다양한 사람들에게 둘러 쌓여서 환영을 받았다. 그들이 소개를 할 때 나는 오랜 친구처럼 느껴졌다. 잘 갖추어진 사무실에서 커피 향을 맡으며 아침의 태양을 맞이했고 창문에서 공원을 바라보았다. 많은 탁자가 있었고 모두들 커피를 마시며 웃고 있었다. 화이트보드에 대본이 쓰여 있었다. 흥미 있어 보였고 도전적으로 보였다. 나는 커피를 건네받고 내 자리에 앉았다. 마이크가 팀에 온 것을 환영한다고 말하였고 느낌을 이야기해보라고 하였다.

활동 2

이야기 공유가 끝난 후 교육자는 학생들에게 조용히 이야기를 읽게 하고 중요 단어와 구절을 확인하도록 한다. 짝 활동에서 학생이 찾은 중요 단어와 구절에 나타나있는 직업적 열망과 가치를 확인하고 어떻게 자기의 현실과 결합하여 상상할 수 있는가에 대해 이야기를 한다.

▲ ~라면 어떨까?

목적: 집단 스토리텔링 조장하기

크기: 소규모 또는 대규모

시간: 40분

준비물: 각본

활동

교육자는 각 집단에게 다양한 '~라면 어떨까?'라는 각본을 제시한다.

예1
직장 사무실에 당신 혼자 있는데 화가 나서 혼란스러워 보이는 사람이 있어 문 밖에 있는 조수에게 도움을 요청해야 한다면 어떨까?

예2
당신이 맡은 과제가 아직 준비되지 않았는데 보고하라고 한다면 어떨까?

예3
당신이 막내인 집단에서 문제의 해결 방법을 생각해야하는 상황이라면 어떨까?

교육자는 학생들이 각 이야기를 해결하도록 지도하고 모두에게 각 상황을 처리하기 위해 어떻게 상상하였는지 설명하게 한다. 이 방법으로 복잡하고 다양한 상황의 이야기를 작업하는 것은 일상 생활에서도 흔히 접할 수 있다고 이야기한다.

이 활동은 Anne Bernays and Pamela Painter's What IF? Writing Exercises for Fiction Writers, 1990을 읽고 자극을 받아 각색하였다.

▲ 아니. 그런 적 없어.
목적: 자연스럽고 창의적인 방법으로 이야기 바꾸기
크기: 소규모 또는 대규모
시간: 한 설명에 5~6분, 다음 이야기당 10~15분
준비물: 없음.

교육자와 집단의 자원자는 '아니, 그런 적 없어'란 활동을 설명한다. 각 학생들은 짝을 만들고 번갈아 이야기를 하고 짝의 이야기

에 감탄사를 말한다. 이야기하는 사람의 역할은 관련 있거나 관찰한 상황에 대해 이야기를 하는 것이다. 감탄사를 말하는 사람의 역할은 가끔 '아니, 그런 적 없어'란 말을 한다. 이 때 이야기하는 사람은 반드시 '너가 맞아, 아무 것도 일어나지 않았어'라고 다양한 버전으로 응답을 하고 이야기를 계속 한다.

예:

화자: 1년이 끝날 때까지 난 스트레스를 많이 받았어. 공부도 해야 했고, 가족도 돌보고 일도 했어. 집에 운전을 하며 돌아오는 순간에도 저녁 메뉴에 대해서 걱정했어. 피자를 사러 가야 하는지 고민을 하고 있는데 횡단보도를 건너려고 서 있는 노인을 보게 되었어. 나는 천천히 가다가 멈추었어. 나는 여전히 저녁에 대해 생각을 하고 있었는데 노인이 문을 열고 앞좌석에 탔어.

청자: 아니, 그런 적 없어.

화자: 네가 맞아. 그는 앞좌석에 타지 않고 뒷좌석에 탔지. 나는 저녁 생각을 멈추고 뒤에 얼마나 많은 차들이 있는지 거울을 통해 확인했어. 뒷차가 경적을 울려서 출발을 했는데 낯선 사람이 내 차에 있다는 것을 믿을 수 없었어. 나는 거울을 다시 보고 그를 보았어. 그는 깃이 세워진 큰 코트를 입고 있었어. 나는 외국으로 처음 갔을 때 정신병원에서 일하던 친구가 한 말을 기억했어. 그녀는 애매한 상황이 일어난다면 가상의 인물을 만들라고 했어. 나는 나의 강아지, 아이들, 아버지에 대해 이야기를 했어.

청자: 아니, 그런 적 없어.

화자: 네가 맞아. 나는 생각했었던 것들을 하지 않았어. 그는 채소 이름 같은 것들을 말하기 시작했어. 그는 갑자기 웃었고 나는 신호에 걸렸을 때 뒤를 돌아 다시 그를 보았어. 그는 이가 없었고 피부가 축 처져 있었어. 그 노인은 의안을 하고 있더라고.

청자: 아니, 그런 적 없어.

화자: 네가 맞아. 그는 의안을 하지 않았어. 하지만 눈 색깔이 특이해서 의안 같았어. 나는 의안을 한 삼촌의 눈이 생각났어. 삼촌은 남동생이 활을 쏘아서 눈을 잃게 되었어.

청자: 아니, 그런 적 없어.

화자: 네가 맞아. 집에 강도가 들어서 포크로 공격을 받아서 눈을 잃게 되었어. 그런 일이 나에게 있었다면 벗어날 지혜가 있었을까? 노인은 나에게 뭔가를 말하려고 했어. 그가 더 미쳐가고 있어서 나는 브레이크를 갑자기 밟고 '즉시 차에서 내려라'라고 말했어. 그는 주머니에서 틀니를 꺼내어 입에 넣고는 '그렇지 않아도 이 근처가 우리 집이어서 멈추어 달라고 말하려고 했어'라고 말했어. 그는 택시라고 생각했던거야. 나는 너무 바보같은 생각을 했다고 느꼈어. 그렇지?

이 활동은 Creative Planning workshop at the University o.f Victoria, Wellington, New Zealand, 2000에서 Angie Faroow가 처음 사용하였다.

▲ 구조화된 스토리텔링

목적: 이야기 사이의 창의적인 연결을 촉진하기

크기: 소규모 또는 대규모

시간: 90분

준비물: 종이, 펜

교육자는 각각 다른 과제로 구성된 여러 단계를 거치도록 학생들에게 안내한다. 학생들은 각 단계 동안 메모를 할 수도 있다.

과제 1(개인)

당신이 다닌 여행을 생각해 보자.

어디서 출발했는가?
어디에 도착했는가?

과제 2(짝)

10분 동안 서로에게 추가적인 설명을 듣는다.
a) 외부 환경: 예- 경치, 날씨
b) 개인적인 관계: 예- 화자의 사회적 관점으로 바라본 세계
c) 내부 생각: 예- 감정, 신념, 가치

당신이 출발할 때를 생각해보자.
누가 같이 있었는가?
너는 무엇을 했는가?
어떤 감정을 느꼈는가?
주위에 어떤 것이 있었는가?
날씨는 어땠나?

당신이 도착할 때를 생각해보자.
장소와 냄새는 어떻게 보였는가?
도착했을 때 어떤 감정을 느꼈는가?
여행에서 가장 인상적이었던 순간은 언제인가?
가장 인상 깊은 자연 경관은 무엇이었는가?

과제 3(4명의 집단)

각 학생들은 짝에게 이야기를 듣는다. 이야기를 하는 사람은 최대한 자세하게 들려준다. 이야기가 끝이 날 때 집단은 여러 질문을 하고, 화자는 그들이 알지 못하는 것을 알려준다. 각 이야기마다 4분씩, 총 16분이 주어진다.

과제 4(개인)

집단에서 들은 이야기 중 하나를 선택해서 자신의 말로 전달할 수 있도록 다듬는다. 그리고 나머지 이야기들에서 새로운 요소를 추가하도록 한다.

과제 5(교육자)

교육자는 3~4명의 학생에게 이야기를 하게 한다. 교육자는 각 이야기에서 여행을 한 집단의 최초의 학생을 확인하려고 노력해야 한다.

이 활동은 Creative Writing Summer School in Dunedin, New Zealand, 1999에서 Simon O'Connor가 처음 사용하였다.

간격 좁히기

우리가 교육자와 학생들에게 소개한 스토리텔링 활동들은 경험을 창의적으로 상상해보고 전문적인 삶의 관점을 다양하게 묘사하여 회상하는 기회를 제공한다. 특별히 하고 싶은 것을 상상하는 것과 실제 생활에서 자신의 능력을 활용해 활동적으로 참여하는 것에는 차이가 있다. 학생들이 현실에서 일어날 수 있는 상황을 고려하지 않는다면 그들이 전문적인 역할을 충분히 수행할 때까지 창의적인 상상과 실제로 참여하는 것 사이의 불일치한 간격이 존재할 것이다. 스토리텔링과 창의적 글쓰기 활동과 같은 성찰 전략들은 이러한 간격을 좁히는데 중요한 역할을 한다. 제공받은 범위 내에서 다양한 관점을 강조하는 여러 활동들을 통해 이 글을 읽는 사람은 자신만의 활동으로 재구성할 수도 있을 것이다.

스토리텔링 활동 설계하기

다양한 활동들은 학생들이 스토리텔링 학습에 시간과 에너지, 깊은 생각을 하게 하고 즐기며 사용하도록 촉진한다. 다른 학습 도구들처럼 스토리텔링도 과하게 활용되거나 미미하게 활용될 수 있다. 따라서 교육자는 반드시 목적을 가지고 활동을 할 수 있도록 충분히 고려해야 한다. 우리는 이 글에 소개한 활동과 과정들을 사용하기 전에 개인적으로 스스로 제작을 해보도록 권한다.

교육과정의 관점과 특별한 주제를 가르치는데 가장 적합한 학습 도구인 스토리텔링 활용 결정을 도와줄 10가지 질문을 스스로에게 해보자.

1. 이 학생들이 이 주제를 학습하기 위해 가장 인상적이고 강력한 방법이 스토리텔링인가?
2. 우리가 학생들이 성취하기를 원하는 결과는 무엇인가?
3. 결과는 어떻게 측정될 수 있는가?
4. 이 학생들의 학습 요구를 가장 충족시켜주는 스토리텔링 활동 종류는 무엇인가?
5. 부적절한 수준의 발견을 어떻게 확인할 것인가?
6. 이 활동을 하는 교육자와 학생들에게 필요한 지원은 어떤 것이 있는가?
7. 스토리텔링 활동이 제작되어 실시하는데 어느 정도 걸리는가?
8. 제작과 실시, 평가 단계에 누가 관련을 맺는가?
9. 이 활동을 학생들에게 언제 실시할 것인가?
10. 이 활동을 어떻게 평가할 것인가?

이 질문들을 우리에게 만족스럽게 대답을 하고 나서 새로운 활동과 과정에 대해 작업을 시작한다. 간단한 지침을 따르고 곤란을 피한다면 우리 활동들은 대부분 학생들의 학습 요구와 교수 목적에 부합할 것이다. 아래와 같은 힌트와 주의할 사항에 대해 알려주겠다.

힌트

- 학생들에게 사용하기 전에 동료와 먼저 활동을 해보자.
- 설명은 간단하게 하자.
- 각 활동의 구체적인 목적을 세우고 학생들에게 명확히 알려주자.
- 각 활동에 충분한 시간을 주어 학생들이 완전히 인식하도록 하자.
- 윤리적 문제를 고려하자.
- 중요한 감정의 반응을 일으킬 활동이 있다면 적절한 지원을 제공하자.
- 형식적 평가와 비형식적 평가 중 활동에 가장 적합한 것은 무엇인지 고려해보자.
- 구술, 서술, 신체적, 시각적 스토리텔링 활동 등 모든 학습 양식을 도입해서 제공하자.
- 스토리텔링의 문화적 차이를 고려하자.
- 활동의 창의적 해석을 촉진하자.
- 편안함을 느끼고 다루기 쉬운 방법으로 유도하자.
- 적극적인 참여를 촉진하자.
- 은밀한 문제는 드러내도록 하자.
- 재미있게 하자.

주의 사항

- 학생들이 구술, 서술, 신체적, 시각적 형태의 활동에 자신감을 얻고 경험하기 전에는 스토리텔링 활동을 지나치게 소개하지 말자.

- 모든 사람이 모든 활동을 편안하게 느낀다고 기대하지 말자.
- 침묵을 두려워하지 말자. 어떤 이야기는 시간이 필요하다.
- 스토리텔링 활동이 비효율적이라면 계속 유지하지 말자. 스토리텔링 활동이 적절하지만 활동에 따라 부적절할 수도 있다.
- 과대평가 하지 말자.
- 학생들이 편안함을 느끼는 이상으로 표현을 요구하지 말자.
- 스토리텔링을 남용하지 말자. 다른 학습 도구들처럼 평범하다.
- 학생들의 이야기에 끼어들지 말자.
- 언급되지 않은 이야기들을 잊지 말자. 그것은 다양한 방법으로 드러난다.

교육자가 활동을 사용하거나 수정을 하고 스스로 제작하더라도 스토리텔링은 상당히 잠재력이 있는 학습 도구이다. 다양한 학문을 전공한 학생들과 다양한 수준의 학생들이 스토리텔링을 통해 그들의 전문성과 스스로에 대해 학습할 수 있다. 학생들은 개인적으로 다양한 방법으로 이야기를 찾는 단계를 해결하게 된다. 하지만 교실에서 높은 수준의 스토리텔링 문화를 목적 의식을 갖고 형성하려는 교육자는 다음의 전략들을 제공해야 한다. 6장에서 우리는 전문적 실천 장면에서의 스토리텔링에 초점을 둔다.

CHAPTER

6

전문적 실천의 스토리텔링:

실천에 대한 스토리 말하기

STORY TELLING

- ✔스토리텔링
- ✔이야기 경청을 통한 학습
- ✔말하기를 통한 학습
- ✔스토리 확장하기
- ✔과제로 예시문 쓰는 것을 학습하기

CHAPTER

6

전문적 실천의 스토리텔링:
실천에 대한 스토리 말하기

전문성을 가지기 위해 실천 장면에서 학습하는 것은 어려울 뿐만 아니라 종종 도전적이기도 하다. 그러나 학생들에게는 많은 요구와 불확실성이 있는 반면에 이야기를 통해 전문적인 환경에 좀 더 편해질 수도 있다. 대부분의 학생들은 다른 전문가로부터 이야기를 들으면서 친숙해지고 있다. 스토리에 대한 지식이 공유되면서 기술 적용에 도움이 되는 힌트가 주어지고, 전문적 장면(환경)에서의 태도가 자연스럽게 내재된다. 또한 스토리는 학생들에게 맥락이나 환경에 주목하여 이것들을 연결시킬 수 있는 기회를 제공해주며, 스토리를 경청함으로써 실천의 현실(realities)을 이해하고 현재와 과거의 경험 간의 관련성을 이해하기 시작하는 기회를 제공해준다. 특히 학생들은 우리 모델의 두 번째 단계인 스토리텔링에 입문할 때 특별한 학습 기회가 생길 것이다.

스토리텔링

서서히 공유하는 이야기들이 많아질수록 전문적인 작업 환경에 더 참여할 기회가 많아진다. 학생들이 전문적 환경과 처음 접촉 후에는 그들 자신 이야기와 작업하도록 하는 것이 교육자에게 중요하다. 비록 이러한 초기의 이야기들이 학생들에게 덜 중요하게 보여지고 경험이 많은 전문가와의 공유가 부족하더라도, 더 개선된 학습이 일어나도록 학생의 실제 생활을 탐구하고 조사하는 것이 중요하다. 공유를 통해 자신감의 부족이 드러날 수 있기 때문에 학생들이 주저하는 것이 보통이지만, 그것은 일상 생활에서 일어나는 문제들에 대해 관련이론을 적용하고 가능한 대안을 토의하며 해결할 수 있도록 도와준다.

이야기의 지식구조와 관련된 현실을 인지하고 가치를 평가하기 위해서는 숨겨진 부분의 의미와 실제 사건을 이해하는데 도움을 주는 스토리텔링 과정에 학생들을 참여시키는 것이 필수적이다. 맥락과 과거 경험을 연결하는 이 접근 방법은 그들 이야기의 관점을 명확하게 하여 현재의 의미를 이해하도록 도와준다. 이 장에서 소개되는 과정은 전문적 과정의 초기 단계에 참여하는 학부생들이 사용하는데 적절한 활동에 관한 지침이다.

이야기 경청(listening)을 통한 학습

새 그룹이나 교실과 같은 전문적인 환경에 노출되는 것은 위협적이다. 학생들은 무슨 일이 일어날지 모르는 낯선 상황에 대한 어려움을 호소하고, 대처하기 어려운 것들에 대한 불편함과 불확실성을 느끼며 걱정을 한다. 이러한 어려움은 칠판에 기록된 것들을 읽을 수 있도록 정리하고, 구체적인 평가를 하는 것과 같은 특정 과제를 수행하는 것에 대한 걱정도 포함된다. 또한 상황에 대한 생각들을 더 일반적인 관점으로 통합하는 것에도 어려움을 겪는다. 복잡한 상황을 적절한 방법으로 해결하는 능력에 관해 회의감이 드는 현실에서 걱정이 유발될 수 있다. 이런 일반적인 걱정은 학생들의 능력과 비교적 쉬운 과제를 성공적으로 완성하는데 부정적인 영향을 준다. 경험 많은 전문가가 복잡한 상황을 해결하는 과정의 스토리를 학습하는 것은 학생들에게 현실적인 해결책을 배우는 기회가 될 수 있다. 또한 스토리는 특수한 상황에서 중요하게 고려되는 가치들을 설명해준다. 실제 사건에 관한 스토리를 듣는 동안에 학생들은 경험의 의미와 현재의 가치와 태도를 생각해볼 수 있다.

스토리 의미형성하기

사건의 공유된 의미를 개발하는 새로운 환경에 입문하는 정도를 '상호주관성'이라 한다(Adams, 1994; Tharp and Gallimore, 1988). 이것은 단순히 기술과 교육 이상의 특징을 가지고 있다. 이러한 과정들은 전문적 성과 산출의 중요한 요인이 된다. 또한 입문자들에게 사건이나 행동을 나타내는 약어나 새로운 단어를 결합하는데 유용한 과정이 된다. 이러한 언어는 전문적 집단에 속해 있음을 보여주며 복잡한 과정과 현실을 통한 의미 형성이 쉽게 표현되고 정확한 의미를 공유할 수 있게 해준다.

대부분의 학습은 학생들이 현실과 관련된 실제에 처음 노출될 때 일어난다. 예를 들어, 간호사들의 세계에서는 특별한 환자를 관찰하는 일련의 행동들은 'doing obs'란 줄임말로 사용하는데 이러한 관찰은 환자의 의식과 마음상태, 혈색 이외에도 체온을 측정하고, 혈압과 호흡을 점검하는 다양한 활동을 포함한다. 이와 유사하게, 초보 교사는 특정 집단 학생들의 학습욕구와 어려움도 알고 있을 때 미리 계획한 구체적인 결과에 초점을 맞추며 관련 자료를 모으고 적절한 학습 활동과 평가 과정을 선택할 수 있다. 이러한 과정을 거쳐 특정 교과목과 관련있는 '수업 준비'의 필요성도 발견한다.

이러한 활동들은 서로의 관계에서 형식적으로 발생하는 환경 안에서 개인적으로 학습하게 되지만 각각의 전문적인 실제상황에서 스토리를 통한 학습이 자주 중요한 역할을 수행하게 된다. 경험이 많은 동료들과 일상 생활에서 "환자를 보러가야겠어, 수업 준비를 해야겠어" 또는 "스미스씨를 4년 동안 관찰해왔어"와 같은 언급을 하면서 이러한 활동을 연습하게 된다.

복잡하고 양이 상당한 용어와 새로운 개념은 학생들을 압도하기도 한다. 언어나 새로운 아이디어를 구체화하는데 흥분되거나 도전적이 되는 대신에 학생들은 좌절과 혼란을 경험할지도 모른다. 스토리는 알고 있는 실제 경험 속에서 전문용어를 접하게 되어 복잡한 은어를 이해하도록 도와준다. 이 과정을 통해 원래 개념의 복잡성을 유지하면서 의미 이해가 되도록 충분한 지원과 발판을 제공하는 것이 중요하다(Smith, 1988; Vygotsky, 1978).

언어와 양식을 학습하는 것 이외에도 스토리는 중요한 것을 알아낼 수 있도록 도와준다. 학생들은 스토리에 익숙해지고 상호주관성을 개발하면서 본인의 정서를 확인할 수 있을 뿐 아니라 학문적으로도 이론과 실제의 관계를 발견할 수 있게 된다. 이러한 요소는 스토리의 중심이 되고 사건 이해의 형성이 되기 때문에 학생의 관점에 영향을 지대하게 미친다(Tharp and Gallimore, 1988). 카타르시스 표현을 목적으로 하는 이야기 공유는 중요한 수준의 감정 정보가 드러나기 때문에 특별히 강력하다. 마찬가지로, 교육자들이 재미있거나 극적인 스토리를 이론적인 개념에 도입할 때, 학생의 선행지식과 관련된 더 유의미한 학습이 이루어지도록 도와준다.

스토리 형성, 듣기

스토리 안에서 메시지의 의미를 찾는 것은 단순히 말하는 사람만의 책임은 아니다. 다양한 이야기에서 듣는 사람도 또한 관련이 있다. 화자와 청자의 관계, 그들의 경험에 대한 애착이 스토리를 통해 의미를 이해하는 능력에 큰 영향을 미친다. 청자는 다른 청자들과 항상 똑같은 방법으로 사건을 해석하는 것은 아니다. 과거 경험, 공유된 의미와 상호주관성 정도, 현재의 가치들은 특정 상황의 이해에 영향을 미친다. 따라서, 개인의 가치와 인생 경험이 다양하고 같은 경험도 다르게 해석하기 때문에 교사들이 학급 경영을 배우고, 간호사들이 옷 입는 방법을 배우는 것과 같이 집단도 유사한 학습 상황을 공유한다(Manning and Payne, 1993). 스토리의 메시지는 미묘하기 때문에 중요 요소를 강조하거나 이론의 적용을 설명한다면 더 잘 발생한다.

실제에 관련된 스토리는 학습을 촉진시키기도 하지만, 학생의 자기 이해, 자존심, 태도와 가치를 바탕으로 해석되기도 한다. 한 이야기는 어떤 사람은 전체적으로 행동에 필요한 가치와 태도에 전적으로 동의하는 반면에, 또 다른 사람들에게는 대안적인 접근을 제안하거나 스토리의 관점에 의문을 제기할 수도 있다. 그러나 이 상황은 좀처럼 일어나지 않는다. 보통 잠재의식 수준에서의 가치, 태도를 기반으로 추측을 하는 반면 또 다른 대안의 인식은 의식 수준에서 일어나기 때문이다.

반응은 주어진 상황에서 이론적 지식에 대한 자신감 정도에 의존하기 때문에 다양하게 나올 수 있다. 스토리가 듣는 사람의 수준을 넘어서버린다면 실제와 관련된 이론보다는 주로 감정적인 요소에 초점을 맞추는 것이 좋다. 따라서, 특정 결과의 성취를 기대한다면 의미를 공유하는 것이 필수적인 요소가 된다(Tudge, 1991).

병원에서 간호하는 일과 교실에서 가르치는 일, 직업적 치료와 같은 전문직에서 흔히 발생하는 것처럼 실천분야에 지식의 적용을 강조한다면 전문적 실천에 대한 스토리텔링은 특히 더 중요하다.

전문적 실천에 참여하는 전문가들은 단순히 이론적 설명을 제시하지 않고 그들의 스토리를 통해 진정성과 타당성이 있게 전달한다. 많은 교육자들이 이 문제를 고치려고 시도하고 전문가로서 신뢰를 쌓으며 교수 경험을 공유하려고 노력한다. 이 전략이 효과를 보기 위해서는, 극적인 상황과 실천 경험을 통합하여 해결하는 과정과 전체적인 범위의 실천에서의 가치를 인정하는 것이 중요하다. 통합의 실패는 일상 사건에 가치를 덜 두게 되고 이러한 환경에서의 능력 획득에 관심을 줄어들게 한다. 반면에 교육 상황에서의 스토리 사용의 실패는 실천에 이론을 적용하는데 어려움을 야기한다.

스토리를 경청하는 것은 직업을 구성하는 경험과 사건이 공유되는 새로운 실천 환경에 들어서는 것을 가능하게 해준다. 어떠한 경험을 하게 된다면, 학생들은 자신의 목소리로 자신의 스토리를 말하는 것이 중요하다. 그들이 경험하였던 것들을 대화로 만들어서 이야기 작업을 한다면 진행되는 학습에의 참여에 대해 확언을 받을 수 있을 것이다.

말하기를 통한 학습

실천 맥락 안에서 공유되는 스토리들은 보통 자연스럽고 비형식적이어서 카타르시스를 불러 일으킨다. 그것들은 타인과의 즐거웠던 순간, 혼란스럽고 슬프고 당황스러운 순간을 공유하려는 필요에서 발생된다. 카타르시스 표출의 가치에 관해 인지하고 있는 것도 중요하지만 듣는 사람이 스토리 반응을 통해 자신의 경험을 공유하는 것도 중요하다.

듣는 사람들이 스토리의 명확한 이해를 위한 정보를 원하거나 구체적인 질문을 화자에게 하는 것이 불만스러울 수도 있다. 대화를 촉진하기 위해서는 화자는 구체적인 질문들과 함께 스토리를 끝내야하지만 비형식적인 상황에서는 언급되지 않을 수도 있다. 불만족스러운 화자들은 그들의 관심을 표현할 다른 기회를 찾을 필요가 있다.

경험에서 학습이 일어난다면, 학생들은 부가적인 성찰적 대화 과정에 참여하는 것이 필수적이다. 이러한 대화는 실천과 이론의 통합을 촉진하고 실천의 현실을 학문적 목적에 부합하는 과제들의 기초로써 인식하게끔 해준다. 교육 현장에서는, 특정 문제와 어떤 과정의 이해를 보통 글로 써서 설명한다. 이러한 과제들은 학생이 실제를 개선할 수 있는 개인적인 스토리텔링 목소리를 찾도록 촉진하는데 사용될 수 있다. 곧바로 글로 쓰는 스토리를 시도하기보다는 우선 실천 경험에 관해 스토리를 말해보도록 하는 것이 좋다.

스토리 말하기

스토리텔링은 구전에서 가장 흔한 부분이고, 한두 명의 동료와 스토리를 공유할 때 적절하게 사용된다. 교육자는 이야기꾼이 스토리를 선택할 때, 나중에 더 큰 학생 집단에서 일반적으로 토의될 수도 있고 설명을 제공해야 할 수도 있음을 알린다. 작은 집단에서의 토의가 더 큰 청중들까지 확대될 수 있다.

말하는 사람이 주인공이 되지 않으면 다른 사람들이 화자의 스토리에 대해 말을 할 수 있다. 말하는 사람과 듣는 사람이 제 역할을 하지 못한다면 스토리는 유용한 도구가 될 수 없다. 스토리의 넓은 문맥과 과거 경험, 주인공의 동기에 관한 지식이 불충분하다고 느끼게 되면 적절하고 효과적인 결과가 나올 것 같지 않은 부정적이고 비판적인 투사가 일어날 것이다. 스토리가 주인공의 관점 없이 긍정적으로 간주되더라도 알려지지 않은 관점들이 중요하게 남아있기 때문에 가치가 제한적이다. 하지만 이러한 스토리들도 화자가 관계 속에서 역할을 확인한다면 충분히 분석될 수 있다.

새로운 강사가 이 스토리를 공유하였다.

> 나는 메시지를 전달하러 교무실에 가는 길이었다. 내가 동료의 방을 지나면서 창문너머로 학생이 그에게 소리를 치고 있는 것을 보았다. 나는 소름끼쳤지만 아무것도 할 수가 없었다.

또한, 화자가 타인에게 들었던 스토리를 다시 수정하기를 원한다면, 다음 이야기에서 설명하는 주요 역할을 확인하는 것이 더 성공적인 과정이 될 것이다.

> 나는 병원 간호사인 친구가 밤에 교대를 하지 않아 환자들을 밤동안 정기적으로 확인하지 못한 이야기를 커피 마시면서 들었다. 그녀는 말하였다. "환자들이 원한다면 그들은 전화를 할 것이다." 내 친구는 처음에 약간 걱정했지만 곧 편안해졌다고 말하였다. 나는 걱정이 되었지만 어떤 말을 해야할지 몰랐다.

이러한 스토리들이 다양하게 재구성된다면 더 성공적인 과정으로 진행될 것이다.

스토리 확장하기

이 단계에서의 스토리텔링은 화자와 청자가 실천을 되돌아보도록 하고 있다. 보통 화자는 스토리의 주요 관점에 대해서만 간단히 윤곽을 그리지만, 청자들이 명확한 이해를 위해 여러 질문을 하여 자주 다른 관점으로 확장될 수도 있다. "언제, 어디에서 일어났니?", "너는 어떻게 느꼈으며, 다른 사람들은 어떻게 반응했니?", "너는 왜 그렇게 생각했니?, 다른 사람들은 왜 그렇게 반응했니?"와 같은 질문이 있다.

스토리를 확장하는 이러한 토론의 목적은 감정의 표현을 촉진하고 화자가 여러 가지의 성찰을 하도록 하는 데 있다. 이 시간은 청자가 유사한 이야기를 하는 것이 아니라 화자의 이야기를 가능한 완벽하게 이해하고 발달할 수 있도록 초점을 맞춘다.

처음에는 작은 규모의 집단과 스토리를 공유하는데 몇 분이면 충분하지만 창의적인 내용을 만드는데 경험이 더 쌓이게 되면 최소한 5분에서 10분정도 걸리게 된다. 경험과 함께, 화자와 청자는 사건을 자세히 파악하는 능력이 쌓이고 더 쉽게 스토리의 대화를 구성하게 된다.

화자와 청자는 그들의 스토리를 공유할 다양한 기회가 필요하고 각 스토리텔링 시간마다 집단 구성원을 변화시키는 것이 유익하다. 대화는 토의에서 들었던 유용한 내용이나 스토리에 대해 자신만의 반응을 표현하는 것 이외에도 다양한 집단에서 다양한 방법들로 형성될 것이다.

청자들은 화자에게 즉각적으로 질문을 다양하게 하는 것이 필요하다. 이것은 화자들이 그들의 실천에 대한 통찰력을 얻는데 도움을 준다. 이러한 협동 과정을 통해 학생들은 서로로부터 배우며 양방향 근접 발달 영역에서 구성된 상호 간의 지원을 보여준다(Tudge, 1990). 이러한 대화는 비록 계속 카타르시스 표출을 경험하더라도 화자와 청자들을 그들의 실천에 성찰적으로 접근하도록 도와준다. 학생들이 말로 하는 스토리텔링과 대화에 편안함을 느낄 때, 글로 쓰는 스토리텔링 활동으로 전환하는 것이 적절하다.

스토리 쓰기

말 대신 글로 쓰는 스토리는 구전 스토리텔링 집단 과정의 추가적인 단계에서 성취될 수 있다. 집단의 각 학생들이 그들의 스토리를 말하고 사건의 이해를 확장하고 대화를 탐구한 후에, 교육자가 학생들에게 스토리를 글로 쓰도록 지도한다면 도움이 될 것이다. 말로 전하는 대화는 학생들이 그들의 스토리를 더 자세히 결합하도록 도와주고, 글로 서술되는 스토리는 특별히 강조하고 싶은 것들을 선택하도록 도와준다.

이 과정은 시간이 필요하고 조용하고 수용적인 분위기에서 진행되어야 한다. 이러한 환경을 만드는 것이 학생들을 공식적인 스토리텔링 환경으로 이끈다. 학생들이 서술하는 동안 질문이 있다면 보통 교육자가 다가가서 1대1로 질문을 해결하여 집단의 다른 학생들에게 방해가 되지 않도록 한다. 급하게 서두르지 않는 것이 중요하다. 따라서 보통 15~20분이 걸린다. 학생들이 자신의 스토리에 대한 감정, 반응, 사고가 늘어나고 자세히 확인하는 능력이 더 생긴다면, 대략 20~25분 정도가 적절하다.

이 스토리 확장 단계에서는 학생들은 활동적으로 의미 형성에 참여한다(Moon, 1999). 처음에는 동료와의 토론으로부터 얻어지는 통찰력만으로도 해결하는데 충분하다. 하지만 학생의 자신감이 높아질수록 통찰력을 길러주는 또 다른 추가적인 방법을 알려주는 다른 체계와 결합을 하는 것이 더 유용하다.

스토리 탐구(탐색)

서술된 스토리와 작업을 하는 이 단계에서는 실제 사건의 다양한 차원을 더 잘 이해할 수 있도록 간단한 과정을 알려주는 것이 도움이 된다. 이를 통해 스토리의 더 깊은 의미까지 알아내는 것이 가능해진다. 스토리를 탐구하고(exploring) 개발하는데 다양한 방법들이 존재한다. 처음에는, 화자의 감정이나 주요 인물을 확인하고 연구하는 과정에 초점을 맞추는 것이 도움이 된다.

주요 인물의 역할을 인지하는 것은 학생들이 일부가 아닌 더 큰 그림을 알아볼 수 있도록 도와준다. 처음에는 현재 일어나고 있는 사건에 초점을 맞추지만, 주요 등장 인물은 종종 가족, 행정직원, 심지어 정치가와 같은 타인으로 확대된다. 이와는 반대로, 감정의 인지는 학생들이 경험하는 동안 긍정적이고 부정적인 감정적 대응에 관한 이해를 제공한다(Boud, Keogh and Walker, 1985).

첫 작업을 할 때는, 확실히 알고 있을 필요가 있는 스토리의 주요 인물과 감정을 분석하는데 초점을 둔다. 그렇지 않으면 과정이 점점 혼란스러워진다. 경험과 함께 주요 인물과 감정의 결합은 명백하게 드러나는 연관성과 상호의존성을 필수적으로 통합한다.

스토리 작업을 할 때 구체적인 체계를 사용하는 것이 유용하다. 이 단계를 돕기 위해 우리는 5단계의 과정을 개발하였다.

- 주요 반응의 확인과 주요 초점에 이름 붙이기
- 다른 반응 확인하기
- 중요한 사건 연결 짓기
- 소집단에서 보고 받기
- 제목 만들기

과정을 명확하게 하기 위해서 각 단계에 대해 더 깊게 이야기하도록 하겠다.

- **주요 반응의 확인과 주요 초점에 이름 붙이기**

최초의 단계는 주요 인물의 역할과 관련된 감정 중 어떤 것에 초점에 둘지 확인하는 것이다. 감정에 초점을 둘 때, 스토리를 공유한 후에 화자가 사건의 결말에 대해 느끼는 중요한 감정을 확인한다. 이것들은 두 번째 단계인 '주요 반응'에 기록한다. 보통은 하나의 중요한 감정이 있지만, 때로는 두 가지나 세 가지 이상이 될 수도 있다.

• **다른 반응 확인하기**

스토리를 밝혀내는 다양한 감정을 분석하는데 도움이 된다. 이것들은 스토리 대본의 관련 있는 부분과 함께 두 번째 단계에 기록된다. 이 단계에서는 스토리를 명확하게 하고 화자의 의도를 더 정확하게 성찰하는 대본을 다시 쓰려는 마음이 생긴다. 문서를 수정하는 작업이 필요하게 된다. 이러한 추가와 수정의 작업을 위해 두 배의 공간을 활용하는 것이 도움이 된다. 화자는 그들의 스토리를 통해 감정의 유형이나 강도에서의 변화를 확인하는 작업을 한다. 자주, 좌절 이후에 낙천주의가 따라오는 것과 같은 서로 반대 입장을 띈 많은 감정들이 포함되어 있다.

• **중요한 사건 연결 짓기**

이 단계에서는 화자는 관련된 감정을 확인하기 위해서 스토리의 대본을 탐구한다. 간단한 구절이 설명과 이해를 위해 사용되고, '중요한 사건' 칸에 위치하게 된다. 때때로 더 작은 문제가 많은 변화를 일으키기도 한다. 이 복잡성을 포착하는 것이 다양한 관점사이의 상호관계를 이해하는데 특별히 도움이 될 수 있다. 이 부분은 많은 시간이 필요하고 종종 학생들이 소집단에서 시간 내에 완성하지 못할 수 있다. 따라서, 15~20분의 시간을 주는 것이 유용하고 다음 단계를 통한 작업 진행을 촉진하도록 한다.

• **소집단에서 보고 받기**

그들의 스토리의 이해와 함께, 화자가 1~2명의 동료와 공유하는 기회를 제공하는 것이 유용하다. 전체적인 스토리를 다시 작업하는 것보다 더 명확한 설명이 필요한 부분과 관심이 있는 부분적인 측면만 확인하는 것이 유용하다. 이 과정은 소집단에서 화자가 자신의 사고를 개선하는데 도움이 되고, 청자의 질문이나 반응에서 나오는 새로운 아이디어를 개발하는데 도움이 된다.

- **제목 만들기**

과정이 완성된다면, 화자는 그들의 스토리의 제목을 정해야 한다. 이름 짓기는 화자에게 그들의 사건을 더 넓은 문맥에서 바라보고 학습이 일어난 것을 확인할 기회를 제공하는 성찰적 과정 이후에 진행이 된다. 제목은 실제 사건, 감정, 결과를 반영해야 한다. 다양한 단계에서 스토리의 제목을 만드는 작업이 일어날 수 있는데, 더 생각을 깊게 할 수 있도록 이 단계에서 진행하는 것이 유용하다.

주요인물에 대해 초점을 둘 때, 화자는 그들의 스토리에서의 역할이 충분히 다 채워졌는지 확인한다. 누가 제외되었는가에 대해 심사숙고할 필요가 있다. 교사와 심리학자, 의식이 없는 환자, 처음에는 중요한 역할이 아니었던 사람의 만남에 초점을 맞춘 학생들이 있을 수 있다. 그리고 직접적으로 사건에 영향을 미치는 다른 개인들을 확인하는 것이 유용하다. 친한 친구와 가족은 너무 눈에 띄어서 간과될 수 있다. 또한 사건에 영향을 미치는 관리자, 감독관, 조정자들도 처음에는 결과에 중요한 역할을 하지 않는 것처럼 보일 수 있다.

화자가 이러한 각 영역에 집중하는 경험을 하면서, 자연스럽게 다양한 요소를 결합할 수 있다. 이것은 상황의 복잡성을 드러내도록 도와주는 매우 긍정적인 방향이다. 게다가, 스토리의 전체적인 패턴을 확인할 수 있도록 촉진한다. 이 발달은 원하지 않은 결과를 야기하는 다양한 행동과 반응, 강조하는 부분을 조합함으로써 생긴다.

패턴들이 확인된다면, 화자가 실천에 접근하는 다양한 선택에 대해 합리적인 결정을 하기 쉬워진다. 이런 변화는 항상 자세하게 서술하는 것이 아니라 대화를 통해서도 일어난다. 이해를 하고, 대안을 찾으며 다양한 반응을 탐구하는 것에 초점을 맞춘다. 학생이 쓴 주요 단어나 표시로 그들의 성찰적 사고를 추적할 수 있다.

앞서 소개한 다섯 단계는 성찰적 과정의 도입에 유용하다. 과거 경험에 대한 통찰력을 얻는데 초점을 두는 환경에서 스토리를 말할 수 있도록 한다. 학생들이 성찰적인 방법으로 의식하기 위해서, 실천으로부터 학습이 발달되는 방법과 성찰적 학습을 통해 실천이 발달되고 변하는 방법을 탐구하는 이론적 모형과 관련된 경험이 도움이 될 것이다. Kolb(1984), Gibbs(1988) and Boud, Keogh and Walker (1985)의 기여로 성찰적 활동의 관점에서 스토리텔링이 가능해졌다.

Kolb(1984)의 경험 학습 순환 4단계는 구체적인 경험, 성찰적 관찰, 추상적 개념화, 행동적 실험으로 구성된다. Gibbs(1988)는 성찰적 순환을 비슷하게 따르지만, 6단계로 구성하였고, Kolb의 구체적 경험을 사건의 묘사로 번역하였다. 학생들에게 스토리 공유는 구체적인 경험과 사건 묘사의 연결이다. 스토리에 대해 동료와 대화하는 것은 감정의 인지와 경험의 평가, 상황의 최초의 분석을 가능하게 한다(Gibbs, 1988). 이것은 성찰적 단계를 포함할 수도 있지만 Kolb의 관찰 단계와도 동일하다. 스토리를 분석하고 쓰는 것은 더 깊이 이해할 수 있도록 하고 행동의 패턴을 나타내도록 도와준다. 이 단계는 Gibbs(1988)의 분석과 결론 단계와 추상적 개념의 형성과 성찰에 관련이 있다(Kolb, 1984). 이러한 통찰력은 실천이 시험 결과와 행동계획을 변경하고, 발달할 수 있음을 가능하게 한다.

반면에, Boud, Keogh and Walker(1985)는 경험의 준비, 활동, 경험 실행 이렇게 3가지 주요 요소로 구성된 학습 과정에서 성찰을 탐구했다. 각 단계는 감정적 영역을 포함하고, 이러한 각각의 단계에서 감정이 어떻게 표현되는지 학생들이 확인하도록 도와준다. 스토리텔링는 사건을 경험하는 동안뿐만 아니라 이전에 느꼈던 감정들도 회상한다. 화자는 경험의 끝부분에서 감정을 잘 인식하고, 바꾸어 말하기에 참여하며 그들의 각본을 생각해본다.

성찰 과정을 진행할 때, Boud, Keogh and Walker(1985)는 경험, 성찰 과정, 결과 이렇게 3가지 주요 요소를 확인했다. 경험은 행위뿐만 아니라 사고한 것, 관련 감정, 결론도 포함이 된다. 이 모델에서 성찰 과정은 경험으로 돌아가고, 감정에 주의하며 긍정적이고 부정적인 재평가를 포함한다. 학생들은 사건을 다시 생각해보고 달라질 수 있는 결정을 할 기회를 가진다.

학생들이 그들의 스토리를 말하거나 글로 쓸 때, 의식을 확실히 발달시키면서 소집단에서 설명을 들으며 더 깊은 이해를 밝혀낸다. 하지만, 추가적인 성찰 단계에서 이러한 이해와 새로운 관점, 변화할 수 있는 행동, 예상되는 결과를 기록해야 한다. 단계는 이전 양식을 확대한 A3 종이에 학습 과정의 부분으로 표현한다.

<table>
<tr><td colspan="2">스토리 제목
여기에 스토리쓰기
____
____
____
____
____</td><td>초점
주요 감정 또는
주요 인물
____
____
____
____</td><td>중요한 사건
____
____
____
____
____
____</td></tr>
<tr><td>활동 준비에 대한 통찰
____
____
____
이야기 공유하는 동안 얻어진 새로운 통찰력
____
____
____ …</td><td>경험의 처리 (진행)
____
____
____
____
____
____ …</td><td colspan="2">성과(결과)
____
____
____
____
____
____ …</td></tr>
</table>

주요 요소들인 통찰력, 실제의 잠재적인 변화, 결과 감지를 통해 경험의 재평가가 일어난다. 모든 문제가 쉽고 즉각적으로 표현되지 않는다고 생각하는 것이 중요하다. 수행 기술에서의 자신감 부족에 대한 걱정 같은 문제들은 드러나는데 시간과 경험이 필요하고, 심지어 훨씬 이전의 실제의 변화와 발달도 현재의 근접 발달 영역을 뛰어넘는 것으로 나타난다. 하지만, 학생들은 이 과정을 통해 그들의 실제에서의 동향을 확인할 수 있고, 능력 발달을 점검할 수 있다. 1학년 학생의 스토리가 과정을 설명하기 위해 제시되었다.(133쪽 예 1번을 보자)

동료 멘토와의 대화와 사고 과정을 통한 자각은 통찰력을 기르는 실제 사건에 대해 이해하고 적용할 수 있게 한다. 자신감이 생긴다면 지시적인 과정에서 벗어나게 된다. 주요 인물과 감정, 중요한 사건을 인지하는데 도움이 되는 동안 전문적인 행동의 양식을 조사하는 것을 강조한다. 이러한 양식에 대한 이해는 대안적인 접근의 선택과 어떤 일이 왜 발생하였는가에 대한 더 깊은 탐구를 가능하게 한다.

이 단계에서는 A3 종이에 계속 작업하는 것이 유용하다. 왜냐하면 글로 쓰고 이해와 수정, 추가, 스토리 분석의 논평을 할 충분한 공간이 필요하기 때문이다. 이런 양식은 다음과 같다.

스토리 제목 여기에 스토리쓰기 ________ ________ ________ ______ …	**주요 인물** ________ ________ ________ ______ …	**감정** ________ ________ ________ ______ …	**중요 사건** ________ ________ ________ ______ …
처리과정으로부터의 통찰			

예 1

스토리 제목 : 자기 자신의 꼬리 뒤쫓기(소득 없이 바쁨)	**초점:** 감정 **주요 감정:** 걱정 완화	**중요 사건:** 주사 놓기 그리워하는 환자에 대한 걱정 새로운 경험
여기에 스토리 쓰기: 병동에서의 고작 두 번째 날이었고, 나는 정말 긴장되었다. 처음으로 주사를 놓는다는 것을 알게 되었다. 내가 어떻게 잘할 수 있을까? 아침 7시 30분에 나의 환자가 주사가 필요하다는 것을 듣게 되었다. 나는 긴장되었지만 차트를 받고 점검하고 또 점검하였다. 정확하게 처방을 하고 정확한 약과 시간, 날짜를 확인하였다. 나의 심장 소리가 들렸다. 교수가 나를 도와주어 마침내 환자에게 가게 되었다. 나는 병실에 들어가서 주사를 맞아야 한다고 설명하였다. 커튼을 당기고 환자에게 돌아눕게 하여 주사를 놓았다. 모든 것이 순조로워 안심이 되었다. 나는 20분 후에 그녀의 상태를 확인하러 돌아왔다. 그녀 옆으로 갔을 때 뺨에 눈물이 흘러내리는 것을 보고 나는 놀랐다. 옆에 앉아서 무엇이 잘못되었는지 물었다. 그녀는 고양이에 대해 걱정하였다. 그녀는 겨우 어제 입원하였고 이웃이 보러 와서 잘 돌보고 있다고 말하였지만 듣지 못하고 감기에 걸린 줄 알고 있었다. 이웃은 방문 시간에 와서 모든 것이 잘되었다고 말하였다.	걱정 더하기! 긴장 성공에 행복한 아픈 내면 안도감이 들지만 여전히 걱정은 남아있다.	나 자신에 집중하기 기술 획득에 집중하기 그리워하는 환자가 화가 났다 나중에 소식을 듣고 안도함

활동 준비에 대한 통찰:	경험 처리(진행):	성과:
나의 걱정과 새로운 과정에 집중하기. 환자에 대해 생각하지 말기 **이야기 공유하는 동안 새로운 통찰력 얻기:** 나는 고양이가 괜찮은지 이웃에게 전화하거나 직접 갔어야 했다는 것을 깨달았다. 나는 아침에서야 그녀가 걱정을 멈추는 걸 볼 수 있었다. 그녀는 해결될 때까지 안절부절못했다.	나는 내가 해야만 하는 또 다른 조치에 대해 생각하고 있다. 환자를 처음 보러 갔었을 때 주사를 놓기 전에 나보다는 그녀에 대해 우선적으로 집중했어야 했다. 주사를 놓기 5분 전에 환자에게 가서 확인했더라면 더 쉽게 할 수 있었을 것이다.	1. 업무에 대한 걱정이 다른 사람을 돌보는데 얼마나 많은 영향을 미치는지 깨달았다. 2. 나는 업무를 시작하기 전에 환자의 상태가 어떤지를 확인할 것이다. 3. 환자가 걱정을 할 때, 나는 그들이 원하는 정보를 얻을 수 있는 방법을 생각해볼 필요가 있다. 그들의 가족이나 친구에게 전화를 해보는 것도 좋은 방법이다.

예 2

스토리 제목 : ABC 배우기	주요 인물	감정	중요 사건
여기에 스토리 쓰기: 나는 첫 학교였기 때문에 매우 흥분되었다. 나는 매일 4시간동안 4명의 아이들을 수업하였다. 나와 주로 해야 할 것들에 대해 친구들과 많은 이야기를 했다. 조금 긴장도 되었다. 어쨌든, 두 번째 날에, 한 교사가 읽기 시간에 도움을 요청하였다. 나는 흥분되었다. 다른 아이들 옆에 조용히 앉아있는 아이에게 그림을 설명하고 읽도록 격려하였다. 수업이 잘 진행되었고, 쉬는 시간 종이 울리자 아이들의 어머니가 들어와서 나를	학생 학급 어린이 교사	흥분된 걱정 긴장 흥분된 자신감	교실에서 시작 실제 교수 활동에 참여 어린이와 성공적인 작업 어린이의

보았다. 그녀는 아이가 보충 지도를 받는 것을 보고 놀랐다. 그녀는 아이에 대해 설명을 듣고 싶어 했다. 우리는 잠시 이야기하며 대학에서 배운 것들에 대해 그녀에게 설명하였다. 교사도 같이 있었지만 어딘가 불편해보였다. 나는 교사의 표정을 살피지 못했다. 어머니는 방과후에도 좀더 아이가 나와 보충수업하기를 원했지만 교사는 안된다고 거절했다. 나는 무엇이 잘못되었는지 모르겠다. 내가 교사의 감정을 상하게 한 것처럼 느껴졌다. 나는 단지 아이들 도운 것 밖에 한 일이 없다.	어려움을 겪는 어린이 어머니	자랑스러운 흥분된 기가 죽은 실망 좌절	어머니와 참여하기 권력 경쟁과 같은 어머니의 요구와 교사의 거절에 대한 다른 교사의 중재

처리 과정으로부터의 통찰:	
1. 나는 어린이를 주요인물로 선택하지 않고 나에게만 집중한 것을 깨달았다. 나는 일어날 일에 대해 생각하지 않았다. 나는 교사가 나를 대하는 방식에 관심을 가졌다. 전체적인 상황을 다시 생각해보도록 유도하였다. 2. 나는 긍정적인 역할의 어머니에 대해 생각해보고 놀랐다. 전체적으로 어떤 일도 일어나지 않았다. 나는 교실에서 상황이 달라지기를 바랐다.	3. 내가 어머니와 이야기를 할 때 교사와 나 사이에 다른 점이 있었다. 교사는 내가 도를 넘어섰다고 느꼈을 것 같았다. 하지만 나는 그렇게 생각하지 않았다. 이 상황에서는 나의 감정과 아이의 반응뿐만 아니라 교사의 감정도 돌봤어야 한다고 생각한다. 4. 나는 교실에서 교사와 권력 경쟁을 했다고 생각하지 않는다. 교사는 도움과 주의가 필요한 아이들을 통제했다. 나는 권력의 측면에서 사고하지 않는다. 나는 교실에서 내가 해야 할 역할에 대해 생각해볼 필요가 있다.

스토리는 분석과 서술, 말하기를 통하여 실제 사건을 더 명확하게 이해한다. 실제 스토리 자각의 발달은 학생들이 다양한 관점과 이론을 설명하기 위해 사례를 구성하고, 특별한 과정의 이해를 설명하는 등 적절한 관점을 쉽게 선택하도록 한다.

과제로 예시문 쓰는 것을 학습하기

예시문은 경험에 기초한 창의적인 작업이다. 과제에 필요하거나 세부적인 부분을 설명하기 위해서 다양한 개인 경험이 예시문으로 활용된다. 예시문을 쓰는 것은 스토리의 전체적인 부분 또는 구체적인 목적을 위한 스토리의 일부만을 포함한다. 과제로 예시문을 쓰는 것과 학습을 위한 성찰적 글쓰기 사이에는 상당한 차이가 있다.

과제에서의 스토리 사용은 과제에 접근하는 방법을 설명하고 그들의 시도에 대한 피드백을 제공함으로써 학생들을 더 알기 쉽게 만든다. 실천으로부터 이론을 변형하는 것이 때때로 어렵고 복잡할 수 있다. 학생들은 형식화된 스토리텔링 시간에 참여하면서 특별한 학습결과를 설명하는데 특별한 학습결과를 설명하는데 예시문을 사용할 수 있게 된다. 이러한 예시문들이 명확해진다면 학생들이 결과를 달성할 수 있도록 방법을 제공한다. 학생들이 특정 예시문의 목적을 인지하는 것은 예상된 결과를 달성하는데 필수적이다. 아래 필요한 예시문들의 보기가 있다.

- 두 명의 Benner's(1984) 소유지에 대한 토의를 위한 예시문을 사용하자.
- Boud, Keogh and Walker(1985)가 소개한 성찰적 과정의 타당성 이해를 설명하기 위해 당신의 의견에 예시문을 사용하자.
- 의뢰인의 최초의 과제에 포함된 4가지 문제를 확인하고 당신

의 선택을 정당화하고 예시문을 활용해 설명하자.

- 3가지 실천 역량을 토의하고 예시문을 통해 당신의 이해를 설명하자.

예시문은 진술된 결과를 충족하는 특별한 방법으로 스토리를 만들도록 요구한다. 성찰적 사건과 과정으로부터 예시문 서술로의 전환은 매우 세부적인 과정을 필요로 한다.

1. 성찰적 과정의 첫 번째 과제는 실천으로부터 이해를 얻는 것이다.
2. 과제의 주제를 주의 깊게 탐구하면 결과의 명확한 표현이 가능하다.
3. 경험으로부터의 사건의 선택은 제일 좋은 예시 방법이다.

마지막 과정은 예시문을 단순화하는 작업이 필요하다. 보통 많은 사건 중에서 작은 부분에만 집중을 하거나 중요하지 않은 부분은 생략을 하고, 관련성이 많은 부분만 설명한다. 이 과정에서 복잡하고 많은 정보가 제외되기도 하고, 이야기의 많은 부분이 사라지기도 한다. 많은 정보가 제공되는 대신에 중요 핵심이 없어진다. 주요 문제가 확실히 표현되고 충분한 배경 설명이 제공된다면, 복잡한 각본 안에서 중요한 부분을 확실히 알 수 있기 때문에 완성된 예시문을 확인하는 것은 항상 유용하다. 건설적인 피드백은 특별히 도움이 되고, 동료로부터 촉진되어야 한다. 또한 교사의 형식적인 평가만큼 유용하기도 하다. 건설적인 피드백은 학생들이 그들의 실제를 설명하기 위해 스토리를 사용하는 과정과 예시문을 보는 안목, 의사결정을 이해하게 한다. 다음 장에서는 더 깊은 스토리의 확장 단계를 알아보고, 실천에 반성적 성찰 접근을 이용하도록 학생들을 유도하는 방법이 소개된다.

CHAPTER

7

반성적 성찰을 통해 스토리를 확장하기

STORY TELLING

- ✔반성적 성찰을 탐색해보기
- ✔실천 속의 반성적 성찰
- ✔성찰 과정과 스토리텔링
- ✔반성적 성찰의 메타 분석

CHAPTER

7

반성적 성찰을 통해 스토리를 확장하기

스토리는 실제에 대해 독특한 관점을 제공한다. 스토리로 작업을 할 때, 우리는 일어난 일을 성찰할 수 있고 우리가 왜 그렇게 행동했는가에 대한 이해도 할 수 있다. 또한 스토리는 실제에 다른 접근을 살펴볼 기회를 제공한다. 사려 깊은 판단을 통해 실제는 발달된다. 성찰 과정은 이러한 선택을 판단하는 특별히 유용한 방법을 제공한다. 이 장에서는 스토리텔링 모델을 통해 반성적 성찰 학습의 세 번째 단계인 스토리 확장의 역할에 초점을 맞춘다. 우리는 스토리텔링과 관련된 방법에 대한 성찰을 탐색한 후에, 더 깊은 이해를 할 수 있는 방법을 알아본다. 성찰을 최대화하기 위해서, 우리는 화자가 스토리에서 문맥을 고려해보도록 유도하고, 스토리텔링의 진행 과정을 토의한다. 그리고, 후속 학습이 실천에 어떻게 영향을 주는지에 강조점을 두면서 학생들이 메타분석에 관여하는 방식에 대해 개괄적으로 살펴보고자 한다.

반성적 성찰을 탐색해보기

성찰적인 문학의 스토리 탐구는 학생들의 경험에 대한 더 깊은 이해와 배움을 얻도록 도와준다. 최근에 개념으로써 반성적 성찰에 대해 많이 서술되고 있는데 대부분이 복잡하고 적용하기 어렵다(Moon, 1999).

Atkins and Murphy(1993)에 따르면, 가장 포괄적으로 통용되는 정의는 경험에 대한 사고를 강조하는 것이다.

> 우리는 반성적 성찰이란 용어를 두 가지 의미로 사용한다. 우선, 사고로부터 경험의 과정과 수단, 사고와 감정, 행동의 형태가 나온다. 첫 번째에서 파생된 두 번째는 경험으로부터 의미의 창조와 개념화, 자기보다 타인의 관점으로 보는 것이다(Brockbank and McGill, 1998: 56).

> 반성적 성찰학습은 내면적 탐구 과정이고, 관심 분야를 탐구하며, 경험에서 유발된다. 이것은 개념적 관점의 변화를 야기하는 자신의 관점에서 의미를 창조하고 명확하게 한다(Boyd and Fales, 1983: 99).

> 반성적 성찰은 목적을 가진 정신적 과정의 형태이며 상대적으로 복잡하게 적용되는 결과가 예상되고, 분명한 해결책이 없는 비구조적인 개념이다(Moon, 1999: 98).

이러한 정의는 여러 형태의 경험 과정을 언급하면서 반성적 성찰은 심사숙고를 하며 필수적으로 재탐구를 위한 의식을 유도하는 과정을 겪는다. 사고의 깊이는 상당한 다양성을 필요로 한다. 어떤 사건에서는 해결책이 빨리 발견되고, 거의 동시적으로 탐구가 일어난다. 다른 어려운 사건은 해결하기 힘들기 때문에 상당히 형식화된 과정이 필요하다. 이러한 차이는 필요한 시간과 일의 양에서 연속적인 과정을 제안한다. 또한 실제 사건을 탐구하는데 도움이 되고 심지어 처음에 얻었던 통찰력이 더 깊은 통찰력을 이끌어낸다.

Moon(1999)은 반성적 성찰의 이해를 상식으로 통용하는 주요 요소를 강조함으로써 정의의 차이를 표현하려고 시도하였다. 그녀는 문제가 있는 실제 사건에 대한 사고를 정의하기 위해서 '정신 과정'이란 용어를 사용하였다. 일반적으로 이런 과정을 심사숙고한다고 하기도 한다. 필수적으로 반성적 성찰은 재탐구를 위해 의식을 유도하는 과정을 겪는다. 깊이있는 사고를 위해서는 상당한 다양성이 필요하다. 어려운 사건은 해결하기 힘들기 때문에 형식화된 과정이 필요하다. 하지만 어떤 사건에서는 해결책이 빨리 발견되고, 거의 동시적으로 탐구가 일어나며 갑자기 해결책이 떠오르기도 한다. Moon(1999)은 직관의 개념이 이 현상을 이해하는데 도움이 될 것이라고 했다. 직관은 무의식적인 과정의 형태이다. Boud, Keogh and Walker(1985)는 무의식적인 과정의 역할을 인지하면서도 의사결정과 학습에 도움을 주는지는 고려해봐야 한다고 했다. 무의식적인 과정은 학생들이 분명한 해결책이 없는 상황에서의 복잡한 인지과정 속에 여러 가지 형태로 나타난다. 이러한 과정에 유용한 최초의 접근은 사건에 효과적인 요소를 끼워 넣는 것에 초점을 맞추는 것이다.

부정적이거나 긍정적인 느낌과 감정은 반성적 성찰 과정에서 중요하다(Boud, Keogh and Walker(1985)). 더 강한 감정일수록 스토리에서 잘 드러날 것이다. 성공적으로 표현이 된다면 학생들이 성취하는 학습 결과에 많은 영향을 줄 것이다. 주어진 사건에서 많은 감정을 경험하고 스토리의 다른 관점과 통합할 때, 이해가 더 잘될 것이다. 경험에서 우러나온 강한 감정이 부족하다면 어려운 카타르시스적인 스토리텔링에 갇히게 되는 결과가 나오기 쉽다. 근본적인 문제를 해결하기 위해 카타르시스를 표출하는 말하기를 반복하지 않고 미래의 실제에 대한 정보를 주지 않는다. 하지만, 스토리 안에서 효과적인 반응의 인지와 통합을 통한다면, 학생들이 상대적으로 건설적인 방법으로 실천 사태에 접근할 수 있을 것이다.

실천 속의 반성적 성찰

적절한 반성적 성찰이 이루어지는 실제를 확인하는 것이 학생들에게 유용하다. Schon(1983)는 통제가 엄격한 환경과 유연성이 많은 환경 사이의 차이가 반성적 성찰에 특별히 도움이 된다고 하였다. 통제가 엄격한 환경은 실제와 관련된 이론을 가능하게 한다. 문제해결 접근과 기술적 사고가 적용된다. 이러한 통제가 엄격한 환경에서는 발달에 대한 자신감과 능력을 가질 수 있다. 학생의 스토리는 새로운 기술 학습에 대한 흥미와 신체적인 미숙함, 다단계 과제의 복잡성이나 통제가 되지 않는 실제와 관련된 걱정에 초점을 맞추기 쉽다. 학생들은 자주 통제가 엄격한 환경인 실험실 같은 상황에서 기술을 학습한다. 그런 곳은 기술 학습에 좋은 장소들이지만 실천 장면은 그렇게 안정적이지 않다.

실천 경험을 겪는 초기에 학생들은 끊임없이 변하는 환경에 쉽게 목적에 대한 주의가 쉽게 분산되기도 하는 환경의 개념에 빠져들기 쉽다. 이러한 상황에서는 실천적 사고의 더 전체적인 접근을 통합하기 위해서 기술적인 사고를 넘어서는 방향이 필요하다(Kemmis, 1985). 이 변화는 실천 상황에서 맥락적인 해석을 가능하게 하고, 가장 좋은 방법으로 판단하게 하며, 동시에 일어나는 행동의 타당성에 대해 평가할 수 있도록 한다. 선택은 만들어지고 탐구되어야 하기 때문에 대화와 협상이 필수적이다. 모든 상황은 달라질 수 있으므로 중재의 타당성을 점검하는 것도 중요하다. 이러한 점검은 반성적 성찰을 통해 진행되고, 스토리를 통해 사건의 복잡성에 대해 접근할 수 있게 해준다.

Schön(1983)은 이런 반성적 성찰의 발생에 대해 다른 방법으로 설명을 한다. 예측하지 못한 맥락의 요인들이 영향을 주기 때문에 실제 상황에서 성찰을 인지하는 것은 비교적 쉽다. 실천 상황에서는 과업의 초점이나 목적에 변화가 일어나게 된다. 학생들은 그런 일탈이 보이는 상황에서 안정감을 느낄 수 있다. 미리 계획하지 못하고 조절하지 못하는 것으로 접근하기보다는 주요 과업이 재조정되는 성찰의 형태를 보이게 된다. 이러한 반성적 성찰은 탐구에 유용하며 주요 과제에서의 어떤 변화에도 적절히 대응하는데 도움이 된다. 대부분의 경우에 성공적인 결과가 그들의 결정을 지지해준다. 하지만, 때때로 혼란, 불확실성, 불만족이 나타날 때도 있으며 더 깊은 탐구를 필요로 하게 되어 결과적으로 '실행 후 반성'으로 연결되어 진다. 이 종류의 반성적 성찰은 실천 맥락에서 변화하는 것에 대해 학생들이 집중하는 것과 직관을 확인하고, 현재 실천의 학습과 과거의 경험의 관련성을 탐구하는 것에 달려있다. 사려 깊은 평가가 이루어진다면 관련성이 발견될 것이다.

'실행 후 반성'은 학생들이 각각의 상황에서 다른 시각을 가질 수 있는 기회를 제공한다. 그들은 경험을 통해 더 깊은 탐구를 하며 또 다른 대안을 선택할 수 있다. 스토리텔링은 이러한 종류의 성찰에 유용한 방법이다. 때때로 스토리는 구체적인 문제가 마음속으로 들리고 중요한 감정을 느낄 수 있다. 동기는 일반적으로 쉽지 않은 감정에서 나온다. 스토리는 상대적으로 비공식적인 방법이나 기회에서 발생하는 사건의 맥락 안에서 공유된다. 어떤 학생들은 걷고 있거나 일기나 기행문을 쓰고 있을 때 성찰이 일어난다. 이러한 활동은 설명하기 어렵다. 다른 수준의 해결책을 발견하기 위해서는 더 형식적인 성찰 과정이 필요하다(McDrury and Alterio, 2001). 실천 사태에 기반을 둔 이러한 과정은 친구와 탐색할 수 있고 교육자와 대화를 통해 탐구할 수 있다. 학생들은 '행위 중 반성'을 통해 사용되는 '실행 후 반성'을 통해 통찰력을 가지게 된다.

실행 후 반성과 행위 중 반성 모두 학생들에게 도움이 되는 기본적인 기술이 있다. Atkins and Murphy(1993)의 5가지 주요 필수 사항을 소개한다.

- 자기 인식은 사건과 관련된 감정이 진행되고 이름이 붙여질 때 중요하고, '어떻게 상황이 개인에게 영향을 미치고 어떻게 개인이 상황에 영향을 미치는가?(p. 1190)'를 탐구할 때 필요하다. 성찰 과정은 구체적인 맥락 속에서 사람과 사건 사이의 상호관계를 드러낸다.

- 사건의 묘사는 필수적이고 스토리텔링을 통해 촉진된다. 어떤 학생들은 말로써 할 수 있고, 어떤 학생들은 쓰거나 그리기를 통해 할 수 있다. 사건을 상기할 수 있도록 충분한 설명을 제공하는 것이 중요하다. 대화는 사건을 자세히 설명하기 위해 추가적으로 중요하고 스토리의 관점이 확대될 때 자주 드러난다. 대화의 과정 안에서 일반적으로 잊혀진 사실이 떠오르며 종종 중요한 통찰력을 가지게 한다.

- 비판적인 분석은 '존재하는 지식, 추측에 대한 도전, 대안 탐구와 상상(p. 1190)'의 관련성을 탐구하는데 중요하다. 스토리텔링과 성찰 속에서 이러한 스토리 분석은 비난의 관점에서 비판하는 것이 아니라 다른 대안과 가능성을 탐구하고 이해하는 것에 초점을 맞추고 있다.

- 통합은 '사전 지식과 새로운 지식의 통합(p. 1190)'을 보장하기 위해서 필요하다. 창조는 문제를 해결하는 공식에 측면적 사고와 새로운 관점을 통합하도록 함으로써 특별히 이 과정에서 중요하다. 이러한 통합은 스토리텔링 과정이나 형식적인 성찰의 관점에서 중요하다.

- 평가는 '어떤 것의 가치에 대해 판단하는 것(p. 1190)'과 관련이 있다. 이것은 학생들이 실제 사건이나 성찰하는 과정에서 나오는 실제 결과와 잠재적인 결과를 검토할 수 있게 하며 미래 행동을 의식적으로 결정할 수 있게 한다.

자기 인식과 능력은 사건을 신중하게 설명하기 위해 전문적인 개발을 통해 촉진된다. 비판적인 분석과 지식의 통합, 평가도 모두 중요하다. 성찰 전략의 발달은 이러한 기술을 증진하는 하나의 방법이다. 스토리텔링 과정을 활용하여 이러한 기술이 탐구되고 수행될 수 있으며 실제에 성공적으로 통합할 수 있는 방법에 대한 설명도 가능하다.

성찰 과정과 스토리텔링

많은 저자들은 성찰 과정에서 3가지 전략에 동의한다(Atkins and Murphy, 1993). 이것들은 스토리텔링 관점에서 고려되고 있다.

- 첫 번째 단계는 내부의 불안(Boud, Keogh and Walker, 1985)으로써 또는 놀라움(Schön, 1983)이 확인되는 것이다. 보통 무형의 어떤 산물이 상황을 기억하도록 만들고, 사건에 대해 학생들이 숙고하도록 유도한다. 완성되지 않거나 옳지 않고, 설명할 수 없는 감정은 존재한다. 다른 사건이나 스토리 같은 환경에서 기억이 상기되기도 한다. 사건이 쉽게 접근할 수 없거나 스토리를 말하는데 어려움이 있을 때, 사건을 상징할 수 있는 창조적인 방법으로 표현하는 것이 유용하다. 그리기, 콜

라주, 시, 일기는 복잡한 현실을 표현하는데 학생에게 도움이 된다. 선택의 폭은 넓고 실제 현실을 성찰적으로 접근할 수 있도록 이러한 도구를 사용하는 것이 중요하다.

- 두 번째 단계는 사건을 자세하게 조사하는 작업 단계이다. 이것은 스토리를 들을 때 한다. 창의적인 도구가 사용될 때, 스토리 공유와 대화 형성에 초점을 맞추게 된다.

많은 저자들은 이 단계에서 발생하는 비판적인 평가의 과정을 탐구해왔다.(Atkins and Murphy, 1993; Boud, Keogh and Walker, 1985; Mezirow, 1981) 이러한 분석은 사건을 탐구하기 위해 시간과 공간이 만들어지도록 가능하게 한다. 분석을 통해 스토리의 모양과 형태가 드러나고, 화자는 다른 사건과의 연관성을 인지하도록 도와준다.

형식적인 과정을 거치는 것도 유익하다. 이 단계에서 유용한 요소는 화자가 스토리에 다양한 관점을 도입하는 것이다.

그들의 스토리에서 다른 주요 등장인물을 어떻게 보아야할까? 어떻게 사건을 다르게 해석할까? 하지만 항상 통찰력을 가지게 되는 것은 아니다. 때로는 스토리와 관련 있는 미해결된 감정이나 인지하지 못한 더 높은 수준이 존재하기도 한다. 학생들이 다른 관점에 대한 통찰력을 가지게 되는 것이 더 어렵다.

화자의 감정이 현재 상황과 중요하게 관련이 있다면, 명확성을 촉진하는 스토리텔링 과정을 겪고 감정에 초점을 맞춤으로써 새로운 통찰력을 만들고 평가를 할 수 있도록 한다. 하지만 과거에서 미해결된 문제가 감정과 연결되려면 현재의 문제를 다루는 것 이외에도 성찰의 관점을 통해 이전의 경험으로 돌아가는 것이 필요하다. 스토리텔링 과정의 성찰로부터의 긍정적인 결과는 오직 과거와 현재를 의식적으로 연결하고 상호관계를 가질 때 가능하다. 이 과정에서 학습은 현재 실천과 관련 있는 통찰력을 가지게 도와준다.

- 성찰 과정에서의 마지막 단계는 결과와 관련이 있다. 다양한 저자들이 각자 다른 방법으로 정의를 내리고 있는 반면에 (Boud, Keogh and Walker, 1985; Mezirow, 1981; Moon, 1999; Schön, 1983), 비판적인 사고를 통해 학습하는 결과에 대하여 대체로 동의한다. 이것은 결정은 다르더라도 긍정적인 결과물을 낸 이유를 성찰을 통해 얻는 것과 비슷한 상황이 일어났을 때 다시 시도할 수 있는 것을 안다는 것은 똑같이 중요하다.

자연스러운 진행은 성찰의 공식을 제공하기도 한다. 현실의 성찰은 선형적인 과정이 아니며, 비판적 사고, 대화 참여, 통찰력을 쌓고 연결하기를 포함한다. 성찰을 하기 위한 단순한 방법이 없지만, 특별히 스토리텔링이 형식적인 상황이나 대화에서 수반될 때, 스토리를 공유하는 것이 성찰 과정을 촉진한다고 할 수 있다. 이것은 우리들에게 스토리가 왜 필요하고 스토리 공유를 통해 어떻게 학생들의 학습에 기여하는지 고려하게 한다.

스토리텔링 기회 최대화하기

학생의 학습 결과에 중요한 영향을 미치는 스토리텔링 기회를 인지하는 것은 중요하다. 선택의 가장 어려운 점은 카타르시스적인 목적을 공유하는 스토리의 접근을 유지하는 것보다 경험에 대한 성찰적인 학습 태도를 의식적으로 가지는 것이 필요하다는 부분이다. 경험으로부터의 학습 욕구는 화자의 의식에서 다양한 방법으로 나온다. 아마도 감정은 희망한 결과가 나오지 않는 것을 경험하거나 대화가 잘 되지 않을 때도 있을 수 있다. 심지어 이론을 활용한 실제 선택을 하더라도 때로는 어떤 것을 놓치거나 잘못될 수 있다. 이러한 인식은 학습이 일어나고 실제를 위한 새로운 전략을 형성하기 위해서 더 나은 이해를 하도록 경험을 이끌어 낼 수 있다.

중요한 감정 반응을 야기하는 실천 사태가 일어날 때, 화자는 자연스럽게 스토리텔링에 참여하기 쉽다. 자발적인 스토리는 최근에 발생한 일들이고, 아마도 말하기 몇 시간 혹은 몇 분 전일 수도 있을 것이다. 이러한 사태(사건)들은 또한 화자에게 웃기거나 유머, 비극적인, 슬프거나 좌절하는 것과 같은 구체적인 감정에 영향을 미친다. 반대로, 미리 정해진 스토리는 현재 말하기 이전의 일들을 고려한 것이다. 이러한 스토리는 실천 속 성찰과 실천 속 성찰을 통해 더 깊은 이해를 하려고 시도하는 학생들에게 내면적으로 여러 종류의 대화가 일어나게 한다. 이 자기 대화는 정신 내부 과정의 예로 Vygotsky(1978)에 의해 확인되었다. 다른 사람과 대화를 통해 깊이 생각하거나 '실행 후 반성'이 일어날 때, 정신 내부의 과정이 일어난다(Vygotsky, 1978).

결과의 관점에서, 스토리의 새로운 이해를 구축하는 능력은 주위에서 발생하는 과정의 양과 관련이 깊다고 보기 쉽다. 따라서 자연스럽고 미리 정해진 스토리가 공유될 때 카타르시스가 일어나기 쉬운 반면에, 이미 알고 있는 이해에 기초한 미리 정해진 스토리로부터는 성찰적인 학습이 일어나기 쉽다. 이해의 수준이 다양하기 때문에 다양한 조언에 개방성을 더 많이 둘 수도 있다.

청자의 수 또한 스토리텔링 결과에 영향을 미친다. 하지만, 성찰적 학습 결과나 카타르시스에 구체적으로 영향을 주는 것보다 일어나게 되는 과정의 종류에 영향을 더 주기 쉽다. 청자가 화자와 함께 대화에 참여한다면 대화는 사건과 맥락, 효과적인 요소에 대해 깊이 있는 분석을 할 수 있을 것이다. 이 분석은 스토리에 추가적인 관점을 제공한다. 소집단이 스토리로 대화한다면 다양한 관점을 얻는 것이 가능하다. 일어나는 과정의 유형은 중요하다. 적절한 형식화된 환경이 제공되지 않는다면 스토리 반응이 대화 반응보다 더 잘 일어날 것이다. 왜냐하면 청자는 화자의 스토리에 접근하기보다는 자기 경험을 공유하는 것에 초점을 맞추기 때문이다.

스토리에서 보통의 환경은 가장 쉬운 선택이기 때문에 비형식적으로 공유된다. 실제 딜레마는 커피나 차를 마실지 점심을 먹을지 고민하고 일을 하기 전에 친구에게 가야 할지 일을 하고 나서 가야 할지 고민하는 것이다. 불행하게도 이러한 환경은 희망한 학습 기회를 화자에게 제공하기 힘들고 이겨낼 수 없는 실제 딜레마를 야기한다. 다음의 예가 있다.

2학년 담임 교사인 수잔은 그녀의 학급에서 학생들의 집중에 문제가 있다는 것을 느꼈다. 그녀는 이 경험을 비형식적으로 동료와 점심을 먹으며 대학에서 학습한 시절로 돌아가서 대화를 했다. '나는 아이들이 특히 오후 수업에 정말 불안해하는 것을 발견하였다. 그들은 꿈틀거리며 종이와 연필을 가지고 놀며 서로에게 속삭이며 내가 이야기하는 것을 신경 쓰지 않는 것처럼 보였다. 나는 정말 좌절하였고 무엇을 해야 할까?'

그녀의 동료는 공감하였고 이러한 불안을 야기하는 다양한 요인들과 여자 아이보다 남자 아이의 문제가 더 심각해 보이는 성별의 차이점에 대해 비슷한 사례와 함께 대한 이야기를 나누었다. 일부는 점심 이후에 학생들이 불안해하는 것과 관련한 스토리의 반응인 반면에 대부분은 다른 시간대의 다양한 집단의 학생의 반응이었다. 수잔은 문제에 대한 이해를 하였고 비슷한 사례의 다른 학생들도 발견하였지만, 상황을 해결하는데 준비가 되지 않았다고 느꼈다.

수잔은 형식적인 상황에서 다시 그녀의 스토리를 말하였고 그녀가 경험한 좌절, 초조, 부족함의 감정을 알아보았다. 다양한 대화를 통해 생각해보았다. 수잔은 그녀의 미래 상황에 도움 될 만한 3가지를 찾게 되었다.

- 식사 후에 따뜻한 방에서 조용히 앉아 있는 것이 집중에 어려움을 초래하였다. 꿈틀거리고 이야기하는 것은 집중의 부족을 나타내고 문제의 증상을 나타낸다.
- 운동장에서의 활동에서 교실에 앉아있는 활동으로의 갑작스러운 변화는 학생들에게 어렵다. 이 변화를 수용하기 위해 학생들을 지원하는 기술이 도입되는 것이 필요하다.
- 정오 이후에 집중하는데 이용 가능한 에너지의 양은 보통 아침보다 적다.

수잔은 이러한 알고 있는 것들을 깨달았지만, 그녀의 현재 문제와 이 지식을 연결시키지 못했다. 그녀는 동료에게 구체적인 질문을 하였다. '점심 후 곧바로 수업 시간을 위해 배치해야 하는 활동은 어떠한 종류가 있을까?', '특별히, 더운 날 아이들이 피곤할 때 어떠한 각색을 해야 할까?' 그녀의 동료가 아이디어를 주는 동시에 수잔은 도움이 많이 되었고, 그녀의 강사와 동료와 함께 형식적인 집단 밖에서 이야기를 하는 것에 참여한다. 이러한 대화는 더 긍정적인 교실 환경을 만드는데 실용적이었다. 수잔이 찾은 자신의 생각은 다음과 같다.

- 점심 후 활동은 신체 리듬에 자연스럽게 맞도록 휴식을 취하며 아이들에게 요구하지 않는 것으로 계획하여라. 더 어린 아이들은 점심을 먹고 난 후 다른 학습 활동을 시작하기 전에 조용한 음악을 들으며 몇 분간 휴식을 취하도록 한다.

- 아이들이 매트 위에 함께 있다면 집중을 방해하는 요소를 제한하라. 연필과 지우개, 자 등은 책상에 놓아두게 한다.

- 더운 날에는 교실을 시원하게 한다. 창문을 열고 공기를 환기시키거나 창문을 닫고 에어컨을 켜서 좋은 산소 수준을 유지한다.

- 특별히 더운 날에는 아이들 사이에 적당한 공간을 제공하여라. 너무 가까이 앉아있으면 서로에게 짜증을 내기 쉽다.

수잔은 조언들을 통해 작업을 시도했고 정보를 더 많이 얻었으며 동료와 친구들로부터 피드백을 받았다. 수잔에게 가장 중요한 차이점은 그녀의 자신감과 능력이었다. 압도되고 부적절한 감정을 느끼기보다는 지금 여러 선택권을 가졌다고 느꼈다.

형식적인 상황에서 스토리를 공유하는 기회는 성찰적인 접근을 가능하게 하지만 경험과 관련된 학습 상황은 제한적이다. 하지만 학생들에게 개별 지도 수업을 자주 제공할 때, 성찰 과정을 활용할 수 있다. 교사가 성찰적인 대화와 비평에서 벗어나 교사 중심의 정보를 전달하는 과정으로 진행한다면 성공의 가능성은 제한적이다. 때때로 시간이 오래 걸리는 것보다 질문에 빠른 답을 원하는 학생이 경험의 과정에 더 적극적으로 참여한다. 이런 정답은 실천에 영향을 미치는 표면적이고 피상적인 과정인 반면에 성찰의 과정은 시간이 오래 걸리지만 심층적인 과정이다.

따라서, 형식적인 상황에서는 시간과 장소가 필요할 뿐만 아니라 성찰 과정을 촉진하기 위해 전도하는 것이 필요하다. 구성주의 패러다임 안에서 작업을 하고 대화를 통해 동료와 함께 협업을 촉진하는 과정에 초점을 맞추는 것이 도움이 된다. 이 접근은 스토리의 문맥통합과 정교화가 가능하게 한다. 대화를 통해 다른 관점이 공유되고 실제에 접근하는 여러 방법들이 탐구된다.

성찰적인 스토리텔링으로부터의 학습

실천 상황에서 학습의 개방성이 존재한다면, 학습 결과에 중요한 영향을 미치는 2가지 필수적인 요소가 있다. 첫 번째로 더 깊은 탐구와 실제의 비평의 기회가 필요하다. 이것은 넓은 맥락에서 경험을 하고, 명료화, 탐구, 정리하는 것을 포함한다. 대안을 생각하도록 학생들을 도우며 인지의 변화를 가능하게 하는 다른 관점에서 상황을 바라보는 기회가 있는데 특별한 가치가 있다.

두 번째로 스토리텔링 사건을 촉진하는 대화의 질이 학습에 많은 영향을 미친다. 단지 사건을 보고하고, 감정적인 반응과 행동, 희망하는 결과에 조금 참여를 하는 것은 새로운 통찰력을 가져오지 않는다. 경험으로부터 의미를 형성하는 대화를 통해 역할을 이해하게 되고 실제 현실에서 새로운 이해를 건설한다.

세 번째로 성취된 성과(결과)에 영향을 주는 경로가 있다. 화자가 이용 가능한 선택은 스토리의 종류와 청자의 수와 들려주는 스토리의 환경과 관련이 있다. 이러한 요인은 화자가 성취할 수 있는 학습 결과에 영향을 준다. 다양하고 많은 성과들은 성찰 또는 카타르시스 학습의 관점에서 분류될 수 있다. 둘 다 실천에 유용하게 활용된다. 하지만, 화자가 성찰 학습의 성과를 추구할 때는 형식적인 환경에서 스토리를 말하는 것이 더 적절하며, 카타르시스 학습의 성과를 추구할 때는 비형식적인 환경이 더 적절하다. 이와 같이 미리 정해진 스토리의 사용은 성찰 학습을 강화하는 경향이 있으며 자연스러운 스토리는 카타르시스를 강조한다. 다양한 선택과 결과의 조합 관계는 [그림 7-1]에서 설명된다.

〈그림 7-1〉 경로선택과 관련된 카타르시스 표출과 반성적 성찰학습 성과

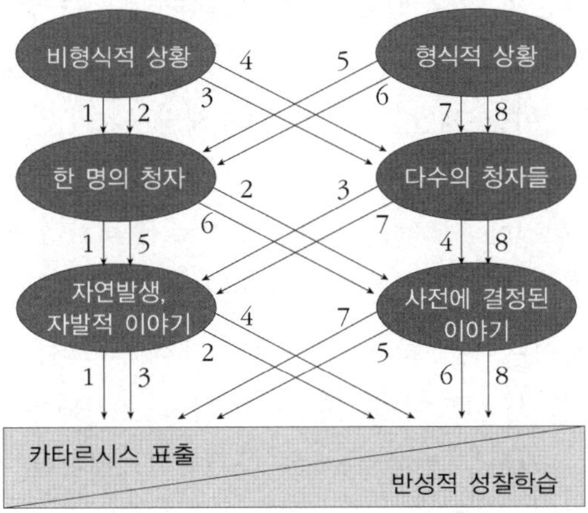

반성적 성찰의 메타 분석

경로와 관련 없이 특별히 형식적인 환경에서의 성찰적인 스토리텔링은 다양한 방법으로 접근할 수 있다. 반성적 성찰은 해석적 관점으로부터 틀이 갖추어지며(Taylor, 1998), 구성주의적 관점(McDury, 1996), 비판적 사회 이론(Lumby, 1998; Taylor, 2000)관점으로 구성된다. 게다가, 현상학적 관점(Graham, 1998)과 근거 이론(Johns, 1998), 실행 연구(Graham, 1998)도 있다. 이 접근은 성찰을 통해 성취되는 결과와 경험의 방법보다는 덜 중요하게 여겨진다. 과정은 실천의 현실을 깊게 인지하는 것이고, 깊이와 복잡성 정도는 학생의 현재 지식 수준, 교육 프로그램의 단계, 학습에 대한 개인적 접근 방법, 과거 경험과 배경지식에 달려있다. 하지만 결과는 오직 실천의 행

동 변화가 있을 때 나타난다(Lumby, 1998).

성찰적인 과정과 결과에 대한 학생들의 이해를 돕기 위해서, 이 단계에서는 그들의 성찰 경험의 메타 분석을 할 수 있는 기회를 제공한다. 이 과정을 활용한다면, 스토리는 다양한 의견을 확인함으로써 경험의 복잡성을 깨달을 수 있도록 재탐구된다.

그들의 경험들을 성찰적으로 탐구하기 위해서, 학생들은 실천 사태에 대해 이전에 기록한 것들을 세심히 조사한다. '그것들은 어떻게 정의되었을까?, 자기와 타인의 역할은 무엇이었는가?, 맥락은 무엇이며 행동이나 실행을 통해 사건이 어떻게 드러났는가?'와 같은 생각을 해본다. 사건(사태)이 시간이 지나도 인지되는 방법과 인식의 지속성을 유지하는 것에 관심을 가져야 할 것이다. 일관성은 사건에 대해 강한 감정의 반응이 계속되는 상황에서 더 잘 일어난다.

스토리에서 화자와 사람들, 스토리의 주요 활동은 제시되는 목소리를 확인함으로써 더 탐구된다. 인식의 방법과 관련된 5단계가 있고(Belenky et al., 1986), 성찰 과정을 통해 발생하는 변화와 관련해 더 확장되었다(Johns and Hardy, 1998).

- 침묵 : 목소리를 찾기 위해 시도하는 과정, 목소리를 찾는 고요함으로부터 자신감이 넘치는 쪽으로의 성장

- 목소리 듣기 : 타인의 목소리를 듣는 것에 집중하여 지식 쌓기, 융통성이 없고 상상할 수 없으며 좁은 관점의 사건이 해석되기보다는 설명됨.

- 내면의 목소리 : 스스로 탐구하는 것을 포함한 주관적인 지식, 태도와 가치를 인지함으로써 스스로 알기, 사건의 맥락에 대해 주의를 기울이고 느낌.

• 이성의 목소리 : 절차적 지식은 감각 전체의 유지를 통해 감각의 애착을 비교하고 탐구할 수 있게 한다.

• 목소리 통합 : 구성된 지식은 다양한 지식과 능력으로부터 실제 현실과 경험의 지혜를 결합하는 성공적인 정보의 통합을 포함한다.

이 방법으로 스토리를 작업하려면 3단계 접근으로 개인 및 3~4명의 소집단의 학생들로 구성되는 것이 적당하며 학생들의 이해를 기록할 기회를 제공하는 것이 좋다. 개인 작업의 시작은 그들의 스토리텔링 파일에서 한 스토리를 선택하는 것이다. 스토리를 담고 있는 파일은 이전에 6장에서 소개되었다(통찰력 획득은 메타 분석을 통해 생기는 새로운 지식을 평가하는 것을 어렵게 한다.). 스토리는 보통 적어도 4~5개월 전에 이야기를 하고 처리되는 것이 이상적이다.

스토리를 재연결하기 위해서 상황과 활동에 대해 자세히 안내하고, 자기와 타인의 역할을 주목하는 경험을 하게 하는 것이 유용하다. 이것은 보통 5분의 시간이 걸린다. 스토리에서 중심 인물과 작업을 하고 다양한 시간에 사용되는 목소리들을 확인하는 것이 적절하다. 스토리 안에서 이 변화는 다른 주요 인물들과 관련이 있다. 특별한 관심은 주요 인물들과 관련되거나 특정 상황에서 제시되는 다른 목소리가 어떻게 제시되는가에 있다.

작업이 끝난 후 10~15분 정도 소집단을 형성한다. 이 집단에서 각 학생들은 한 명의 주요 인물을 설정하고 그들이 인지하고 있는 목소리를 확인하며 상황과 활동에 영향을 주는 것들에 대해 이야기 나눈다. 보통 개인 작업을 통해 이미 얻은 지식들에 다른 학생들이 추가를 하여 이해가 공유되며, 약간의 개인 시간을 주어 이해한 것을 기록하도록 하면 도움이 된다.

메타 분석을 통해 얻은 지식은 특별히 사건과 성찰 과정 모두 더 깊이 이해할 수 있도록 해주며 스토리를 사용하는 학생들에게 많은 도움이 된다.

반성적 성찰 성과를 설명하고 증명하기 위해 스토리 활용하기

스토리텔링 사태의 결과는 일어난 학습을 증명하기 위해 활용된다. 이 학습은 실천과 관련된 사례들을 통해 일어난다. 이전에 서술된 사례들의 지침서를 활용하면서 성찰과 평가 사이의 관계를 고려하는 것이 또한 좋겠다. 실천 스토리를 서술하는 것은 학습에 초점을 맞춘 성찰적인 과정의 부분이고 실천이 향상되는 방법을 탐구하여 이해를 더 심화시킬 수 있다. 이러한 스토리는 실천의 사례들과 긍정적이거나 부정적인 감정을 담고 있는 개인적인 성찰이다. 주요 목적은 사건이 향상될 수 있도록 이해를 탐구하는 것이다. 성찰이 결과와 관련된 판단에 집중하는 부가적인 평가를 받는다면, 학생들은 취약함을 느끼고 드러난 복잡성에 대해 불안해한다.

두 차원 사이의 연결을 설명하기 위해서, 두 철길로 비유하는 것이 편리하다. 한 길은 반성적 성찰이고 다른 길은 평가이다.

〈그림 7-2〉 성찰과 평가 사이의 연결

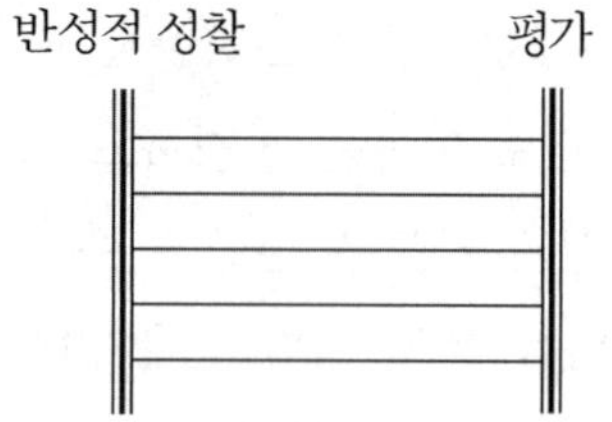

경험과 함께 상상해본다면 두 요소는 통합될 것이다. 하지만, 거리를 두고 철길을 바라볼 때 시각적인 환상이 일어난다. 두 길은 현실에서 통합하는 것처럼 보이지만 그렇지 않다.

철길에 놓인 침목이 분리된 두 길을 연결할 수 있도록 중요한 역할을 한다. 성찰과 평가의 관점에서 분리는 탐구와 학습을 허용한다는 점에서 결과의 평가와 뚜렷하게 구분된다. 평가의 부분으로 활용되고 있는 동안 성찰의 결과가 드러나게 되고, 미래의 발달 방향을 제시하는 평가를 통해 이해가 획득된다. 학습과 통찰력은 이해하는 과정에서나 적절한 평가의 사례들을 찾는 과정에서 발생하며, 성찰하는 과정에서 획득될 수 있다.

성찰의 도구는 트랙을 따라 여행하는 차량으로 볼 수 있다. 불행하게도 성찰과 평가 사이의 구별은 인위적이고, 혼란스럽기도 하다. 성찰적인 사고는 통찰력이 획득될 때 나타나고, 부가적인 판단은 학습이 진행될 때 이루어진다. 결과를 설명하고 학습에 참여하는 것 사이의 확실한 구별은 필수적이다.

이 과정을 촉진하기 위해서 화자가 서술된 스토리를 성찰과 연결 지어 생각한다면 현재 스토리뿐만 아니라 잊혀진 것들도 쉽게 접근할 수 있다. 이러한 초기의 스토리들은 예시문을 서술할 때 특별히 도움이 되는 예시문 개발을 할 수 있게 한다. 게다가, 다시 읽을 때 새로운 이해가 생기고 그 후의 실천에 영향을 미칠 것이다. 발달이 진행 중일 때는 스토리를 완벽히 말할 수도 없고 이해되지도 않는다. 하지만, 학습을 향상시키는데 뿐만 아니라 학습을 증명하는데 사용될 수 있다. 예시문을 사용하는 스토리 서술은 이론과 실천 고리와 결과를 설명하는 생생한 방법이다.

스토리를 구체적으로 학습하는 것은 성찰 과정이 형식적인 환경 속에서 제공될 때 더 강화된다. 다음 장에서는 두 과정이 소개된다.

첫 번째는 한 명의 청자가 형식적인 환경에서 미리 정해진 스토리를 말하는 과정이다. 두 번째는 화자가 스토리텔링에 앞서 자연스러운 그리기 활동을 하고 일어난 성찰의 정도를 확인하는 과정이다.

CHAPTER

8

실천 스토리 처리하기

- ✔스토리 형성하기
- ✔스토리 공유하기
- ✔스토리의 개별 작업
- ✔즉흥적 그림그리기
- ✔사례

STORY TELLING

CHAPTER

8

실천 스토리 처리하기

반성적 사고와 결합된다면, 스토리텔링은 학생들이 자신의 실제 경험에 대한 새로운 통찰력을 얻을 기회를 제공할 수 있다. 공식적으로 스토리를 공유할 때, 학생들은 스토리의 어떤 부분을 보여줄 것인지 결정한다. 스토리텔러의 의식적 및 무의식적 선택에 의해 스토리의 모습이 달라진다. 스토리텔러가 소개되더라도, 스토리텔러의 배경이나 관점은 거의 관심을 받지 못한다. 따라서 스토리텔링의 초기 단계에는 스토리텔러의 영향과 통찰을 학생들이 이해하지 못한다. 스토리가 더 잘 이해될 수 있는 다른 방법을 알아야 반성적 사고가 향상될 수 있다.

스토리 배경 선택도 반성적 학습에 대한 스토리텔링의 잠재력에 영향을 미친다. 학습 기회를 극대화하려면, 언제, 어디서 어떻게 스토리를 공유할지를 의도적으로 선택할 필요가 있다. 이렇게 하면 실제 사건의 상세한 내용과 복잡한 사항들을 더 잘 이해할 수 있다.

8장에서는 스토리형성(구성)하기, 스토리텔링 방법, 그리고 스토리텔링을 통한 반성적 성찰학습모형의 네 번째 단계인 스토리 처리하기에 초점을 두고 있다. 두 가지 공식화된 스토리텔링 과정이 소개된다. 첫째 과정은 스토리텔러와 청중이 주제 구조를 탐구할 수 있도록 스토리를 공유한다. 둘째 과정은 즉흥적 그림과 함께 시작한다. 그림을 통해 학생들은 자신의 그림과 스토리 간의 일치점에 집중할 수 있다. 두 과정에서, 대화는 실제 경험에 대한 반성적 관점을 형성하는 데 중요한 역할을 한다. 행동, 반응, 생각, 감정을 말함으로써, 학생들은 스토리의 사건에 대한 대안적 해석을 알 수 있고 다양한 관점을 탐색할 수 있다.

스토리 형성하기

현실로부터 나온 스토리가 다양한 경험을 보여주지만, 공통적인 부분도 존재한다(McDruy, 1996). 첫째, 주인공격의 구성원이 있으며 그가 누군지를 알아가는 과정은 항상 흥미롭다. 이는 학생, 고객, 동료 또는 관리자와 같이 스토리텔러 세계의 일부인 주변사람일 것이다. '타인'은 가족, 아동 또는 교육자 집단과 같이 집단이 될 수도 있다. 집단일 때에는 일반적으로 하나의 관점이 흥미롭다.

둘째, 스토리텔러는 '타인'과의 협력 과정을 보여주기도 한다. 이런 설명에는 관계의 정서적 측면에 대한 정보가 포함되는 것이 흔하지만, 권력에 초점을 두는 경우는 점점 줄어들고 있다. 하지만, 권력은 스토리의 '자아'를 보여주는 스토리의 이면에서 나타난다. 권력은 스토리에 관한 대화 중에 드러날 수 있다.

셋째, 스토리의 '행동'측면에서 특별한 이슈나 주제가 제시된다. 이 주제들은 주요 참가자 사이의 관계에 대한 세부사항과 사례를 문제나 관심사로 표현한 것이다. 이런 요소들이 경험을 통해 만들어지거나 스토리에 반영되는 방법은 반성적 발달과 관련된 것으로 보인다. 학생들이 반성적 접근법에 대한 경험이 없을 때는 종종 '자기'에 집중하며, 스토리는 개인적 경험인 사건을 공유하는 방법이 된다. 사건은 자주 '나에게 발생된 일'로 인식된다. 또 그런 스토리가 실제로 발생되었을 것으로 느낀다. 스토리텔러는 우연히 거기 있었을 뿐이다. 이런 유형의 스토리텔링은 무엇이 발생했는지, 그리고 무엇이 자주 객관적 현실로 제시되는지에 집중한다. 스토리텔러는 자신이 실제로 발생한 것에 영향을 미칠 수 있었다는 것을 거의 인식하지 못한다. 사건이 타인들에게 어떻게 보일 수 있었는지, 그들이 무엇을 인식할 수 있었는지, 또는 심지어 그들의 반응, 느낌 또는 태도가 상황에 어떻게 영향을 미쳤는지에 대해서는 거의 생각하지 않는다. 스토리텔러의 관점이 무엇보다도 중요하며 스토리의 모습을 결정한다. 이런 이유로 스토리텔링에서 반성적 관점을 갖기는 쉽지 않다.

스토리텔링 경험을 하게 되면, 관점은 스토리텔러의 관점에서 발생한 사건으로 이동한다. 이렇게 관점이 이동하면 행위가 자세히 기술될 수 있으며, 말하고 행동한 모든 일이 포함될 수 있다. 또한 스토리에 영향을 미치는 상황 요소들을 포함할 수 있다. 여기에는 시나리오에 관여했던 다른 사람들을 소개하는 것과 이들이 행동이나 결과에 어떤 영향을 미쳤는지, 그리고 스토리의 모습에 어떻게 영향을 미쳤는지를 설명하는 것도 포함될 수 있다.

스토리텔링 및 실천에 대한 역량과 자신감이 발달함에 따라, 스토리텔러는 상황이 스토리에 미치는 영향과 상황이 '타인'에게 영향을 미치는 방식을 탐구하는데 더 많은 시간을 보내게 된다. 특히, 스스로를 상황의 일부로 보기 쉽고, 자신의 행동이나 반응의 차이가 어떤 영향을 미칠지를 탐구할 것이다. 사건에 대해 전체론적 관점을 가지면 스토리텔러는 스토리텔링의 목적에 따라 이야기를 변환시키는 방법, 또는 이야기가 발생하는 상황을 알 수 있다(McDrury, 1996).

일단 스토리텔러가 목적과 상황이 어떻게 영향을 미치는지를 알게 되면, 스토리는 새로운 양상을 보일 수 있다. 많은 사람들이 모든 이야기에 관련될 수 있다. 반성적 접근법을 스토리텔링에 적용하기 전에는 학생들은 스토리에 등장하는 모든 사람들이 같은 방식으로 회상된 사건을 경험한다고 가정한다. 학생들은 이들이 동일한 일련의 '사실'을 알고 있으리라고 예상하고, 행동에 대한 동일한 목적을 갖고, 심지어 유사한 결과를 보게 되리라고 생각한다. 하지만 현실에서는 스토리의 주요 인물들은 개별적이고 정서적 반응과 의사소통 유형 때문에 상이한 경험을 하게 된다. 이 외에도, 과거 경험의 범위와 함께 자신감과 역량의 수준은 개인들이 사건을 어떻게 인식하는지에 영향을 미친다. 이제 이 네 가지 이슈를 상세히 살펴볼 예정이다.

- 사건에 대한 느낌과 반응은 스토리에 영향을 준다. 일반적으로 사건이 서서히 밝혀짐에 따라 반응과 느낌이 변한다. 스토리에서 간혹 긍정적인 방법으로 시작하지만 일이 잘못될 때는 방향이 바뀌는 상황이 나타난다. 스토리텔러는 실망, 분노 또는 좌절감으로 끝낸다. 이런 느낌 변화는 발생하는 사건에 영향을 미친다. 또 발생했을 사건이 발생되지 않게 할 수도 있다. 이 외에도, 스토리의 결과에 대한 인식은 전체 사건이 어떻게 인식되는지에 영향을 미친다. 감정이 더 강하면 강할수록 감정의 영향이 더 의미심장해지기 때문에, 감정의 강도는 중요하다.

  따라서 느낌과 감정이 명백해지면 이 감정들이 스토리 속에서 사건에 어떻게 영향을 미치는지에 대한 인식이 향상되기 때문에, 반성적 스토리텔링 과정을 시작할 때 느낌과 감정을 다루는 것이 중요하다. 정서적 반응의 변화를 일으키는 사건을 알게 되는 것은 행동 및 반응 패턴을 확인할 수 있도록 하기 때문에, 반성적 실천의 핵심 구성 요소가 된다.

- 의사소통의 유형은 스토리 속에서 무엇이 발생하고 있는지를

이해하는데 핵심요소이다. 누가 말하고 있는지, 누가 듣고 있는지, 그리고 무엇을 듣고 있는지와 같은 측면을 검토하면 학생들은 다양한 주요 참가자들의 역할과 관계를 이해할 수 있고, 이를 자신의 활동과 관련지을 수 있다. 의사소통 유형과 스토리 속의 감정과 느낌의 관련성을 이해하는 것은 매우 중요하다.

- 활동과 관련된 역량과 숙련 수준은 인식에 영향을 미친다. 하지만, 변화하는 현실을 충족시키기 위한 기술을 수용할 수 있도록 하는 것은 경험의 수준이다. 공유된 의미를 확인하고, 정보를 찾고, 설명하고, 분명히 하는 능력이 반성적 스토리텔링 과정의 한 측면이기 때문에, 이런 능력은 의사소통 능력과 유사하게 거론된다. 학생들이 다른 학생들의 스토리를 경청함으로써 자신의 역량과 숙련도를 증대시킬 수 있다는 것을 알면 유용할 것이다.

- 주요 참가자들의 과거 경험은 또 다른 영향력을 갖고 있다. 아마도 스토리의 해석에 관해 가장 흥미로운 영향 중에 하나는 참가자들의 철학적 입장일 것이다. 전문가들의 경우에는 철학적 입장이 학문적 교육에 의해 강한 영향을 받으며, 특별한 세계관은 전문 지식 및 기술 개발을 통해 공유되고 보강된다. 수용된 철학적 관점이 최선의 올바르고 우수한 것이라는 기본적인 가정이 존재할 수 있다. 특정 철학적 관점에 몰입하는 것이 교직 및 간호와 같은 특수 직업의 효과적인 구성원으로 남아 있는 데 있어서 중요한 요소이다.

스토리텔링을 듣는 청중도 세계관과 과거의 경험을 갖고 있다. 이들이 얼마나 많이 공유하는지, 무엇을 말하는지, 그리고 어떻게 말하는지는 모두 현재 배경에서 무엇이 중요하다고 인식되는 것에 영향을 받는다. 무엇을 어떻게 그리고 언제 공유할 것인지를 잘못 이해하는 것이 공통적인 문제점이다. 전문적인 보호 역할, 예리한 질문과 이해 수준을 확인하는 것이 중요한 요소이다.

반성적 스토리텔링 접근법은, 세계관을 드러내는데 초점을 둔다. 개인적 관점을 유지하고 상이한 철학적 입장을 인정함으로써, 학생들은 정보가 사건에 대한 자신들의 인식을 어떻게 만들어가는지를 깨닫기 시작한다. 공통의 목표를 달성하기 위해 타인과 함께 일할 때, 차별적 관점의 강점을 인정하는 방법을 찾는 것은 쉽지 않다.

이런 측면을 염두에 두고, 우리는 다음의 그림에서 스토리텔링 세션에 가져갈 것과 공유할 것을 생각해 볼 것이다.

〈그림 8-1〉 스토리텔링의 개인적 관점과 공유된 관점

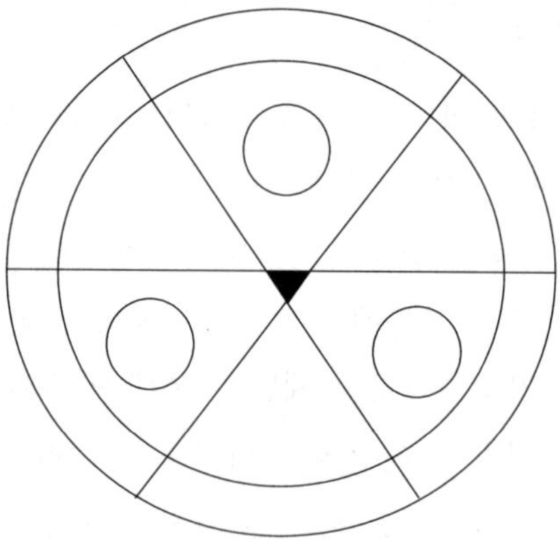

3개의 작은 원은 스토리 속의 주요 참가자들을 의미한다. 이들을 에워싸는 내부의 큰 원은 스토리가 발생하는 배경이나 상황을 표시한다. 이 원에서 의사소통이 이루어지고 느낌을 경험한다. 외부

원은 참가자들이 스토리에 끌어들인 과거의 경험과 철학적 및 문화적 배경을 의미한다. 쐐기 모양은 이런 측면이 어떻게 개인적 인식을 형성하는지를 표현한다. 중앙에 있는 흑색 삼각형은 이야기의 어떤 측면이 공통으로 유지되는지를 즉, 모든 참가자들이 발생했다고 합의하는 스토리 일부분을 나타낸다.

공유된 스토리는 사건에 대한 독창적인 관점을 표현한다. 주요 참가자는 상이한 스토리를 들려줄 수 있다. 학생들의 반성적 이해를 증진시키려면 상이한 관점에서 사건을 볼 때 의미가 어떻게 변할 수 있는지에 대한 인식을 넓혀줄 필요가 있다.

스토리 공유하기

반성적 스토리텔링 기회에 관여하는 학생들은 간혹 배경이 유사한 사람들과 함께 일할 필요가 있는지 여부에 대해 질문한다. 말하는 사람과 듣는 사람이 신뢰를 확립하고 자유롭게 의사소통하는 것이 중요하긴 하지만, 세 가지 사항을 생각할 필요가 있다.

- 청중과 스토리텔러가 유사한 배경을 공유하면, 실제 사건이 공개될 가능성이 더 크고(Casey, 1998), 듣는 사람이 공감할 것이며, 말하는 사람이 제시한 딜레마에 대한 이해가 더 잘될 것이다. 하지만, 공유된 경험과 사회화 때문에, 듣는 사람이 말하는 사람에게 현재 입장에서 벗어나서 새로운 관점을 취하라고 장려하는 대안적 관점을 제시하기는 더 어렵다. 따라서 수평적 사고를 강화하는 활동을 소개하는 것이 필요하다.
- 청중이 스토리텔러와 유사한 전문적 배경을 공유하지 않으면, 스토리의 한 측면이 생략되거나 수정되어 표지 기사와 같이

될 가능성이 더 크다(Casey, 1998). 하지만, 실제 상황이 드러나면, 청중이 사건을 완전히 이해하기가 어려울 수도 있다. 청중이 상이한 관점을 제시하기 더 쉬울 수 있는 반면에, 스토리텔러에게 도움이 되고 철학적 및 문화적 배경에 꼭 들어맞는 대안을 제공하기는 어려울 수 있다.

- 스토리텔링 과정에 관여한 모든 사람들은 반드시 성찰을 통해 실천에 대한 통찰을 얻기를 원할 것이다. 스토리텔링에 대한 개인적 몰입은 서로 다른 동기에 의해 나타날 수 있기 때문에 이는 매우 중요한 고려사항이다. 일부는 카타르시스를 원하는 반면, 다른 사람들은 사건에 대한 개인적 이해를 증진시키고 타인과 통찰을 공유함으로써 무엇이 발전하는지를 배우기 위해 참여할 수 있다. 여러 동기가 혼합되는 경우가 빈번하지만, 최대한의 이득을 얻기 위해서는 사건에 대한 통찰을 얻으려는 욕구가 중요하다.

동질감의 수준에 상관없이, 스토리텔링 과정을 깨닫는 것은 학생들이 반성적 학습 결과를 성취할 가능성을 높여주는 선택을 할 수 있도록 도와줄 수 있다. 이러한 과정들은 스토리텔러가 어떻게, 언제 그리고 누구와 스토리들을 공유할 것인지를 선택할 수 있도록 한다. 스토리텔러가 원하는 결과는 스토리텔러가 어떤 과정을 선택했느냐에 영향을 준다. 카타르시스적인 결과는 거의 표현되지 않거나 또는 간신히 알게 되는 반면에, 반성적 학습 결과에 대한 기대는 인식되기 쉬우며, 깊은 이해, 대안 모색, 실제 사건에 대한 통찰 강화로부터 출발한다.

반성적 결과를 달성하기 위해, 스토리텔러는 비정형화된 설정보다는, 더 정형화된 스토리텔링 과정을 선택할 필요가 있다. 정형화된 설정은 학생과 교육자에게 스토리를 상세하게 살필 수 있도록,

시간과 공간을 분리해서 볼 수 있는 기회를 제공한다. 이 설정들은 경험이 공유되는 공간이 되고, 대화를 통해 통찰을 얻거나 또는 실천을 확대하는 대안의 탐색을 가능하게 한다.

스토리의 모습과 내용이 숙고되고 공유될수록 스토리가 발전하기 때문에, 정형화된 상황에서 스토리텔링을 하기 전에 사건들이 진행된다면 반성적 학습이 더 향상될 수 있다. 비록 스토리가 카타르시스를 위해 언급될 때나 혹은 저널이나 또 다른 어떤 형태로 써지더라도, 스토리텔링 과정을 정형화한 상황에서 가능한 학습은 효과적일 것이다.

공유되고 있는 스토리에 초점을 맞춘 대화는 반성적 결과를 달성하는데 필수적 요소이다. 대화는 '어떤 정형화된 과정이 사용되었는지' 그리고 '얼마나 많은 청중이 있느냐'에 따라, 다양한 모습을 가질 수 있다. 한 명의 청중과는 사건에 깊이 집중할 기회들이 있는 것에 반해, 다수의 청중과는 단지 대화만 이어갈 뿐이다. 하지만 청중의 수보다 현실과 실천에서 개인적 통찰을 얻고, 대안적 관점에 대한 이해를 발전시켜 나가는 기회를 얻는 것이 더 중요하다. 반성적 노력들이 실패하는 것은 스토리텔링이나 저널글쓰기 그리고 그림그리기와 같은 특별한 도구들에 너무 많이 의존하고, 대화에 충분히 집중하지 못했기 때문인 경우가 종종 발견된다.

대화에 포함된 반성적 과정에서 도구 사용을 분리하는 것이 도움이 된다. 다음의 그림은 여러 가지 요소의 상호작용을 시각적으로 보여준다.

〈그림 8-2〉 사건, 도구 그리고 대화 사이의 접점

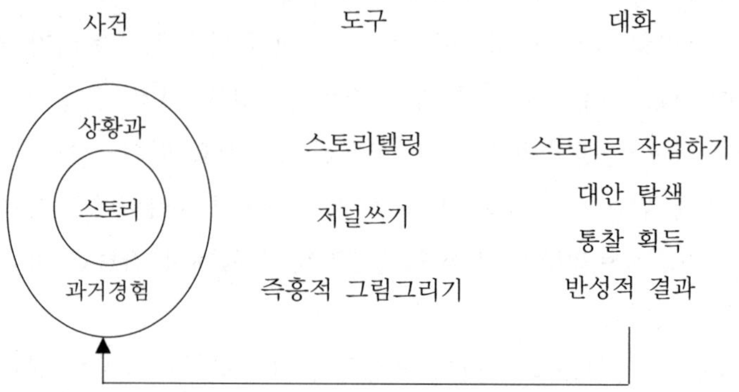

반성적 스토리 과정은 사건, 도구 그리고 대화의 세 단계로 표현된다. 사건은 의사소통과 스토리텔러의 감정을 강조하면서(안쪽 원) 상황과 과거 경험(바깥 원) 그리고 스토리를 포함한다. 도구는 사건이 토론 주제가 될 수 있도록 하는 다양한 방법들을 포함한다. 대화는 현실을 비판하도록 그리고 현실을 위한 시사점을 파악할 수 있도록 스토리와 함께 작업하는 과정이다. 대화는 정형화된 스토리텔링의 기본 요소이며 반성적 학습의 필수적 요소이다.

스토리의 개별 작업

정형화된 방법으로 스토리 작업을 하는 것은, 스토리텔러와 청중이 자신의 경험에 대해 깊은 대화를 할 기회를 제공해주며, 통찰을 얻게 해주고, 실상황에서 사려 깊은 변화를 가져올 기회를 제공한다. 성찰 과정을 통해 스토리텔러와 청중이 안전과 행복을 보장받기 위해서는 지원과 비밀보장을 고려해야 한다(Alterio, 1998).

정형화된 반성적 스토리텔링 과정에서 보호 장치를 제공하는 것이 중요한데, 이러한 활동에 참여하게 되면 당황스러운 문제가 생길 수 있기 때문이다. 그래서 학생들에게 상담 또는 기타 서비스를 제시하는 것과 같은 지원을 제공하는 것이 필요하다(Alterio, 1998). 게다가 비밀보장은 더욱 중요한 일이다. 스토리들은 명백히 스토리텔러의 경험인 반면에, 성찰을 통해 청중 또한 개인의 통찰력을 발전시킬 수 있다.

스토리텔링 파트너십을 형성하기 전에 합의를 통해, 원래의 스토리가 보존되는 것을 보장하는 것은 상대적으로 간단하다. 반면에 청중은 스토리텔러의 스토리로부터 배운 것을 자신의 이야기에 결합시킬 수 있으나 이에 대한 모니터링은 사실상 불가능하다. 이 딜레마는 윤리적 문제에 대해 논의하는 10장에서 심도 있게 다룰 것이다.

스토리를 기록하거나 내용을 전사하는 경우에 스토리텔링 과정이 적용된다. 만약 녹음내용 전사의 위험이 크다면 녹음된 내용을 스토리텔러와 청중이 볼 수 있는 기회를 갖는 것이 대안이 될 수 있다. 스토리텔러와 청중이 포함되어 있는 정형적인 스토리텔링 과정은, 지원과 비밀보장 그리고 스토리의 소유권과 윤리적인 문제에 대해 미리 논의하고 녹음 및 전사에 대해 합의를 얻기 위해 회의를 필요로 한다(Alterio, 1998).

실제 과정은 두 가지 형태의 회의로 구성된다. 스토리를 말하기 위한 회의와 전사나 혹은 오디오테이프를 활용한 대화를 통해 학습을 극대화하는 회의가 있다. 이 두 회의 방식 사이에 실행 기간은 다양하지만, 2~4주가 가장 효과적인 것으로 보인다. 이 기간에는 테이프 내용이 전사되거나 복제되며, 스토리텔러와 청중이 스토리를 재고해 볼 수 있게 복사본이 제공된다.

정서적 반응에 가치를 두는 과정은 4단계로 구성된다. 그것은 구어적, 문어적 그리고 변증법적인 반성을 포함하며 개인과 집단의 성찰단계를 모두 포함한다. 스토리텔러는 발표되는 스토리에 대한 모든 통제권을 갖는다. 스토리는 즉흥적일 수도 사전에 준비된 것일 수도 있다. 녹음기와 녹음테이프뿐만 아니라 스토리텔러와 청중이 방해받지 않고 작업할 수 있는 조용한 방도 필요하다.

1단계- 스토리 정하기

스토리텔러는 스토리를 선택할 수 있다. 이것은 이미 친구와 이야기 했거나 잡지에 썼던 글일 수도 있다. 만약 사전에 성찰이 있었다면 스토리는 사전에 결정된 것으로 분류될 수 있다. 만약 스토리텔러가 이야기를 생각해내는 데 어려움을 느낀다면, 청중은 Diekelmann(1990, 1992)의 간호사에 대한 연구에 기초하여 대사를 상기시키는 말을 할 수 있다. 예는 다음과 같다.

- 실제에서 일어난 일 중에서 절대 잊지 못할 이야기를 저에게 들려주세요.
- 다시 생각하게 하거나 행동을 변화시켰던 일을 이야기 해주세요.

만약 스토리텔러가 여러 개의 스토리 중에서 어떤 스토리를 말할지 선택해야 한다면, 청중은 다음과 같은 질문을 함으로써 스토리텔러를 도울 수 있다.

- 어떤 상황에 대해 가장 관심이 가나요?
- 당신이 생각하는 상황들에서 공통적인 주제나 패턴이 있습니까?

또한 이 지점에서 청중은, 가능한 방법으로 스토리텔러가 말하지 않는 스토리를 전개할 수 있도록 도와주는 것이 적절할 것이다.

2단계- 스토리 말하기

이 단계에서 주요 초점은 공유되는 스토리에 있다. 개인화되어 있는 공식적 스토리텔링이 효과적인 도구가 되기 위해서는 스토리텔러는 스토리의 시간대와 장소를 이야기하고, 청중이 주요인물의 특징을 이해할 수 있도록 말해주는 것이 중요하다. 정서적 측면을 소개하는 것 역시 스토리텔링 과정을 풍부하게 한다.

새로운 것을 이야기하거나 자신만의 경험을 이야기하는 것보다 청중이 스토리에 집중하도록 하는 것이 중요하다. 개방적이며 비판하지 않는 청취태도가 필요하다. 가끔 청중은 의문을 밝히길 요구하거나 사실을 입증하도록 요구할 수 있다. 또 고개를 끄덕이거나 미소를 짓는 것과 같은 격려를 줄 수도 있다.

일단 스토리를 말하고 나면, 스토리텔러와 청중은 의미의 차이를 발견하고 대안적 관점을 찾기 위해 대화를 한다. 이 과정에서 내용을 명확하게 하는 시도를 하며, 감정을 탐색하며, 이야기의 여러 측면들을 확대하거나 해결책과 결정들을 시험하기 위한 진술들이나 질문들을 하기도 한다.

3단계- 개별적 반성

스토리가 전사되거나 테이프가 복사될 때, 청중과 스토리텔러 모두 개별적 반성 단계를 실행할 수 있도록 스토리 복사본을 받는다. 스토리텔러는 스토리의 일부분을 삭제하거나, 추가하거나, 바꿀 수 있는 기회를 갖는다. 전사물이나 테이프는 보통 스토리텔러가 비슷한 주제의 스토리들을 이야기 하도록 주의를 환기시키거나 혹은 현재 스토리에서 스토리텔러가 잊었던 측면들을 기억하게 도와준다. 청중 역시 서면이나 혹은 청각자료로 된 스토리에 관한 설명을 성찰하면서 좀 더 명확한 내용이 되기를 바라는 부분들을 파악한다.

4단계- 공동의 반성

이 만남의 초점은 스토리텔러의 이야기를 공동으로 되돌아보는 것이다. 만약 스토리텔러가 원한다면 이 만남 또한 기록될 수 있다. 이는 실천을 전개해가고 변화시켜가는 데에 적절한 대화를 제공하기 때문이다. 이 단계에서, 스토리텔러는 청중에게 스크립트나 녹음내용에서 추가와 삭제할 사항 그리고 변경사항에 대해 공유한다. 그런 후에 이것들을 논의하고, 그 적절성을 확인한다. 최대의 학습효과를 위해 청중의 역할은, 스토리텔러가 스토리를 분명하게 하고, 스토리를 탐색하고 확장시키는 것을 도와주는 것이다. 이 단계에서 스토리텔러와 청중이 시험적으로, 스토리의 측면들과 그리고 주제나 패턴들 사이에 가능한 연결들을 탐색하는 것도 필요하다. 예를 들면, 주요 인물과 그들의 행동사이에 연결이 있을 수 있다. 어떤 행동들은 주제와 강한 관련성을 갖기도 한다. 이 연결들을 형성하는 것은 필연적으로 스토리텔러의 몫이고, 대화는 스토리텔러의 성장하는 통찰력에 초점을 맞출 필요가 있다. 이에 청중은 설명보다는 성찰적 질문을 해야 한다.

스토리텔러와 청중이 획득한 통찰에 초점을 맞추는 것이 중요하다. 이 지점에서 어떤 스토리들은 스토리텔러가 충분하다고 느끼고 더 이상의 논의나 행동이 필요치 않은 방법으로 다뤄진다. 만약 이런 경우가 아니라면, 스토리텔러는 해결되지 않은 주제에 가능한 해결책들을 만들고, 대화를 통해 그들 자신의 잠재력과 그것을 실행했을 때의 결과를 모색할 기회를 갖게 된다. 일단 스토리텔러가 어떤 선택을 할 것인지 명백해지고 나면, 실행계획이 세워지게 된다. 만약 실행계획의 도입 결과를 논의하기 위해 추가적 회의를 약속하길 원한다면, 회의를 정하는 것은 스토리텔링 파트너들에게 달려있다(Alterio, 1998).

많은 경우 스토리들은 여러 번 다시 논의될 수도 있다. 스토리텔링에 원래의 합의를 재검토하는 것은 항상 가능하다. 스토리의 전사물이나 테이프는 여러 번에 걸쳐 다시 읽혀지거나 청취될 수 있다. 각 스토리텔링 파트너들은 어떻게 할 것인지 결정한다.

수업과 같은 정형화된 스토리텔링은 매일의 순간을 포착하며, 학습의 기회로 변화시킨다. 대안적 관점을 보는 것과 수용 가능한 해결책을 고안해내는 것에 대한 스토리텔러의 개방성 수준은, 과거 경험들과 스토리에 연관된 감정의 강도와 함께, 어떻게 그것이 진행되어갈지 그리고 어떤 학습이 성취될지에 영향을 미친다. 다음의 예시에서는 대형 국제도시에 위치한 고등교육기관에서 강의 하는 남자 강사 짐(Jim)이 인종적 비난에 의해 어떻게 비탄에 빠지게 되는지를 보여준다. 그는 '실제로 일어난 일 중에서 당신이 절대 잊지 못할 이야기를 들려주세요.'라는 청중의 요구에 대한 응답으로 자신의 스토리를 말했다.

> 나는 자신의 소수민족 세 학생에 대한 징계 문제를 다루어야했다. 나는 항상 이 그룹을 위해 아주 열심히 일했다. 하지만 나는 그들을 징계하게 되었다. 의도적이진 않았지만 징계와 관련되어 한 가지를 처리하지 않았다. 나는 인종차별로 인권위원회에 제소되었다. 인권위원회는 그것이 평범한 사례가 아니라고 생각하고, 위원회의 한 위원은 이 문제를 심각하게 다루는 수준까지로 진행되었다. 그 위원은 세 학생들에게만 이야기를 들었기 때문에 나의 다른 관점은 고려하지 않았다. 이 때문에 나는 상황이 통제 불능한 것처럼 느꼈다. 나는 세 학생이 속한 소수그룹을 위해 노력하였으나 인종차별로 제소되었고, 세 학생이

> 회생의 기회를 가졌다는 것을 보장하기 위해 추가적인 기회를 부여하였다. 지금 나는 행동에 매우 신중하게 되었으며 인종적 농담에 대해 거의 편집증 상태를 보인다. 다시 그런 상황이 된다면 나는 아무것도 관여하지 않을 것이다. 즉 나는 절대로 그런 상황이 되지 않도록 할 것이다.

짐(Jim)은 인권위원회에서 다른 사람을 임명할 때 이 일이 어떻게 해결되었는지를 설명했다. 그 위원은 관계된 모든 사람들과 이야기를 나눴고 어떤 대답도 얻을 수 없다는 결론에 도달했다. 짐은 사과를 받지 못했고 해결되지 않은 감정이 남아 있었기 때문에 이 경험의 여파는 오랫동안 짐에게 영향을 주었다. 짐은 '신중을 기하는' 그리고 자신을 방어하지 못해 '무기력함을 느끼는' 것을 배운 것에 대하여 이야기 했다. 이러한 감정은 그가 자신의 이야기를 공유할 때도 계속해서 남아있었다. 그러나 그것들은 짐이 다양한 측면을 성찰하고 논의하도록 변화시켰다.

정형화 단계를 사용하여 각각의 스토리텔링 과정이 설명되었고, 짐은 Boud, Keogh 그리고 Walker(1985)에 의해 확인되어 반영된 세 단계에 참석할 수 있었다. 경험을 되살려서 감정에 주의를 기울이고 경험을 다시 평가하였다. 그 과정에서 짐은 자신의 불안을 공개할 수 있게 되었고 정감있는 포럼에 참여하여 포럼 구성원이 탐색 할 수 있게 하였다. 공동 성찰 단계에서 짐은 좀 더 방어적인 태도를 취함으로서 자신의 무기력감을 줄일 수 있다는 결론을 내리게 되었다. 짐은 자신이 같은 방식으로 문제에 대응하지 않도록 하기 위해 새로운 전략이 도움이 될 것이라는 생각을 하였다. 짐은 모든 것을 분명하게 하고 어떤 일이 일어났고 또 무엇을 강하게 느꼈는지에 대하여 논의할 수 있는 계기가 스토리텔링이라고 이야기하면서 스토리텔링이 어떻게 도움이 되었는지 설명하였다.

자신의 이야기를 말하고 사색적인 대화에 참여한 결과로 짐은 초기에 소속기관에서의 부적절한 처리를 포함하여 무기력감을 느끼게 한 원인을 파악할 수 있었다. 그 당시 이 경험을 통해 도움을 받았다는 감정을 인정하고, 짐은 미래의 상황에서 대응할 수 있는 계획을 수집할 수 있었고 이것은 짐에게 의미있는 발전이었다.

스토리텔링 사례의 핵심적인 측면은 학습에 대한 구성주의적 접근 방식을 보여준다. 신뢰와 노력에 의존하고 있는 관계를 위해 스토리텔러와 청중 사이의 협력은 필수적이다. 비록 스토리텔러와 청중 간에 차이는 있으나 대화를 통해 의미가 만들어지고 통찰을 얻게 된다. 원래의 사건 상황(The happening setting)을 다시 떠올리고, 스토리텔링 상황(telling setting)에서 이야기의 한 측면이 설명된다. 성찰과정의 질에 영향을 준다는 점에서 두 상황이 모두 중요하다.

즉흥적 그림그리기

또 다른 효과적인 성찰 도구는 즉흥적 그림그리기(spontaneous drowing)이다. 심리학이나 정신 분석에 이미 광범위하게 사용되는 방법으로 평가를 돕기 위한 혹은 치료적 처치의 일환이기도 하다. 성찰 학습의 주요 목적은 학습을 강화하고 전문성 개발을 장려하는 것이다. 이 목적을 위해 구두로 이야기하는 것과 그림그리기의 관계에 대한 논의가 필요하다.

스토리텔러는 이야기 할 것을 미리 성찰하는 단계에서 스토리텔링을 할 수 있게 하는 출발점으로서 즉흥적 그림그리기를 이용한다. 그림을 그리는 동안 스토리텔러는 정신적인 내면화 과정으로 알려진(Vygotsky, 1978) 자신들의 스토리 그리고 그에 대한 성찰에 대해 차분하게 생각할 기회를 가지고, 스토리에 초점을 맞추고 명확성을 높일 수 있다. 이러한 성찰은 학습 잠재력을 강화하고 긍정적인 학습 결과를 달성할 가능성을 증가시킨다. 즉흥적 그림그리기는 이론과 실천을 통합하고 혹은 명료화하여 학생들을 돕는데 특히 유용하다. 그리고 즉흥적 그림그리기는 이론과 실천을 연결하고, 실천에 기초한 이론을 발전시킴으로써 학생들에게 도움이 된다. 흔히, 이러한 관계는 다른 방법을 사용하기에는 너무 복잡하거나 모호하다. 그림그리기는 이해에서 출발한 실천과 현실의 복잡성을 수용해서 이해를 만들기 위해 노력하고, 실천에 대한 통찰을 증가시키는 관련성을 만들기 위해 노력하는 사람이 될 수 있게 한다. 보기에는 간단하지만 그림을 연구 대상으로 하는 과정은 5가지 중요한 원칙이 적용된다.

- 그림은 그림그리는 사람의 것이다. 주인의식이 중요하다. 그리고 그림그리는 사람이 적극적이기 위해서는 그림이 무엇에 관한 것인지, 그것에 무슨 일이 표현된 것인지 말할 수 있는 권리를 갖고 있다고 인식해야 한다. 특히 중요한 것은 투사의 문제이다. 즉, 무의식 과정은 마음속에 존재하는 현실을 전달하거나 혹은 마음이 물건이나 사람의 문제와 관련이 있음을 보여준다(Jung, 1926). 청중으로부터 주관적 현실이 형성되고, 그것이 그림으로 전달되고 그림그리는 사람이나 그림 안에 있는 대상 또는 인물에게 투사된다. 그림과 관련되어 의식적으로 혹은 무의식적으로 많은 요소들이 청중 자신의 과거 경험으로부터의 사건을 상기시킨다. 문제는 어떤 사안이 무의식적이거나 해결되지 않았을 때 발생할 가능성이 있다는 것이다. 그러기에 청중은 그림그리기와 관련된 스토리에 초점을 맞춰야 한다. 그리고 항상 스토리에 대한 자신의 반응을 인식하고 있어야 한다.
- 간단하게 그림을 그리도록 계속 요구해야 한다. 그림그리기에

대한 일반적인 지시문은 다음과 같다. '무언가 당신이 몰두했던 최근 경험을 그림을 그려라. 당신은 무언가를 궁금해 하거나 어떤 결과에 행복해하지 않는 상황일 것이다. 그림 안의 인물들은 모두 무언가를 말할 것이다. 막대인간을 그리지 마라' 막대인간의 제한에 대해 의문이 들겠지만 Furth(1988)는 그림그리기 내부의 일관성을 검토하는 것에 대한 중요성을 확인하였고, 이것을 통해 특정표현을 제한하였다.

즉흥적 그림그리기를 하는 많은 사람들은 예술적 무능함을 느낀다. '하지만 나는 그릴 수 없어요'는 처음에 흔한 반응이다. 예술적 표현보다는 자신의 의식을 보여주는 것을 이해한다면 예술적 무능함은 문제가 되지 않는다. 그 다음은 '그러나 나는 무엇을 그리게 될까요?'로 반응이 이어진다. 고요함, 집중된 시간, 그림그리기에 대한 계속된 요청을 제공하는 것이 시나리오가 표현되기 위한 간격을 두는 중요한 방법이다.

• 자신의 경험을 그려라. 타인의 경험을 그리는 것보다 자신의 경험을 그리려고 시도하는 것이 중요하다. 만약 어떤 상황이 선택되면 그 그림은 그림그리는 사람의 관점에서 그려질 필요가 있다. 어떻게 이야기가 공유되었는가, 어디에서 그것이 일어났었는가, 어떻게 공유되었는가? 등이 관점이 될 수 있다.

• 그림을 통해 스토리를 공유하라. 청중의 주요 역할은 그림에 주목하는 것이며, 스토리텔링을 도와주고, 스토리의 세부 사항을 듣고 분명하지 않게 남아 있는 그림이나 스토리의 어떠한 측면이든 분명하게 이해하려고 노력하는 것이다.

특히 이 때의 초점은 스토리, 그림, 감정 사이의 일치이다. 무엇이 그림에 나타나는가? 무엇이 스토리에서 드러나는가? 등이 중요한 질문이다. 그리기의 과정 자체가 그림 그리는 사람이 다루고자 하는 사안을 보여줄 수 있다.

스토리텔링 이전의 그림그리기 성찰단계는 다뤄져야 할 주제를 밝혀주거나 딜레마에 대한 해결책을 제공한다. 이런 통찰은 성찰학습이 발생했다는 것을 보여주고 이 학습이 무엇에 대한 것인지를 설명하는 방식으로 스토리텔링이 이루어지게 한다.

- 스토리에 대한 대화하기의 마지막 단계는 그림과 인식된 감정 그리고 말로 표현된 스토리 사이에 생긴 어떠한 딜레마에 대해 궁금해하는 청중을 포함한다. 그림그리는 과정을 통해 이미 학습은 일어났고 대화는 최소화 될 수 있다.

사례

다음 그림은 3년차 간호학과 학생이 그린 것이다. 미리 대화해보는 성찰의 단계는 그녀에게 상당한 고통을 일으키는 문제에 대해 통찰을 얻을 수 있게 했다. 학생은 분노 그리고 좌절감을 느끼게 한 임상 교수와의 만남 이후에 성찰 시간을 가졌다. 자신의 걱정거리를 이야기하기 위해 교수를 찾았고, 교수가 그녀의 이야기를 듣지 않는다고 느꼈다.

그림을 통해 이야기를 공유하도록 부탁받았을 때, 학생은 그녀가 얻었던 통찰에 초점을 맞추었다. 그녀는 교수와의 인터뷰에서 무슨 일이 있었는지 인식하였고, 상황을 해결할 필요가 있음을 알고 있었다. 그녀는 다시 교수에게로 가서 가족에 대해 좀 더 이야기 나누기로 결정했다. 문제는 교수의 질문에 응답할 때 학생이 사용한 학대의 정의를 다시 생각하는 것이었다. 교수가 학대라는 언어를 사용할 때, 학생은 학대를 신체적 학대에 제한했었다. 그림그리는 과정을 통해, 학생은 심리적, 정서적 학대를 포함하는 폭넓은 정의를 이해하게 되었다.

〈그림 8-3〉 실제 상황에 대한 즉흥적 그림 그리기

스토리는 이후 공유되었다. 부모의 헤어짐에 따라 그녀의 아버지에 의해 보살핌을 받게 된 이 학생은 지역사회에서 여러 장애를 가진 아동을 위한 지원을 제공받았다. 2주 동안 학생은 남동생에 대한 아버지의 행동에 관하여 걱정이 커졌다. 학대문제의 법적금지령 요청을 시도한 어머니는 아들을 아버지에게 데려다줘야 하면서 좌절감을 느끼게 되었다. 이런 일는 수차례 반복되었고 사전에 아버지에게 통보 없이 이루어졌다. 어머니는 아들을 데리러 가기 위해 몇 시간이 지난 후에 전화를 하곤 했다. 이런 계획되지 않은 방문에 아버지는 자주 공격적인 욕설이나 표현을 하였다.

학생은 그녀가 무엇을 해야 하는지 확신할 수 없었다. 그녀는 이런 상황을 보고해야 하는가? 누가 이러한 문제를 다루는가? 걱정할 정도로 심각한 것인가? 등의 의문이 있었다. 그녀는 문제해결을 위해 임상 교수를 찾아가게 되었다.

학생과 교수의 이후 만남에서 그런 행동이 부모가 아들을 학대한 것이라고 합의하였다. 학생과 함께 교수는 해당 기관에 이 사실을 통보했다. 학생은 그녀의 학습 과정에서 가장 중대한 학대의 정의를 다시 살펴볼 수 있는 기회를 갖게 되었다.

그림을 경험에 대한 통찰을 얻는 데 사용할 수 있는 다양한 방법이 있다. Furth는 그림 활용의 유용성을 소개하고 대화를 더욱 발전시킬 수 있는 방법을 설명하였다.

8장에서 설명된 각각의 스토리텔링 과정은 스토리텔러 그리고 청중에게 사건에 초점을 맞추어 심도 있게 진행될 수 있게 한다. 그리고 즉흥적 그림그리기는 스토리텔링에 앞서 미리 성찰 단계에 참여할 기회를 학생에게 제공한다. 두 과정은 건설적인 학습 성과를 달성하기 위해 학생들의 잠재력을 향상시킨다. 다수의 청중에게 이야기를 하는 것은 다른 성찰 과정을 포함한다. 다음 장에서는 활발한 스토리텔링 활동에 초점을 두고 있다.

CHAPTER

9

집단상황과 스토리텔링 재구성

STORY TELLING

- ✔스토리텔링을 위한 사회문화적 틀
- ✔스토리텔링을 통한 학습
- ✔공식적 집단-스토리텔링 과정
- ✔집단 스토리텔링 단계

CHAPTER

9

집단상황과 스토리텔링 재구성

스토리는 우리에게 상황에 대한 다양한 관점들을 제공한다. 스토리는 또한 사람들에 대한 정보를 제공하고, 상황에 맞는 다양한 관점들을 보여준다. 스토리텔러는 종종 무의식적으로 특별한 시나리오를 창조하기 위해 사람과 사건의 일부분을 선택한다. 복잡한 현실을 포괄적으로 이해하기 위해 매우 상세한 수준까지 사건을 조사하는 것이 도움이 된다. 9장에서는 맥락이 사건 및 다른 사건에 주는 영향에 초점을 두고 사회문화적 관점(Vygotsky, 1978)을 보다 깊이 살펴볼 것이다. 경험을 통한 학습을 위해서 맥락과 상호작용을 보여주는 스토리가 대화를 통해 탐구되어야 한다. 대화를 통한 탐구는 통찰을 공유하게 해주고, 사건으로부터의 학습이 내재화되도록 도와줄 수 있다. 스토리텔링을 통한 반성적 성찰학습 모형(Reflective Learning through Storytelling Model)에서 네 번째와 마지막 단계인 스토리 재구성(Story Reconstructing)은 공식화된 집단 스토리텔링 과정에서 활용된다.

대화와 다양한 관점에 의한 탐구는 스토리텔링의 핵심사항이다. 이 과정의 목표는 모든 집단 구성원, 그리고 특히 스토리텔러를 지원한다. 학습 맥락은 전체 집단에게 집단 통찰을 가능하도록 하고 전문적 실천에 대한 깊은 이해를 발전시키도록 도와준다. 집단은 공식적인 집단 스토리텔링 과정을 통해 이해될 수 있다.

스토리텔링을 위한 사회문화적 틀

사회문화이론의 중요한 측면은 학습과 발달에서 상황의 중요성과 영향을 인정하는 점이다. 이 학습의 맥락은 비고츠키주의 이론에서 활동 상황(activity setting)으로 알려지고, 고등정신기능이 발생하는 곳으로 정의된다. 특히 상황은 학생들이 탐구하고 발견하는데 자유와 동기를 느끼는 정도를 결정한다. Tharp와 Gallimore(1988)는 활동상황의 5가지 측면을 설명하였다.

활동 상황

'누구(Who)'는 스토리에 등장하는 인물과 관계된다. 특히 타인보다 더 많은 제약이나 기회를 갖는 사람들에 주목한다. 이런 측면은 개방성 또는 투입으로도 이해되면서 동시에 인성과 타인과의 관계방식과도 관련된다. 하지만 이야기에 영향력 있는 사람은 부분적이라도 잘 드러난다. 반면에 동일한 영향력을 미치는 인물들 중에는 잘 드러나지 않는 경우도 있다. 가족과 친구들, 동료와 동기들 또는 관리자들은 행동과 반응이 스토리에 직접적으로 영향을 주는 사람들이다. 특히 중요한 점은 이야기에 관련되어 있는 영향력이 있는 사람들은 사건발생시 존재하지 않았을 수도 있다는 것이다.

스토리의 이해와 시간의 문제는 '언제(When)'와 관련된다. 특정한 시간에 발생한 사건은 다른 시간에는 처리하기 어려운 것일 수 있다. 특정한 시간에 발생하는 사건은 다른 우선되는 사항들이 영향을 미친 결과이다. 몇 분 안에 해결될 수 있는 상황도 다른 시간에 발생하면 오래 걸릴 수 있다.

사건이 '어디에서(Where)' 발생하는가도 동등하게 중요하다. 사건에 관련된 사람들은 사건발생 장소에 의해 영향을 받는다. 심장마비 환자를 길에서 다루는 것과 병실에서 다루는 것은 다르다. 동물의 서식지에 대한 대화에 참여할 때 교실과 농장에서의 경험은 서로 다른 경험이다. 어떤 일을 할 때 논의되는 것(What)은 '일이 잘 되었는가' 아니면 '그렇지 않은가'와 관련된다. 이는 행동패턴을 확인하게 해준다. '내가 수업을 할 때, 아이들은 항상 피곤해한다.' 또는 '내가 맡은 아이들은 음악을 즐기지만 다른 선생님의 수업에선 아이들이 즐겁지 않다고 말한다.' 또는 '내가 무언가 바꾸면 일이 잘못되어 간다'와 같은 진술은 파악은 되었으나 완벽하게 이해되지는 않는다. 추가 조사 없이는 왜 이러한 행동이나 반응이 생겨난 이유에 대해 통찰을 얻는 것은 어렵다.

행동이 발생한 이유(Why)는 목표 지향적 행동의 정도를 파악하는데 매우 중요하다. 행동은 목표가 존재하는 한 계속되기 때문에 목표가 중요하다(Adams, 1994). 이와 관련하여 고려해야 할 두 가지 측면(동기와 의미)이 있다.

학생들이 활동에 참여하는 동기는 목표에 대한 수용성 및 요구와 관련된 행동에서 나타난다. 학생들에게는 목표에 대한 주인의식의 관점에서 목표 지향적 행동이 중요하고 학생들에게도 목표지향적이 되도록 강조한다. 하지만 목표지향적이고 초점화되고 이런 것들의 영향이 명확해짐으로서 학생들이 동일한 목표를 갖지 못한다면 위험한 상황이 존재할 수 있다. 타인의 목표를 탐색하고 검토하는 것은 재미있다. 그리고 거기에는 명백한 목표와 잠재적 목표가 항상 같이 한다. 물론 잠재적 목표는 표현하기 어렵지만 특정 상황에서는 가장 영향력이 있다. 구성주의 학습관점에서 이상적인 상황은 교육자와 학생들이 협동해서 목적을 구성하는 것이다. 학생들이 수동적으로 목표를 받아들이기보다 적극적으로 목표형성에 참여하도록 하기 위해 교사의 돌봄이 필요하다(Smith, 1998) 하지만 목표형성이 모든 이들이 목표나 시사점을 모두 반영한다는 것을 의미하지는 않는다. 목표를 명료히 하고 재설정하고 수정하기 위해 전체과정을 재검토하는 것이 유용하다. 중요하게도, 목표 실패는 목표재검토를 요구한다. 어떻게 목표가 설정되었는가? 누가 목표를 설정하였는가? 이유는 무엇인가? 목표달성으로 누가 이익을 얻는가? 등이 재검토를 위한 주요질문들이다.

의미는 간주간성으로 알려진, 사건에 대한 공유된 의미와 개인적 이해의 두 가지에 의해 발생된다(Adams, 1994; Tharp and Gallimore, 1988). 의미이해는 가장 기본적인 수준에서 공유된 어휘를 이해하는 능력과 기저의 문화적 가치에 대한 인식과 수용을 요구한다(Smagorinsky, 1995).

간주관성은 실제상황에서 발생하는 대인 관계의 역할에서 중요하다. 간주관성은 인지적 요소와 정신적 요소를 포함하고 다양한 사회역사적/사회문화적 배경 때문에, 학생들이 함께한 학습 경험도 매우 상이한 학습경험이 될 수 있다. 언어는 학습에서 간주관성과 공동의 목적을 달성하게 하는 기본적인 도구이다. 언어는 자기 자신과 또는 다른 사람과의 대화에서 사용된다. 언어는 상호작용과 자신을 형성한다.

학습할 때 사람들 사이에서 발생하는 대화의 형태는 개인 심리 간 과정(inter psychological process)으로 자기 자신과의 대화를 반영한다. 자기 자신과의 대화는 개인 심리 내적 과정(intra psychological process)에서 학생 스스로 자신의 문제에 대한 학습을 할 때 발생한다.[1)]

1) 비고츠키에 따르면 학습(혹은 발달)은 일차적으로는 논리적, 시간적으로 앞서는 개인 심리 간 과정이며, 이에 후속하는 과정으로서 개인 심리 내적 과정이 이루어지는 것으로서의 점유(appropriation)과정이다. 즉 학습은 개인 간 심리 과정의 개인 내 심리 과정으로의 전환을 일으키는 인간 간의 상호작용을 말한다(역자 주).

언어

언어는 협력적 대인 관계에서 사용된다. 이 과정에서 학생들은 더 능력이 있는 사람과 함께 작업을 한다. 혼자 성취할 수 있는 수준 이상의 높은 정신적 활동에 도달하기 위해 공유하는 의미를 구축하는 것은 필수적이다. 공유된 의미를 형성하는 것은 학생들의 활동에 내재된 의미를 이해하는 것과 함께 적절한 방법으로 새롭게 획득한 지식을 표현하도록 할 수 있다.

용어를 익히는데 주로 시간을 사용한다. 피드백이 필수적인 것처럼 새로운 용어를 사용해보는 것은 용어에 대한 학습이 사회적 과정이라는 점을 보여준다. 학생들이 언어에 익숙하게 되면 개인행동을 모니터링하고, 개인의 신념을 정당화하고 실행하는데 사용하게 된다(Spouce, 1998: 262).

이러한 과정을 통해 학습은 내적 수준으로 전환된다. 특정한 기술의 개념을 표현하면서 언어는 점차 내면화된다. 내부적으로 기술적인 절차를 모니터링 하거나 복잡한 활동을 이해하기 위한 틀을 제공하기 위해 언어를 사용하면서 자신과의 이야기(self-talk)를 포함하는데 이것은 새로운 학습이 완전히 통합될 때까지 계속된다. 일단 완전하게 익숙해지면, 학습은 '고착된 것(fossilised)'으로 정의된다. 학생들이 사전에 알고 있는 것을 다시 학습하게 될 때, 이 과정을 '순환 고리'라고 부른다.

근접발달영역

협동학습과정에서 학생들이 필요로 하는 지원의 적정수준을 결정하는 것은 상호작용을 성인과 함께 할 때 특히 복잡하다. 개별 학생들이 도움을 받지 않고 달성할 수 있는 수준과 동료나 뛰어난 타인의 지도 및 협력에 의해 달성할 수 있는 수준의 차이를 근접발달영역이라고 한다. 정보를 공유하면서 확장된 이해에 대하여 질문하고 지식을 재조직하면서 쌍방에 모두 도움이 된다. 한 학생이 새로운 지식에 대한 설명을 들을 때, 설명을 하는 다른 학생은 새로운 통찰을 획득하고 더 깊은 이해를 할 수 있다.

이와 같은 학습기회에 노출되는 것은 성인학습자와 함께 작업할 때 중요하고, 성찰학습에서도 특히 중요하다. 학생과 교사는 지식 수준 차이와 관계없이 서로에게서 배울 수 있다. 타인의 경험에 개방적이고, 경험에 대해 대화를 나누고, 가능한 대안을 만들어가는 능력은 협동이 건설적인 틀에서 이루어질 때 가능하게 된다. 교사 중심의 정보는 경험학습의 역동을 변화시키고 제한한다. 그러나 지원은 학생들이 자신의 생각을 구조화하도록 도와줄 수 있고, 활동은 학습을 지원할 수 있다(Gallimore and Tharp, 1990). 이와 같은 인지적 구조화는 학생들이 학습내용을 조직하도록 도울 수 있고, 자체평가를 가능하게 하는 방법을 제공할 수 있다. 이런 구조화는 어떤 현상에 명칭을 정하도록 하고, 일련의 사건들을 전체적으로 조망하는 이름을 붙이거나 전체 관계를 이해할 수 있는 개념을 제공할 수 있다.

질문하기

협동적 학습 과정에 학생들을 참여시키는 보다 일반적인 방법은 '질문하기'이다. 지식 개발 및 확장의 가능성을 확대하는데 질문의 능숙한 사용이 유용하다. 질문을 통해 학생들은 알고 있는 것을 분명히 할 수 있으며, 어렵게 얻는 정보를 두 가지 목적을 위해 사용하도록 한다. 첫째는 지식의 평가를 가능하게 하며, 둘째는 이해의 차이를 밝힐 수 있는 것이다. Gallimore과 Tharp(1990)은 각각의 목적에서 사용되는 질문의 유형을 구분하였으며, 우리의 협력적 대화 경험에 따르면, 질문에 대한 답변은 지식을 분명히 하고, 또한 이해의 차이를 나타내는 정보를 제공하였다.

반면에 내적 질문을 통해 학생은 자신의 지식이나 행동에 의문을 제기하게 된다. 이런 질문은 이론과 현실의 차이를 보여주기 때문에 필요하며, 예상치 못한 결과가 나타나거나 또는 행동 패턴이 이전 경험과 다를 때 유용하다. 초기 반응으로, 학생들은 적절한 해답을 구하는 과정에서 기존의 지식과 과거의 경험을 살펴보게 된다. Schön(1983)은 이런 과정을 행동에 대한 성찰의 과정으로 설명한 반면, 사회-문화 이론에서는 이를 '순환 고리(recursive loop)'라고 하였다(Tharp and Gallimore, 1998). 이런 과정은 자기-대화 또는 사적인 대화를 통해, 학생들이 과제를 이해하고 관리하는데 자주 나타난다.

학생들이 자신의 지식과 경험으로부터 충분한 관계를 만들 수 없을 경우, 문제는 개인 내적 수준에서 개인 간 수준으로 바뀌게 된다. 문제가 그다지 복잡하지 않거나 또는 분명한 지식의 차이가 나타난다면, 역량이 우수한 동료에게 특별한 질문을 사용해 필요한 정보를 요청하는 경우가 자주 나타나게 된다. 하지만 상황이 복잡하거나, 혼란스럽거나 또는 다차원적이거나, 또는 비공식적이고 적절한 반응을 수용할 상황이 제공되지 않는다면, 행동에 대한 성찰을 이끄는 공식적인 상황(formal setting)에서 스토리를 이야기하는 방법을 통해 전체 시나리오를 공유하는 것이 가능하다.

과정을 관찰하게 되면, 성찰학습과 스토리텔링을 통한 성찰의 다양한 방식을 통해 상황을 이해하게 된다. 학습이란 당혹스럽고, 새롭거나 또는 다른 상황을 관찰할 때 가능하며, 또한 익숙하고, 잘 알고 있다고 간주되는 상황을 마주할 때도 학습이 가능하다. 스토리텔링을 통한 성찰에 참여하게 되면 계속학습의 기회를 갖게 되고, 근접발달영역에서 주제와 능동적 학습에 대한 분석과 재분석을 수행하게 된다. 학습기회와 효과를 최대화하기 위해 협력적 대화

과정이 핵심적이다. 이는 대외활동이 변증법적 이해를 통해 새로운 현실 구축을 가능하게 하기 때문이다.

스토리텔링을 통한 학습

상이한 현실에서 새로운 현실로 움직이는 과정은 변증법 개념에서 핵심이다. 이러한 구조는 논지, 대조, 합성으로 정의가 가능한데 (Van der Veer and Valsiner, 1994), 스토리텔링과 학습에 관점에서는, 인식과 감정, 사고와 행위, 개인과 집단 같이 여러가지 이해 방식으로 생각하는 것이 더욱 유용할 것이다(Kemmis, 1985). 잘 알려진 사건에 대한 스토리텔러의 경험에서 이러한 요소에 대해 생각할 경우, 새로운 합성 또는 평가가 발생할 수 있다. 그 결과, 경험은 스토리텔러에게 새로운 이해 방식을 개발하도록 문제를 제기하는 다른 문화적 구조 또는 측면에서 해석된다. 그리고 경험에 대한 이해는 활동에 있어 분명히 다른 접근방식을 이끌어 내게 된다. 다양한 요소의 차이에 대해 인정하는 것이 중요하며, 새롭고, 급진적인 결과를 취하는데 도움이 되는 대화 및 협력 방식을 발견하는 것 역시 중요하다.

변증법은 새롭고, 강력한 실체를 만들기 위해 함께 묶어주는 실과 같은 존재이다. 새로운 구조에 있어 여러 구성요소가 기초가 되며, 그러한 요소가 일정 정도 결과를 형성하게 된다. 하지만 유추는 제한적이다. 결과는 처음에 예상한 것과 매우 다른 형태를 취하는 경우가 자주 있다.

이러한 변증법에 의도적으로 참여할 때, 초점은 모든 행위의 축 그리고 모든 발달의 중심인 개인의 변화에 영향을 주는 여러 참가자에게 이동하게 된다. 행위는 개인적 이해 뿐만 아니라 전문지식,

공동체와 문화에 체화되어 있는 것으로 보인다. 여기서는 다른 사람이 의식, 통찰력 그리고 다른 지식을 가졌다는 사실에 대한 인식을 포함하고, 따라서 이런 인식은 상황과 문제에 대한 대안적인 접근방식을 제공할 수 있게 된다. 이런 인식의 개발은 활동을 변화시키는 성찰에 중요하다. 비판적 성찰 행위를 위한 정보를 제공할 때 (Kemmis, 1985), 이론에 의해 행위를 설명하고, 행위가 발생한 맥락에 존재하는 지혜와 경험에 기초하게 된다.

스토리가 발생한 맥락을 고려할 때, 스토리텔러는 스토리에 존재할 수 있는 여러 가지의 의미를 평가하게 된다. 공식화된 스토리텔링 접근방식이 사용되지 않는다면, 실제 사건(practice event)에 복잡성을 포함시키는 일이 어려울 수 있다. 소아과에서 일하는 중견 간호사는 공식적인 스토리텔링 과정을 통해 다음과 같은 스토리를 공유하였다.

> 나는 심각한 다리 부상을 당한 어린이를 간호한 일이 있는데, 병원 입원 이후 놀라울 정도로 안정되고, 자신의 상황을 받아들이게 되었다. 사건이 벌어진 날, 어린이는 붕대를 바꾸기로 했다. 나는 아이, 그리고 아이에 대해 염려하고, 드레싱을 바꿀 때 같이 있고 싶어 하는 어머니와 절차에 대해 논의하였고, 편리한 시간을 배정하였다. 어머니가 두 명의 형제와 도착했을 때, 나는 붕대 교체를 시작하였다. 곧이어 어린이는 매우 고통스러워 했으며, 따라서 나는 추가로 통증 완화 조치를 취하였다. 이 어린이 환자에게 이것으로는 충분하지 않아, 나는 보다 효과적인 방식을 시도하였다. 하지만 별로 성공을 거두지 못했다. 붕대 교체는 끝났으나, 이상적인 상황은 아니었다. 나는 이러한 상황을 처리할만한 기술과 능력을 갖지 못했다는 점에서 당혹스럽고, 실망스러워졌다.

스토리의 마지막에서, 간호사는 사건이 발생한 맥락에 대한 토론에 참여하였다. 간호사는 갑자기 병동에서 우는 소리가 들렸다고 기억하였다. 그녀는 이를 스토리의 부분으로 의식하지 않았으나, 지금 다시 생각해보면 그 부분은 배경이 된다. 그런 다음 그녀는 그녀의 아들이 간단한 귀 수술을 받기 위해 그날 저녁 수술실에 있었다는 사실을 떠올렸다. 이 부분이 맥락의 일부분이 되기 이전에, 이러한 의식적 연결이 과거에는 그녀에게 발생한 적이 없었다.

개인의 내적 행위에 대한 성찰은 일기에 스토리를 쓸 때와 이전에 작성했던 스토리를 다시 살펴볼 때에도 발생할 수 있다. 이런 성찰 과정에서 학생들은 스스로 문제를 재구성 할 수 있다. 상황을 다시 생각하는 방법, 그리고 기존의 지식과 경험을 사용하는 방법으로, 스토리를 새롭게 인식하게 된다.

실천한 경험이 있는 복잡한 스토리를 다룰 때, 개인 내적 행위에 대한 성찰은 만족스러운 성찰결과를 제공하는데 충분하지 않은 경우가 자주 있으며, 따라서 공식적 스토리텔링 과정에서 추가적으로 비계(scaffolding)가 필요하게 된다. 이로 인해 스토리텔링 성찰 과정은 개인 간 행위에 대한 성찰로 전환된다. 공식화된 스토리텔링은 이런 상황에 이상적이다. 지금부터 학생들로 하여금 다양한 변증법적 차원을 분명히 표현하도록 촉진시키는 공식적인 집단-스토리텔링 과정에 대해 다룰 것이다.

공식적 집단-스토리텔링 과정

세 가지 요소가 공식적 집단-스토리텔링 과정의 기초가 된다.

• 첫째, 경험의 일부분인 감정적 반응의 범위와 강도 모두에 가

치를 두는 것이 중요한데, 그러한 범위와 강도는 활동 참여 유형에 관한 중요한 정보를 제공하기 때문이다(Boud, Keogh and Walker, 1985).

- 둘째, 스토리의 다양한 측면에 대해 고찰하는 것이 유용하다. 본질적으로 스토리는 스토리텔러의 관점에서 이야기 되지만, 이를 잘못해서 객관적인 것처럼 볼 수 있다. 특히 일기나 저널에서 사례를 활용할 경우 그러하다. 감정적 몰입이 강할수록 스토리텔러의 관점을 '진실'로 볼 가능성이 높아진다. 다른 사람들은 사건을 다른 방식으로 이해하는 것이 가능하다(McDrury, 1996).

- 마지막으로, 해당 시나리오에 적절할 수 있는 대안적 반응에 대해 고려하는 것이 중요하다. 청중은 이러한 대화에서 중요한 부분을 담당하는데, 청중은 유사한 상황에서 어떻게 반응할지에 대해 '궁금해' 하기 때문이다. 반응을 통해 사건에 대한 자신의 인식을 강조하고, 그러한 상황에서 사용될 수 있는 여러 전문적 기술을 통합하게 된다. 그러한 결과를 촉진하기 위해, 훌륭한 집단－과정 기술(group－processing skills)이 요구된다(McDrury, 1996).

집단에 참여한 학생의 수가 중요한데, 4－8명이 적절하고, 최적의 규모는 6명 정도이다. 4명 이하인 경우, 성찰 과정에서 대안적 관점을 제시하는 것이 충분하지 않다. 8명 이상은 집중을 하기에는 너무 많다고 할 수 있다. 토론 유형에 따라서, 역량 있는 조력자(facilitator)를 포함시키는 것도 중요하다. 집단의 효과적인 기능을 보장하는 것이 조력자의 역할이다. 조력자는 공동 과정을 신뢰·존중하고, 교훈적 가르침보다는 경험의 공유에 중점을 두어야 한다.

집단 구성원 특히 스토리텔러의 안전을 유지하는 것도 조력자의 또 다른 주요 역할이다. 다른 집단 구성원에 의한 투사(projection)로부터 구성원을 보호하는 경우를 예로 들 수 있다(McDrury, 1996).

집단 스토리텔링 단계

스토리 결정하기

이야기를 나누기 위해서 그룹이 처음 모일 때 시간이 필요한 것은 당연하다. 이 단계를 건너뛰지 않는 것과 말하는 것에 압박감을 느끼지 않도록 하는 것이 중요하다. 시간이 허용되고 상황이 안정적으로 느껴지면 스토리가 시작될 것이다. 일단 그룹이 스토리텔링 과정에 익숙하게 된다면 공통적인 문제일수록 개인은 더 많은 이야기를 말하고 싶어할 것이다. 이런 상황에서 중요한 것은 집단 구성원들 중 자신의 이야기가 사용되지 않는 구성원은 자신의 관심사를 다루는 다른 방법을 갖고 있어야 한다는 것이다.

스토리 듣기

스토리텔러는 청중이 스토리에 주의를 기울이도록 하고, 자신의 경험에 더해 응답 혹은 반응스토리(Response Story)를 만드는 것에 집중하지 않도록 하는 것이 중요하다. 청중이 상상한 것은 스토리텔러의 현실보다는 스토리에 대한 자기자신의 관점과 해석이다. 이러한 과정을 지원하기 위해 청중은 만약 동일한 경험을 했다면 어떻게 느낄 것인지를 상상해보도록 요구받는다. 이 과정은 청중이 경험을 통해 일어날 수 있는 정서적 반응을 인식하도록 만든다.

집단이 스토리텔러에 의해 경험된 것과 청중이 그리는 것에 차이가 있다는 것을 명확히 하는 것이 중요하다. 하지만 스토리텔러가 청중의 관점으로부터 통찰을 얻을 수 있을 정도로 충분히 유사한 경우도 존재한다. 공유 과정의 끝에 스토리텔러와 청중에게 잘못된 해석과 혼란한 부분을 바로잡게 하기 위해서 기회를 제공하는 것이 적절하다.

스토리에 대한 개인적 소유권

청중은 이야기에 대한 생각을 명확히 하기 위해서 각자 교대로 이야기 할 기회를 가진다. 그리고 그들이 경험했던 감정을 공유한다. 이런 과정은 반대로도 나타난다. 청중은 사건에 대한 하나의 중요한 감정만 알고 있다. 스토리텔러는 감정의 범위를 강조하면서, 가능한 많은 감정들을 인식하는 것이 가능하고 이런 인식은 사건의 일부인 다양한 감정들을 다시 연결할 수 있게 한다. 스토리텔러는 청중과 공유된 정서적 반응을 이야기 할 기회를 갖는다. 이런 기회는 스토리텔러와 청중의 인식 차이에 대해서 흥미로운 반응을 가능하게 한다.

감정에 초점을 두는 것은 스토리텔러와 청중의 요구를 인지하고 설명하게 해준다. 대부분의 경우 토론과 탐색이면 충분하다. 그러나 때로는 스토리텔러는 이 과정이 부적절하다는 것을 알고 풀리지 않는 주제에 빠진 채로 있기도 한다. 이런 경우 스토리텔러의 과거경험을 고려하는 것이 적절하다. 현재의 경험을 형성하는 것이 과거의 경험이기 때문이다. 즉흥적으로 그림그리기의 활용은 이런 주제를 다루는데 도움이 된다.

핵심 참여자

다음 단계는 스토리텔러의 이야기에 대한 다른 관점들을 찾는 것이다. 집단은 스토리의 핵심인물을 파악한다. 누가 중요한 인물인가? 누가 의미 있는 역할을 하는가? 핵심인물은 스토리에서 나타난 인물이거나 토론 중에 거론된 인물이다. 또한 집단에서 분명한 선택을 하기 전에 브레인스토밍을 하는 것이 유용할 것이다. 어린이들, 부모님, 조부모가 사건에서 중요할 수 있으나 처음의 스토리텔링에서는 드러나지 않을 수도 있다. 이 지점에서 스토리텔러는 인물과 이야기에 대한 더 상세한 사항들을 알려줄 것이다. 이러한 과정들을 통해서 스토리텔러는 스토리의 복잡성을 이해하고 스토리를 구성하는 맥락적 요소들을 새롭게 이해하게 된다.

스토리 재구성하기

일단 핵심인물이 파악되면, 집단은 누가 가장 중요한 인물인지 결정한다. 선택된 사람들의 수가 집단 구성원의 수만큼 많을 수 있다. 핵심인물의 이름을 작은 카드에 기록하고 중앙 테이블 위에 이름이 보이지 않게 덮어둔다. 카드에는 이전에 학생들이 선택한 인물의 이름도 포함된다. 촉진자는 몇 분 동안 학생들이 스토리의 핵심인물의 관점에서 스토리를 다시 검토하도록 한다. 창조적인 생각의 활용은 하나의 관점에서 복수의 관점으로 스토리를 전환시키는 추가적인 상황을 제공하는 것이다.

디브리핑과 궁금증 만들기

마지막 활동은 학생들이 자신들의 역할을 다시 살펴보고 얻는 통찰을 탐색하도록 하는 것이다. 특히 청중는 동료로서 자신의 역할을 상정하고 유사한 상황에서 어떻게 행동할 것인지, 얻은 통찰은 무엇인지를 생각한다. 여기에선 민감성과 집중하는 것이 중요하다. '내가 만약 당신이었다면, 나는...'이라고 하는 것이 아니라 "내가 저런 상황에서는 어떻게 할까?"라는 질문을 해야한다. 집단 구성원이 안전과 편안함에 책임을 수용하는 것이 중요하다. 또한 스토리에서 실천이나 통찰이 있는 부분을 인지하는 것이 중요하다.

마지막 과정에서 스토리텔러는 응답할 권한을 갖는다. 스토리텔러는 토론된 사항, 파악된 실천의 대안을 탐색할 기회를 제공한다. 결론 부분을 통해 스토리텔러는 스토리에 대한 통제권을 다시 갖게 된다. 때때로 스토리텔러는 이 시간을 청중의 궁금증에 대해 이야기할 시간으로 활용할 수 있다. 여기에서 스토리에 대한 다른 해석이 논의될 수 있다.

다음의 스토리는 성찰 집단 과정에 참여한 졸업생들의 이야기이다. 스토리는 실제 사건에서 통찰을 적용하는 것이 어떻게 도움이 되는지를 보여준다. 학생들이 졸업한 후 그들이 일하는 부서에서 경험한 스토리가 집단성찰의 대상이 된다. 실천은 새로운 관점을 얻는 것을 돕게 된다.

> 내가 학창시절에 지역 병원의 외래환자부서에서 근무했었다. 접수계 간호사가 나에게 와서 외과수술의가 보기로 한 여성노인을 대기실에서 데리고 오라고 하였다. 간단한 인사 후 의사면담에서 무엇을 기대하는지 질문하였다. 그녀는 '윗입술의 혹을 제거할 연고를 처방해줄 것'이라고 했다. 하지만 그녀는 외과의를 만나야하기 때문에 그녀의 말이 이상하다고 생각했다. 어쨌든 의사는 혹을 잘 보더니 "나는 이것을 잘랐으면 좋겠고 당장 그렇게 할 수 있다."라고 말했다. 그 환자는 조용히 눈치를 보더니 "알았어요"하고 답했다. 그 다음 의사는 간호사에게 곧장 쟁반을 가져오라고 했다. 나는 모든 것이 너무 빠르다고 느껴졌다. 나는 그 여성이 무엇을 의미하는지 안다고 생각했다. 그래서 나는 의사에게 동의절차에 대하여 궁금한 것을 질문하였다. 그는 환자가 "알겠다"라고 말했다고 했다. 나는 한동안 이해하지 못했다. 그래서 접수계 간호사에게 질문했다. 그러나 그녀는 모든 것이 옳다고 생각하고 있었다. 나는 정말 어려웠다. 그래

서 책임간호사와 감독자 둘 모두에게 말했다. 그러나 그들은 둘 다 의사와 간호사의 편이었다. 나는 그녀가 무엇이 일어났는지 알지 못한다고 느꼈다. 내가 수술로 커다란 흉터가 생길 수 있다고 생각했다. 나는 어떠한 힘도 없었고 아무도 나의 말을 들어주지 않았다. 나는 아무도 나의 말을 듣지 않는 것에 화가 났다.

이야기가 끝나고 청중들은 환자의 나이를 확인하였고 그녀는 대략 70세 정도였다. 스토리텔러는 환자가 각성하고 있고 무엇이 일어났는지 이해할 수 있다는 청중의 생각을 확인하였다. 그녀는 사건의 전모를 이해하고 있었다. 청중은 이야기에서 나타나는 분노, 좌절, 무기력의 중요한 3가지 느낌을 파악하였다.

그룹에는 8명의 학생이 있었으며, 이 청중은 스토리 핵심인물로 환자, 그녀의 남편, 학생, 환자를 보고 있는 접수원, 접수원을 보조하는 접수계 간호사, 수간호사, 감독자, 컨설턴트를 지목하였다. 학생과 환자의 역할극은 스토리의 내용과 유사한 정보를 제공하였다. 접수원은 조용한 이미지였고 컨설턴트에 의해 부서에 남겨진 유능한 사람이었다. 많은 전화와 복잡한 수술처리, 긍정적 수술 결과에 대한 불안 등의 시간이 지나고 성공적으로 치료를 받은 환자를 보게 되어 안심하였다. 무형식적 동의에 대한 학생의 걱정은 “자! 여기서 다시 출발하자”라는 감정과 일치된다. 학생은 그 환자가 동의한 것인가에 대하여 인정할 수 없었다. 접수원을 도와주는 접수계 간호사는 계속되는 새로운 환자들로 인해 매우 지쳐있었다. 그녀는 의사에게 잘 대해 줄 수 없었다. 그러나 그 의사는 능률적이고 명확하게 결정했다. 그녀는 당연히 의사에게 의문을 제기하지 않았다.

수간호사와 감독자는 관리와 서류작업에 몰입된 인물로 표현되었다. 그들은 작은 수술에 동의한 환자가 동의서명 등을 했는지에 대해서는 걱정하지 못할 정도로 할 일이 많았다. 컨설턴트는 큰 부서를 책임지고 있고 클리닉의 책임을 지는 유능한 접수원을 두고 있는 것에 기뻐하는 인물로 표현되었다. 환자의 남편은 아내가 집으로 오면 입술의 혹 치료를 위한 연고를 바르고 올 것을 기대하는 사람으로 그려졌다. 그녀가 병원에 갈 때 불안했으나 별일 아닐 것이고 수술도 필요 없을 것이라고 생각했다.

일단 이런 다양한 관점이 드러나면 핵심인물들의 역할의 일부분으로서 경험한 감정들을 파악하였다. 이러한 것들이 다양한 내용들을 반영하였다.

청중들은 자신의 역할 대신 동료의 역할을 수용하였다. 청중은 동일한 상황을 어떻게 다뤄야 할 것인지 궁금해하였다. 수간호사나 감독자를 좀 더 직접적으로 포함시킬 것과 환자 입장에서 구체적인 질문을 할 것을 포함하여 다양한 제언들이 제시되었다. 청중은 학생이 의사와 간호사 앞에서 환자와 개방된 대화를 하는 것을 제안하는 것까지 확대되었다. 대화를 하는 동안 무엇이 일어났을지에 대한 환자의 지식과 경험을 탐색할 수 있었다. 정확한 가설을 확인해주고 잘못된 정보나 정보의 부족을 다루는 것이 가능해졌다. 한 쌍의 청중은 소진의 영향에 대해 통찰을 얻었다고 말한 반면, 다른 청중은 다른 전문가와의 공동 작업의 중요성을 이야기 했다. 개방적 대화와 관련된 토론에 집단이 참여하는 동안, 스토리텔러는 응답할 권한을 갖는다. 학생은 자신이 훌륭한 의사소통기술을 갖고 있고 모든 일을 관리할 수 있다고 느꼈다. 이런 설명은 성찰적 실행과 자아성찰 간의 상호작용에 대한 좋은 예를 제공한다. 3주가 지난 뒤 학생은 유사한 상황에서 배운 새로운 기술을 성공적으로 사용했다고 보고하였다. 이 기술은 매우 효과적이었고 그 학생은 환자의 지식부족과 선택사항을 어떻게 이해했는지를 명확히 할 수 있었다. 앞의 장에서 개인 스토리텔러 과정을 설명한 것과 같이 집단과정은 스토리텔링을 통한 성찰 학습이 어떻게 사용될 수 있는지를 보여주는 기회를 학생에게 제공하였다. 스토리, 스토리 세부사항, 감정들을 공유함으로써 학생들이 Moon의 학습지도(1999)를 이해하고 의미 단계에 참여하게 되었다. 이것은 중요한 단계이고, 학생들이 사건을 이해하도록 하는 동시에, 표면적 학습을 발생시킨다.

스토리와 관련된 대화를 통해 대안적 관점들에 대한 통찰을 얻게 될 때, '성찰적 결과에 대한 의사결정과 가능한 실천옵션의 탐색, 즉, 심층적 학습'(deep learning)이 발생하기 쉽다. 이런 발전은 Entwistle(1996)이 제안한 '깊은 학습'을 보여주며 Moon의 학습지도(1999)에서 설명된 것과 같이 '의미각성'과 전환학습을 보여준다.

공식화된 성찰 스토리텔링 과정은 학생에게 경험을 통한 학습의 독특한 기회를 제공한다. 집단스토리텔링은 스토리텔러와 청중이 스토리의 정서적 부분을 이해하게 해주고 다양한 관점을 통해 나타나는 복잡성을 이해하고 다양한 대안적 실천옵션을 인식하게 한다. 사회문화적 틀을 적용한다면, 학습의 상호작용적 본질과 경험에 대한 맥락적 영향이 중요하다. 이 관점에서 스토리텔링을 이해하는 것은 성찰과정을 넓고 깊게 해주고 학습결과를 강화시킨다. 윤리적 문제를 함께 고려한 결과에 대한 평가는 다음 장에서 다룬다.

CHAPTER

10

윤리적 문제와 평가

- ✔스토리텔링에 관련된 윤리적 이슈
- ✔투사
- ✔기밀과 익명성
- ✔스토리에 대한 일차적 소유권
- ✔스토리에 대한 이차적 소유권
- ✔개인적 또는 민감한 정보의 제시
- ✔실천 딜레마의 제시
- ✔평가와 학습
- ✔형성평가와 총괄평가 피드백
- ✔평가 기회

STORY TELLING

CHAPTER

10

윤리적 문제와 평가

스토리는 반성적 대화를 통해 복잡하고 전문적인 상황에서 학습을 하거나 점검할 수 있는 기회를 제공한다. 스토리를 학습과 평가 과정 속에 추가하려는 시도는 복잡할 수 있으며 또한 여기에는 윤리적 문제들도 고려되어야 한다. 10장은 흔히 발생하는 신뢰성, 익명성, 스토리의 소유권, 투사 및 딜레마와 같은 윤리적 사항들에 관한 토론으로부터 시작한다. 윤리적 사항들이 심각한 문제를 야기할 수 있음에도 불구하고, 학습자들이 긍정적인 학습효과를 가진다는 점에서 많은 교육자들이 스토리텔링을 이용한 학습에 열광한다.

반성적 학습을 촉진하는 유용한 수단으로써 스토리텔링을 평가에 연결하려는 요구가 있다는 것은 이해할만하다. 하지만 평가를 통해 학습을 통제하려는 시도에 앞서, 학습과 평가 사이의 관계를 우선 탐구하는 것이 필요하며 그 이후에 형성평가와 총괄평가가 가능하다. 평가는 누가 그리고 어떻게 평가할 것인가와 같은 두 가지 결정을 요구한다. 두 가지 요인은 총괄평가 결과는 물론 그 이외의 학습결과에도 중대한 영향을 줄 수 있다.

스토리텔링에 관련된 윤리적 이슈

스토리텔링 과정에는 종종 감성적 요인, 걱정, 질문, 풀리지 않는 문제들이 포함된다. 학습자들이 성찰적인 사고를 요구하는 상황에 처해지면 때로는 개인적 고통이 발생할 수 있다. 따라서 상담과 같이 학습자들에게 적절한 형태의 지원을 제공하는 것이 중요하다. 학습자들은 자신들이 하나의 스토리를 가지고 성찰할 때 다른 스토리들이 마음속에 떠오를 수 있다. 학습자들이 떠올리는 다수의 스토리들을 어떻게 효과적으로 관리하느냐는 교육자들에게 있어서 또 하나의 과제이다. 학습자들이 떠올리는 스토리들을 다양한 방법으로 해결할 수 있는 기회를 제공하는 것이 유용하다.

교육자와 학생이 정형화된 스토리텔링을 이용할 때 개인정보를 공유하기에 앞서 신뢰성과 익명성 문제에 관해서 반드시 토론해야 한다. 학습자들의 본격적인 토론에 앞서서 어떤 단계와 방법을 이용할 것인지와 토론에 대한 기본적인 규칙을 수립하는 것이 일반적이다. 만약 학습자들이 사전에 제시된 공식적 방법을 사용하지 않는다면 다양한 단계들을 포함하는 모범사례들을 제시하는 것이 유용하다. 이러한 정보를 얻게 된다면 학습자들은 관계에 대한 정보에 근거하여 적절한 스토리를 선택할 수 있다.

토론에 대한 기본규칙은 두 명씩 또는 소그룹 내에서 정보를 공유할 때 논의되는 다양한 문제들을 포함할 필요가 있다. 토론이 스토리와 함께 진행될 때 감안해야 하는 추가적인 고려사항들은 다음과 같다.

- 투사의 문제
- 비밀유지(신뢰성)의 이슈

- 개인적 또는 민감한 문제의 노출
- 스토리의 소유권
- 실천에 관한 딜레마의 제시

투사

학습자들이 스토리텔링을 통해 반성적 학습에 효과적으로 관여할 수 있도록 교육자는 도출하고자 하는 문제에 관하여 학습자들이 명확하게 이해할 수 있도록 해야 한다. 이러한 무의식적 과정은 개인 또는 사물에 존재하는 주관적인 정보에 관여한다. 예를 들어, 청중의 과거 경험 속에 있는 무언가가 스토리텔러 또는 스토리 속의 누군가에게 실제로 존재하는 것처럼 보이기도 한다. 특히 투사는 태도에 대한 지식과 행동의 이면에 있는 동기들, 그리고 판단들은 서로 상관되어 일어난다고 가정한다. 어느 집단의 교육자는 다음과 같은 상황을 슈퍼비전 회의에서 이야기했다.

> 나는 병원에서 근무하는 간호학과 졸업반 학생 그룹에게 성찰 과정을 실행하고 있었다. Anne라는 학생이 그룹 내 학생들에게 이야기를 했다. 그녀는 아침 근무였는데 그녀의 환자들 중 한 명을 새로운 붕대감기방법의 대상으로 실습하였다. 모두가 현장연수교육을 받았기 때문에 어떻게 해야 하는지를 분명히 알고 있었다. 특히, 살균기술이 중요했다. 붕대감기를 할 순서가 되었을 때 병동 정규 간호사 중 한 명이 자신이 직접 할 테니까 Anne는 보기만 하라고 했다. 하지만 간호사는 오히려 주변을 오염시켰기 때문에 Anne는 그냥 보고만 있기가 힘들었다. 그러나 간호사는 자신이 무슨 행동을 했는지 인식하지 못하고 오히려 교육받은 대로 한 것처럼 그녀가 한 처치를 Anne에게

설명했다. Anne는 무엇을 해야 할지를 도무지 몰랐고 정규 간호사인 그녀가 주변을 오염시켰다는 것을 어떻게 말해야 할지 몰랐다. 이어지는 토론에서 Anne의 동료들은 무슨 일이 발생했는가와 Anne가 느낀 점을 구체화하기 위해서 여러 가지 질문들을 했다. 결국 다양한 방법들이 그룹 내에서 도출되었고 Anne는 향후 이와 유사한 상황이 발생할 경우 적용 가능한 방법들이 있다는 것을 알게 되었다. 계속되는 토론에서 청중 중 한 명인 Kim은 나에게 와서 이야기 속에서 일어난 일들에 대한 자신의 걱정을 말했다. Kim은 Anne가 비윤리적인 행동을 했다고 느꼈다. 왜냐하면 환자가 실습치료라는 점을 인식하거나 이에 대한 동의를 요청받는 기회가 없었기 때문이었다. 우리는 오랫동안 대화를 했으나 교육자인 내가 Anne의 관점에서 봤을 때 실현가능한 해결책은 Anne와 함께 그 문제를 해결하고 향후 이와 같은 비윤리적 상황이 허용되지 않도록 반성적 사고를 하도록 하는 것이었다. Kim은 이 이야기에 관해 토론을 할 때 그룹 내에서 이와 같은 문제를 이슈화하는 것이 그의 역할 중 일부였다는 것을 느끼지 못했다.

Kim은 스토리텔러로부터 제기된 주요 이슈를 어떤 이유로든 그녀가 걱정하는 것과 연관시켰으나 학습집단 내에서 이러한 새로운 이슈에 접근하기 위한 자신감은 없었다. 감독 단계에서는 무의식적으로 발생하는 복잡한 문제들과 투사에 관한 장시간의 토론이 있었다. 향후 이와 같은 문제점들에 대처할 수 있는 모범방안들에 대한 대화도 가졌다.

교육자는 몇 주 후 동일한 반성적 사고 그룹 학습자들과 이 문제에 대해서 다시 접근할 수 있는 기회를 가졌다. 그녀는 다음 슈퍼비전에서 그 상황이 어떻게 진전되었는지에 대해서 이야기했다.

Anne는 그룹 내 구성원들에게 붕대감기에 관한 새로운 정보를 전달하기 위해서 동일한 이슈를 다시 언급했다. Anne를 비롯한 다양한 그룹 구성원으로부터의 질문과 응답을 통해서 후속적인 교육이 가능해지게 되었다. Anne는 무엇인가가 잘못되고 있다는 것을 목격할 때에 정해진 절차대로 일을 수행하는 것이 어렵다는 사실이 자신이 생각해도 의아스럽다는 것을 느끼게 되는 기회를 가졌다.

교육자는 이러한 과정을 거치면서 문제 상황을 해결하기 위해 어떤 방법을 사용해야 하는가에 대한 토론을 했다. 교육자는 모든 사람들에게 상황에 대한 자료를 제공하였고 그들은 이를 점검해 보았다.

Anne은 그 전체 상황에 대해서 자신이 얼마나 더 잘 이해하게 됐고 추후 이러한 문제가 닥쳤을 때, 보다 능숙하고 자신있게 해결할 수 있을 것으로 생각한다는 점을 반성적 사고 집단과 공유했다. 교육자는 공유하고 싶은 통찰이 더 있는지 질문하였다. 하지만 아무도 대답하지 않았다. 교육자는 Kim을 위해 모범행동을 보여주고자 다음과 같이 말했다. '나는 이 실험에 대해서 궁금해 하고 있습니다. 만약 내가 이 환자를 돌봤다면 어떤 조치를 취했을까요? 환자에게 사전에 전달해야 하는 정보를 어떻게 찾았을까요? 그리고 만약 환자들에게 이미 동의를 구하였다면 어땠을까요?' Anne는 즉각적으로 환자들과 환자 가족들에게 제공된 서면상의 정보에 대해서 언급했고, 또한 환자와 환자가족들이 이해할 수 있도록 도표를 사용하여 무슨 일이 발생하고 있고, 어떤 단계에서든지 그들이 허락을 철회할 수 있음을 알려줬다고 했다.

다음날 교육자는 Anne가 제공한 추가 정보에 대해서 문제점을 지적한 Kim과 대화를 하였다. Kim은 자신의 할머니도 몇 해 전 임상실험에 참여했다는 점을 떠올리며 자신도 Anne와 마찬가지로 행동을 했다면 어땠을까라는 생각을 밤새도록 했다. 그녀의 할머니는 임상실험 기간 중 심장마비로 인해 돌아가셨다. 비록 할머니의 사망원인이 임상실험과 연관된 것이 아니라고는 하지만 어린아이였던 Kim은 할머니가 임상실험에 참여하지 않았더라면 돌아가시지 않았을 거라고 생각했다. Kim에게서 가장 흥미로운 점은 이전에 그녀가 Anne의 행동에 관한 우려사항들을 교육자와 이야기했을 때 그녀의 할머니에 대한 생각을 하지 않았다는 것이다. 또한 Kim은 할머니에게 어떤 정보가 안내되었는지 또는 동의가 있었는지에 대하여 자신이 전혀 모르고 있었다는 것을 인식하게 되었다.

투사는 어느 반성적 과정에서도 발생할 수 있으므로, 스토리가 스토리텔러의 관점에서 나오는 동안 청중 또는 평가자들은 그들 자신만의 가정과 개인적 인식을 토대로 듣는다는 점을 기본원칙으로 인식하는 것이 중요하다. 대화는 토론, 질문, 설명 및 스토리가 어떻게 들리는가를 알아볼 수 있도록 하는 기회를 제공한다.

투사에 관한 주요 제어 장치는 그룹 내 다른 구성원들에 의한 잠재적 사용가능성을 인식하는 것이다. 특히, 학습자들은 투사의 무의식적인 특성과 그 특성이 나타날 수 있는 방법들에 대한 정보를 알 필요가 있다. 그러나 투사로 인한 피해자들은 아주 취약한 상황에 종종 처해지므로, 추가적인 제어 장치로써 공식화된 과정에 모든 학습자들이 참여하도록 하여 예측 가능한 투사는 물론 다른 사람들을 대신하여 개입하는 방식에 대해서 주의하도록 만드는 것이 중요하다. 한 가지 효과적인 개입방식은 한 명의 그룹 구성원에게 투사가 발생할 수 있다는 점을 이야기하는 것이다. 교육자는 그룹 구성원들의 안전을 보장하는 중요한 역할을 한다. 하지만 오히려 교육자에 의해 투사가 발현될 수 있기 때문에 이것만으로는 충분하지 않다.

투사는 성찰의 모든 단계에서 발생할 수 있으므로, 스토리가 스토리텔러의 관점에서 나오는 동안 청중 또는 평가자들은 그들 자신만의 가설과 개인적 인식을 토대로 듣는다는 점을 기본원칙으로써 인식하는 것이 중요하다. 대화는 토론, 질문, 설명 및 스토리가 어떻게 들려지는가를 알아볼 수 있도록 하는 기회를 제공한다.

기밀과 익명성

기밀과 익명에 대한 기본규칙을 수립하는 것은 믿을 수 없을 정도로 간단할 때가 많다. 대개 집단 구성원들은 기밀과 익명성에 대한 기대와 중요성을 인식하고 있다. 그러나 기밀과 익명성은 경험을 공유하는 사람들뿐만 아니라 모든 인물들에게도 적용된다는 것을 스토리텔링 내에서 알아야 할 필요가 있다.

반성적 실천과 관련된 사례들은 비교적 인구가 적은 지역에서 많이 발생해 왔다. 스토리텔러가 특정한 개인들 또는 상황들에 대한 정보를 제시함에 있어서 적절한 주의를 취하더라도 그룹 내 누군가는 핵심요소들을 인식할 것이고 누가 연관되었는지 또는 어떤 상황이 전개될 것인지를 추측하는 경향이 있다. 대부분의 경우 이로 인해 지나치게 많은 문제들이 발생되지는 않는다. 왜냐하면 그 상황을 인식하거나 이미 인식하고 있는 개인은 한정적인 이해만을 가지기 때문이다. 하지만 다음의 스토리에서 제시되는 시나리오는 그 상황이 얼마나 쉽게 더욱 복잡해질 수 있는가를 보여준다.

> 어느 대학신문사에 가입한 대학원 사회복지과 학생들에게 이야기를 전해 듣는 효과적인 방법으로써 스토리텔링이 소개되었다. 이들 중 한 여성 사회봉사자는 그녀가 정기적으로 만나는 어느 부부에 관한 이야기를 소개했다. 그들은 한 아이를 입양했으나 아이를 잘 돌보지 못했고 많은 도움을 필요로 했다. 그녀는 부부가 가지고 있는 문제점들에 대한 다양한 예시들을 제공

하였고 이 과정에서 우연히도 아이의 성별, 생일, 출생 장소가 밝혀졌다.

그룹의 한 여학생은 그 토론이 그녀가 입양하기를 포기한 아이에 관한 것이었다는 것을 깨달았다. 당시 그녀는 아무런 말도 하지 않았지만 그 아이가 자신이 기대했던 유복한 가정에 입양되지 못했다는 점에 대해서 매우 괴로워했다. 그녀는 이처럼 공개적인 포럼에서 그 정보가 노출됐다는 것에 대해서 걱정하면서 그룹 내에서 자신의 고통을 눈치 챈 사람이 있었을까 하는 의문을 가졌다.

그 여학생은 한참동안 생각을 한 후 발표자에게 그 상황에 대해서 이야기했다. 발표자는 그 학생에 관한 이야기라는 것에 대해서 큰 충격을 받았고 그녀에게 도움을 주기로 하고 가능한 상담 일정을 정했다. 하지만 그녀는 이미 상처를 받았기 때문에 그룹 내에서 이 상황이 더욱 확대되는 것을 원하지 않았다.

비교적 큰 도시에서 이처럼 우연한 일이 생겼다는 것이 놀라울 따름이다. 그러나 성찰 집단의 사람들이 스토리 속의 주요 등장인물들을 알아보는 경우가 종종 있으며, 인물들의 성별, 지역 또는 다른 사소한 정보들을 통해서 신분이 쉽게 밝혀지기도 한다. 아래의 예시들은 동일한 그룹 내의 누군가에 의해 스토리 속 인물의 신분이 밝혀지도록 하는 단서들이다.

- 소아과 병동에서 근무하는 남자 간호사
- 정형외과에서 외래환자 진찰을 담당하는 간호사
- 지역 초등학교 남자 교장 선생님
- 남학생들만 있는 학교에서 근무하는 여자 선생님

물론 이러한 정보는 아주 명확한 경로를 통해서 제공되지는 않는다. 스토리의 초반부에서 정보를 명확하게 하거나 설명하는 과정에서 제공되는 다른 단서들을 통해서 실체가 드러날 수 있다. 즐겨하는 운동, 음악 또는 취미와 관련된 대수롭지 않아 보이는 언급이 신원 확인을 돕게 된다.

따라서 이름을 사용하지 않고 최소한의 정보를 통해 인물의 역할을 식별할 수 있도록 하는 등의 기본규칙을 수립하는 것이 일반적이다. 그러나 이 역시 어려운 점들이 있다. 학습자들은 보통 그들이 가지는 통찰력을 동료들과 공유하거나 또는 평가업무의 일환으로써 공유하기를 원한다. 이것은 스토리텔링을 통한 학습에 있어서 문제의 여지가 될 수 있다.

스토리에 대한 일차적 소유권

누가 스토리텔링을 통해서 학습을 하는가에 대한 고려도 필요하다. 스토리는 서로의 경험을 공유하는 환경을 제공한다. 기본적으로 스토리는 그것을 이야기하는 스토리텔러에게 속해 있다는 것이 중요한 점이다. 따라서 스토리텔러는 스토리에 대한 일차적인 소유권을 가지게 된다.

스토리는 스토리텔러가 그 당시에 생각하는 특정한 이슈들을 표현하기 위해 남들과 공유하거나 구체화한 것이다. 비록 스토리를 통해서 스토리텔러의 과거 경험, 이야기의 전후 사정 또는 상황에 대한 스토리텔러의 인식 그리고 다른 주요 인물들에 대한 스토리텔러의 시각을 엿볼 수는 있지만, 스토리는 스토리텔러 자신의 현실 중 일부일 뿐이다. 성찰 과정을 통해서 새롭거나 예상 밖의 통찰력을 얻을 수도 있겠지만 스토리를 통해 학습되는 것은 스토리텔러가 제공하는 이슈 및 관심사와 연장선상에 있는 경향이 있다. 그러므로 고찰 또는 평가를 위해 대화를 듣거나 스토리를 읽는데 있어서 모범적인 자세는 자신이 스토리텔러와 공감하는 것이다. 이것은 스토리텔러의 관점으로부터 스토리를 이해하거나 스토리텔러가 탐구하고자 하는 이슈들에 대해서 인식하려는 의도를 포함할 것이다. 스토리텔러는 특정한 문제들에 접근하거나 그들이 관련된 행위들에 대해서 확신을 추구하려 할 수도 있다. 또한 그들은 혼돈스럽거나 확신이 필요한 사건들에 대해서 토론하기를 원할 수도 있다. 스토리에 대한 성찰적 대화 또는 구성주의적 토론은 스토리텔러의 의도 또는 세부적인 것들을 명백하게 하는데 반드시 초점을 두어야 한다. 그리고 관계자들이 비평을 하거나 판단하는 것을 놓치도록 하면 절대 안된다. 스토리에 대하여 자신들의 해석에 따라 청중이 논평을 하거나 자신의 관점 또는 제안을 스토리텔러에게 제시하는 것은 일반적인 것이다. 원작 스토리의 스토리텔러가 스토리에 대하여 보다 많은 정보 또는 스토리가 명확해지는 것을 원한다면 청중들이 자신들의 경험을 묘사하는 예들을 통해서 가능하다. 이와 같이 스토리텔러와 청중이 상호작용을 하는 동안 청중 자신들의 스토리를 청중의 소유권으로 인정해야 하는가는 단순한 문제가 아니다.

스토리에 대한 일차적인 소유권을 가진 개인이 이를 다른 곳에서 반복해서 사용할 수 있다는 것이 허용된다. 그러나 스토리에 대한 자세한 대화가 있을 때는 반드시 주의해야 한다. 그룹 내에서의 대화는 신중하게 다루어질 필요가 있다. 그러나 정형화된 과정을 통해 습득되는 스토리텔러의 관행에 대한 통찰은 반드시 공유될 수 있어야 한다.

스토리에 대한 이차적 소유권

스토리텔링을 통한 학습은 다른 사람들이 이야기하는 스토리를 듣는 것을 통해서도 가능하다. 통찰은 과거와 현재 경험 둘다로부터 획득될 수 있다. 이는 과거 행위에 대한 새로운 이해 방법들 또는 상황에 따른 적합한 반응들을 탐색하는 것이 가능하다는 것이다. 그러나 학습단계 또는 학습을 명료화하는 과정에서 스토리에 대한 소유권 문제가 발생할 수 있다. 청중의 통찰적 이해와 이를 통한 청중의 스토리는 스토리텔러의 원작 스토리와 서로 뒤섞여져서 청중이 2차적인 소유권을 가지게 되므로 원작 스토리를 다시 이야기함으로써 새로운 관점에서의 이해가 가능하도록 할 필요가 있을 것이다.

현장실천을 하는 교생들을 지도하는 교육자는 슈퍼비전 단계에서 이와 같은 딜레마를 제시했다.

> 형성적 환류 세션의 Peter는 이론적인 관점으로부터 정보 제공 실천을 통해 자신이 습득한 통찰을 공유할 것을 교육자로부터 요청받았다. Peter는 다른 여학생과 공유된 스토리를 다시 이야기하면서 시작했다. 이 여학생은 그녀가 학부모들이 아침에 아이들을 학교에 데려오고 저녁에 데리고 갈 때 교실에서 이들과 어떻게 대화를 했는지에 대해서 공유했다. 매번 그녀는 학부모들에게 "안녕하세요?"라고 인사를 한 후 안부를 물었다. 학부모들은 다양한 답변을 하였으나 그녀는 이러한 대화를 주로 일상적인 대화로만 인식했다. 그러나 한 아이가 무단결석을 시작하면서 그녀의 관점은 바뀌었다. 부모들이 가정 내 문제점들에 관한 정보를 제공하였으나 그녀는 이러한 단서들을 알아채지 못했던 것이다. 스토리에 관한 토론이 진행되면서, Peter 자신도

그 부모들이 제공하는 정보들에 대해서 주목하지 않았다는 것을 인식하였다. Peter는 이처럼 초기 통찰을 습득한 이후, 말로 표현된 것뿐만 아니라 무언적인 단서에 대해서도 생각해보기 시작했다. 이를 통해 Peter는 그의 학업코스 중 하나인 커뮤니케이션 이론에 대해서 다시 검토를 하였고 그의 발견은 그가 수행한 방법을 바꾸도록 만들었다.

이러한 유형의 시나리오는 두 가지 질문을 유발한다.

첫째, 최초 스토리텔러에 대한 신뢰성과 익명성을 유지하는 것이 가능한가? 그리고 청중들에게 통찰을 제공하는 이슈를 제시하는가? 이것은 스토리를 이야기하기에 앞서 그 스토리에 대한 2차 소유권자가 성찰 단계에 관여되도록 한다. 이러한 고찰은 통찰 또는 학습에 대한 설명이 가능할 수 있도록 하기 위해서 2차 소유권자가 어떠한 요소를 공유할 필요가 있는지를 구체적으로 밝히게 만든다.

둘째, 청중들은 스토리의 원천을 어떤 방식으로 이해해야 하며, 필연적으로 발생하는 개인적 해석에 대한 인식과 어떻게 균형을 이루어야 하는가? 소유권에 대한 인식을 제공함으로써 기밀성과 익명성이 서로 균형을 유지하도록 하는 것은 복잡한 판단의 문제로 남게 된다. 이와 같은 상황에서 이미 공동협의와 충분한 토론을 통해 수립된 기본규칙들은 전문적 판단을 도출하기 위한 기준이 된다.

개인적 또는 민감한 정보의 제시

성찰에 있어서 흔히 발생하는 어려움은 개인적 또는 민감한 정보가 학습자들에 의해서 드러나는 것이다. 이것은 그 정보가 그룹 내에서 공유되는 것에 대한 우려로써, 학습자들이 노출되었다고 느끼게 하거나 불안정한 상태로 만들 수 있기 때문이다. 이러한 폭로성 발언이 공유되는 것을 방지하기 위해서는 개인적 정보처리와 대중적 공유 간의 차이점을 구분할 수 있도록 하는 지침과 절차들을 제공하는 것이 효과적이다(Brockbank and McGill, 1998). 일기쓰기 또는 저널작성, 즉흥적인 그림그리기와 같이 스토리텔링에 앞서서 사용될 수 있는 다양한 반성적 기술들을 사용하도록 하는 것은 학습자들에게 어떤 정보가 공유해도 좋은지를 분명히 알 수 있도록 도와준다.

실천 딜레마의 제시

반성적 과정에서 공유되는 스토리들은 허구같은 시나리오 또는 실천적 측면을 필연적으로 포함한다. 하나의 관점을 통해 이슈를 조명하고, 조명된 일이 일어날 수도 있다고 인식하는 것은 중요하지만, 한편으로는 이에 따른 윤리적 딜레마의 가능성도 존재한다.

성찰 집단의 구성원 모두가 그들이 인식하는 윤리적 딜레마를 편하게 받아들이고 인정하는 것이 중요하다(Beaty, 1997). 윤리적 딜레마 영역에 대해서 집단 구성원들이 자신감을 가질 수 있도록 하기 위해서는 시간과 실습이 필요하지만 이에 따른 걱정이 제기될 수 있다는 점이 중요하다. 교육자들을 이러한 행동을 모델화하는데 중요한 역할을 한다.

딜레마에 접근하는 두 가지 방법은 독립적인 접근법과 연속적인 접근법이다. 이 두 가지 접근법은 제시된 상황과 개인적 선호에 따라서 사용 순서가 정해진다.

• 관련된 이슈가 존재한다는 것을 반드시 인정해야 한다. 이것은 개인적 사항으로써 받아들여질 필요가 있으며 개인적인 관점에서 표현되어야 한다. 비난이나 비판과 상관없이 설명은 이런 입장을 포함한다.

• 사건에 대해서 보다 명확한 정보를 추구하는 것이 유익하다. 이것은 정형화된 스토리텔링 과정 또는 스토리텔링에 뒤따르는 대화를 통해서 가능하다. 시나리오를 바라보는 관점이 다양해지면 스토리의 상황 또는 배경을 파악하여 유용한 정보를 제공할 수 있다.

일단 파악되면, 잠재적인 결과물들이 명확해질 수 있다. 이러한 결과들은 반성적 과정의 일부로써 자연스럽게 나타날 것이다. 이상적으로 스토리텔러들은 미래에 유사한 상황이 발생하는 것을 방지하도록 하는 방법들을 찾을 것이다. 그러나 여전히 특정 이슈 또는 관련사항들이 남아있고, 성찰 집단은 이런 사항을 설명하거나 보고하기 위해 탐색을 한다는 것이 중요하다. 이러한 상황들은 개인들을 약하게 하거나 고립되도록 할 수 있기 때문에 이들을 지지하거나 상담해 주는 것이 필요하다.

반성적 과정의 일환으로써 실천에 대한 비평이 장려될 때 이러한 딜레마가 발생할 가능성이 높아지기 쉽다(Fitzgerald, 1994). 비평적 구조의 발전은 반성적 과정의 결과물로써 나타나거나 자신 및 동료들의 평가에 있어서 중요한 부분으로 설명된다(Brew, 1999; Taylor, 2000). 그러나 적절한 준비와 실질적인 권한이 없이 이처럼 어려운 비평을 대학원생 또는 새로운 실습생들에게 장려하는 것은 우려스럽다(Fitzgerald, 1994: 77). 따라서 이러한 반성적 행위는 적절한 지지를 받거나 실천 방법에 직접적으로 영향을 미치는 결과를 탐구할 수 있도록 격려되어져야 한다. 또한 실행가능한 실천을 위해서는 구체적인 변화가 가능할 수 있도록 하는 지원이 있어야 한다. 이러한 결과물들은 광범위한 영향력을 가질 것 같지만 직장의 시스템에 직접적으로 영향을 미칠 수 있는 지위에 학생들을 배정할 가능성은 낮다.

스토리텔링을 통해 활용 가능한 잠재적 학습과 복잡한 윤리적 이슈들 간의 균형을 유지할 필요가 있다는 점이 중요하다. 이러한 이슈들은 성찰 집단 구성원들이 잠재적인 위험과 어려움에 대해서 인식할 수 있도록 그들 사이에서 토론될 필요가 있다. 주변 환경과 관련된 대화 및 집단의 기본규칙들에 대한 재정립과 재검증은 학습 가능성을 유지시키는 동안 다루어지는 이슈들처럼 복잡한 이슈들에 대한 토론의 기회를 제공한다.

평가와 학습

평가와 학습 간의 관계를 검증하는 것은 중요하다. 이 관계는 실습의 속성에 대한 근본적인 철학적 접근을 통해서 형성된다. 학습과 평가에 대한 전통적인 시각은 개인주의적이며 개인들이 학습하고 독립적으로 성취한 것에 초점을 둔다.

그러나, 교육자들은 사회문화적인 관점에서 학습에 대한 관심을 많이 보여주고 있다(Vygotsky, 1978). 사회문화적 관점은 학습이 개별적으로 발생하지 않으며 지지와 성원을 통해 목표를 성취할 수 있다고 본다. 이러한 지지가 적절한지를 확인하기 위해서는 학습자들이 최소의 지원을 통해 성취할 수 있는 것과 최대의 지원을 통해 성취할 수 있는 것을 서로 평가할 필요가 있다. 지원하는 사람의 역할은 끊임없이 과제를 복잡하게 유지하고 학습자들의 능숙함과 자신감이 증가하여 점차적으로 보다 활발하게 참여하도록 만드는 것이다. 기존의 학습이 일부분 지식을 질문으로 전환시키거나 새로운 연결관계를 만들어 내는 시야를 제공하지 못한다면 학습자들은 필요에 따라 이용할 수 있거나 내면화되는 학습에 대해서는 관심을 더 적게 갖게 된다. 이것이 가능하게 되면 이미 알고 있는 것이 다시 적극적인 학습의 일부가 된다. 이러한 구성주의적 접근은 학습의 일부로 대화를 강조하고 학습결과에 있어서 전후맥락의 영향을 고려하도록 요구한다. 스토리텔링을 통한 경험으로부터의 학습은 이러한 구성주의적 관점과 자연스럽게 연결되게 된다.

그에 반해서 학위과정과 같은 고등 교육프로그램에서의 평가 실행은 보다 개인적인 관점에서 운영된다. 특히, 최종 총괄평가는 어느 학습자가 주위의 도움이 없이 스스로 목표를 성취했는가에 중점을 둔다. 이는 학습과 평가는 별개로 수행된다고 가정하는 철학적인 관점에 더욱 부합한다. 이러한 종류의 평가는 어떤 학생들이 주위의 도움이 없이 스스로 목표를 달성할 수 있는가를 알아내고자 하는 요구를 만족시키는데 사용되며, 어떠한 주어진 환경에서도 지원의 수준과 양은 성과에 영향을 미치지 못한다는 점은 변함이 없을 것이라고 가정한다. 비록 세부목표 또는 목적이 평가과제와 일치해 보일 수 있을지라도 이와 같은 학습과 평가방식 사이의 불일치는 그 평가의 타당성에 대해서 의문을 불러일으키게 한다.

학습과 평가과정을 일치하게 하려는 시도가 있어 왔다. 그러나 이것은 간단하지가 않으며 대화의 기회를 제공하는 것이 필수적이다. 이런 대화의 중요성은 총괄적인 평가뿐만 아니라 형성평가를 통해서 입증될 수 있다.

형성평가와 총괄평가 피드백

형성평가는 주로 학습을 개발하거나 학습형태를 만드는 기회를 제공한다(Crooks, 1988, 1993). 학습자들이 자신들의 과제 요구사항을 충족시키고 수용 가능한 방식으로 발표하기를 원하는 수준에 따라 피드백의 영향이 달라진다. 왜냐하면 형성평가는 토론과 실험을 통해 주제에 새롭게 접근하거나, 오류, 누락 또는 부주의에 관해서 걱정할 것 없이 이슈들을 해결하기 위한 다른 방식들을 시험해 볼 수 있는 기회를 제공하기 때문이다.

평가피드백이 주어질 수 있도록 하기 위해서는 교육자와 학습자들 모두가 평가기준을 이해하거나 과제들의 다양한 측면들에 대한 가중치 또는 상대적 중요성을 인식할 필요가 있다. 학습자들에게 하나를 주고 다른 하나를 주지 않으면 그들을 불리한 상황 속에 놓이게 한다. 만약 학습자와 교육자가 과제가 주어질 때부터 사용될 기준을 함께 설정할 수 있다면 이는 가장 유익하며 가급적이면 학생들이 이러한 과정을 주도할 수 있도록 하는 것이 중요하다. 교육자가 기준에 대해 논평을 하거나 기준을 추가할 수 있는 기회가 있을 때 학습자들에게 기준의 추가나 변경이 그들의 과제물에 미치는 영향을 알아볼 수 있도록 허락해 주는 방법을 통해 학생들이 주도권을 갖게 할 수 있다.

형성평가 피드백은 학습자들이 동의한 준거에 초점을 두어야 한다. 무엇이 성공적으로 달성되었고, 보다 나은 발전을 위해서 무엇이 필요한가를 준거에 표현해야 한다. 준거들을 최소로 충족시켰을 때 개선가능한 점들을 명확하게 밝혀주는 것이 유용할 수 있다. 또한 문법, 구두법, 논거의 견고성, 일반적인 편집 요소 등과 같은 이슈들에 대해서 논평을 하는 것도 적절하다. 반면에 일부 교육자는 이러한 형성평가 피드백이 학생들에게 그들의 과제물을 다시 작성하도록 요구할 수 있다는 염려를 할 수도 있지만, 논평이나 간략한 예시를 제공하는 수준이 적절하다. 어느 교육자는 슈퍼비전을 하는 동안 다음과 같은 경험을 이야기했다.

> 대학원 수준의 한 여학생이 3,000개의 단어로 제한이 된 과제를 위해 도움을 구하고 있었다. 그녀는 6,000개의 단어들을 사용하였고 어느 단락을 삭제해야 할지를 몰랐다. 왜냐하면 과제에서 제시된 기준을 충족시키기 위해서는 이들 모두가 필요했기 때문이었다. 평가피드백 과정에서 그녀의 과제는 정확하다고 평가되었다. 과제는 그녀가 포함한 모든 요소들을 요구하지 않는다. 또한 문체를 좀 더 간략하게 할 수 있었다. 그녀의 과제물에서 세 개의 단락이 임의로 선택되었고 이들을 수정하였다. 각각의 단락은 단어가 250개에서 50개로, 300개에서 100개로, 400개에서 200개로 현격하게 줄어들었다. 그 여학생은 과제물을 돌려받고서, 무엇을 했어야 했고, 나머지 단락들에 대해서 무엇을 해야 하는지를 이해하였고, 그녀의 보고서 집필 기술을 발전시켰다.

많은 교육자들은 학습자들의 행동에 아주 미미한 영향을 미칠 것 같은 한 장짜리 과제물에 대해서도 그들의 총괄평가를 정당화하기 위하여 형성평가 피드백에 비해 상당한 시간과 노력을 할애한다. 학습자들은 형성평가 피드백을 요청받은 교육자가 과제물을 개선시키거나 변화를 줄 수 있도록 하는 방식으로 내용, 문법, 구두법에 대해서 논평을 하지 않았을 때, 학습자들은 화가 나거나 불만 또는 실망과 같은 감정을 가진다고 보고한다. 하지만 교육자들은 아직도 문법과 같이 주의가 필요한 일보다는 총괄평가를 하는 동안 하나의 과제물 전체를 검사하는데 많은 시간을 할애하고 있다이건 세밀한 평가를 하게 된다면, 학습자들의 행동을 변화시킨다는 측면에서, 형성적 방식으로 상세한 피드백을 주는 것은 더 적합하고 효과적으로 보인다. 따라서 학습자들에게 수여되는 평가등급을 충분히 정당화할 수 있다면 간략한 논평이 총괄평가의 일환으로 제공될 수 있다. 공유된 사례를 통한 스토리텔링 학습에 대한 형식적 피드백 제공은 경험에 기초한 통찰을 통해 의견제시를 가능하게 한다. 형성적 단계에서 특히 중요한 것은 학습자들이 성취하고자 시도하는 과제와 관련된 사례가 적절한가에 대한 피드백이다. 논평은 특히 불필요한 자료 또는 민감한 정보를 제공하지 않고, 학습자들이 핵심을 파악할 수 있도록 필요한 만큼의 전후사정과 함께 충분하고 적절한 세부사항을 포함하고 있는지와 표현의 명료함에 대해 초점을 두어야 한다. 구성적이고 형성적 피드백을 통해서 학습자들은 반성적 수행으로부터 발생하는 학습을 표현할 수 있도록 장려하는 안전망을 제공받는다. 특히 문제점 또는 실수와 관련해서 학습자들은 얼마나 많이 문제점이나 실수를 드러내야 하는지를 확신하지 못할 것이다. 무엇보다 민감한 정보에 있어서 서면상의 논평을 제공하는 것뿐만 아니라 학습자들과 이야기를 하고, 앞으로 어떻게 진행해야 할 것인지에 대해서 학습자들이 분명히 이해하고 있다는 점을 확신시켜주는 것이 유용하다. 또한 대화가 형성적 피드백의 일환으로써 가능하다면 경험으로부터 만들어졌거나 또는 경험과 관련된 이론이 내재된 다른 방식들을 탐구할 수 있는 기회를 학습자들에게 제공하는 것이 효과적이다.

총괄평가는 과제물에 대한 채점을 하기 위해 수립된 기준을 따라야 한다. 형성적 피드백에 부응하여 과제물이 재구성되기 때문에, 학습자들은 총괄평가 채점을 위해 최상의 과제물을 제출할 수 있는 기회를 가질 수 있다. 채점자는 신뢰성을 보장하기 위해 과제물을 비교할 때 표준평가 요소들을 준거기준평가 과정에 맞추는 것이 일반적이지만 표준평가는 채점결과를 좌우하는 기준이라는 점을 확신시키기 위해 주의를 기울여야 한다.

스토리텔링 경험을 이끄는 사례 평가를 위해 개발된 준거는 구체적인 과제들과 연결될 필요가 있다. 교육자는 학습자들에게 아래와 같은 기회들을 제공하는 기준을 수립할 수 있다

- 발생한 학습을 보여줄 수 있는 기회
- 논평 또는 비평을 통해 토론된 이론과의 관련성을 밝히는 기회
- 실천을 통해 이론을 수립하는 기회

과제가 다양한 형태를 가질 수 있는 반면에, 반성적 실천을 통해 얻은 혜안을 활용하려고 할 때는 성취된 것과 성취된 방법에 대한 증거를 포함하는 것이 중요하다. 혜안을 얻게 되었다는 것을 증명하기 위하여 증거들은 이 증거들이 선택되었다는 것뿐만 아니라 왜 선택되었는지 그리고 새로운 지식이나 생각이 발전하게 되었다는 것을 뒷받침하는 이론도 함께 자세하게 설명되어야 한다(Beaty, 1997). 이런 학습의 증명은 상황에 영향을 받게 된다는 것 역시 중요한 사항이다.

성숙한 학습자들은 새로운 학습이 이전의 지식 그리고 과거의 경험과 상황을 연결시키기 위한 기회를 찾고자 한다. 이론과 실제의 차이를 줄일 수 있다는 점에서 상황을 통해 학습을 이해하는 것은 모든 학습자들에게 긍정적인 결과를 가져올 수 있다. 그러나 평가의 관점에서는, 상황과 별개로 학생을 평가해야 한다고 평가자가 주장할 때에는 여러 문제점들이 존재할 수 있다. 이런 평가는 형성평가가 학습자들에게 외부의 실천 현장에서 학습주제를 찾도록 요구했을 경우 특히 더 어려워진다.

또한 평가자가 학습자들과 함께 작업을 하면서 일정 기간 동안

만들어진 인상과 판단을 형성평가가 포함할 경우 더욱 복잡해지고 갈등상황을 만들 수 있다(Eraut, 2000). 이런 관찰은 학습자들이 문제에 접근하기 위한 능력, 팀구성원으로 활동하기 위한 능력, 이론을 실제에 적용하기 위한 능력, 다른 사람의 경험을 활용하여 학습하기 위한 능력들을 포함한다. 학습자들이 긍정적인 피드백에 대하여 감사를 표시할 수 있는 반면에, 문제점이나 관련 사항들이 부적절하게 포함된 것처럼 보일 것인지에는 초점을 두지 않는다. 간호학과 3학년차 학습자는 다음의 스토리를 공유하였다.

> 나는 얼마 전부터 정신과에서 근무를 시작했는데 근무 첫 날에 있었던 일이다. 나는 격리병동에 배정이 되었고 매우 긴장을 하였다. 우리에게는 열쇠가 주어졌고 거의 하루 종일 문만 열고 닫았다. 점심시간 때 약을 나눠주는 간호사와 함께 나갔다. 그녀는 나에게 치료실로 가서 환자 중 한 명을 위해 진통제를 가져오라고 했다. 나는 가서 약을 가져왔고 우리는 그 환자를 위한 알약들이 맞는지를 확인했다. 우리는 그곳에서 한참동안 이야기를 나눴고 환자들은 식사를 마치고 하나 둘씩 자신들의 방으로 가든지 아니면 다른 곳으로 가기 위해 식당을 떠났다. 내가 식당을 나선 지 약 20분이 지난 후 치료실과 복도사이에 있는 문을 열어두었다는 것을 발견했다. 치료실 출입문은 잠겨져 있었으나 복도와 연결된 중간문은 열려 있었다. 내가 약을 가지러 갈 때 문을 잠근다는 것을 잊어버렸던 것이었다. 나는 아주 당황스러웠다. 나는 간호사에게 가서 이 일을 설명했다. 그는 친절한 사람이었다. 그는 내가 무엇을 해야 하는지를 설명해 주었고 나와 함께 문이 열려있었던 구역을 살펴본 후 병동 내 모든 사람들이 제자리에 있는지 그리고 다들 괜찮은지를 일일이 확인했다. 우리는 돌아다니면서 이야기를 했는데 그는 이런 종류의 병동이 나에게는 얼마나 생소한 곳인지를 이해하는 것으로 보였다. 나는 속이 많이 상했지만 적어도 문이 열려있다면

> 무엇을 해야 하는지를 알게 되었다.
>
> 몇 시간이 지난 후 교육관이 와서 내가 어떻게 지내고 있는지를 물었다. 나는 여전히 그 실수로 인해서 다소 당황스러워하면서 교육관에게 그 일에 관해서 말했다. 나는 그 친절한 간호사가 어떻게 모든 환자들과 그 지역을 점검하는지를 나에게 보여줬다는 것을 설명했다. 교육관은 내가 이제 무엇을 해야 하는지를 안다는 것을 보고 아주 흡족해했고 약 4주 후에 내가 그 병동으로부터 총괄평가를 받을 때까지 그 문제와 관련되어 더 이상의 언급은 없었다. 하지만 그 교육관은 내가 격리병동 내에서 문을 잠그지 않았기 때문에 안전성 항목에 대해서 불합격을 시켰다. 그때는 첫 근무일이었고 그 후로 다시는 열어두지 않았다. 그리고 나는 동일한 상황이 발생하면 무엇을 해야 하는지를 알았다. 나는 앞으로 교육관에게 절대 아무런 얘기도 하지 않을 것이다. 그들을 믿을 수가 없다.

이와 같은 방식으로 정보를 이용한 교육관은 학습자에게 대단한 영향을 미쳤다. 불합격이 그 학생에게는 한 학기 전체를 재수강해야 함은 물론 공휴일을 포함해 2주 동안 추가로 현장실습을 해야 한다는 것을 의미했다. 그러나 그녀는 그녀와 마찬가지로 교육관들과 이런 종류의 정보를 공유할 때는 주의를 해야 한다는 것을 알고 있는 동료들과 그녀의 감정을 공유했다. 이와 같은 스토리는 반성적 실천에 참가하려는 학습자들의 의지에 중대한 영향을 미치므로 교육관들은 그들의 기준을 분명하게 설정해야 한다. 만약 이와 같은 정보가 총괄평가에 사용되어야 한다면 학습자들과 대화를 통해 서로 이해할 수 있도록 하는 것이 중요하다. 이 사건 역시 원래 사건과 연관된 당사자들 이외의 다른 사람들에게도 영향을 미치는 스토리의 사례를 제공한다. 왜냐하면 이후의 다른 학습자들은 그들의 경험을 공유하는 것을 꺼려했기 때문이다.

평가 기회

교육자들이 형성평가 또는 총괄평가를 사용할 때, 학습경험을 풍부하게 하고 학습 발생을 입증하기 위한 자료의 질을 향상시키는 다양한 접근방법들을 활용하는 것이 가능하다(Crooks, 1993). 평가의 일환으로써 준거 수립, 증거 수집 및 판단과 같은 세 가지 주요 과정들이 필요하다. 전통적으로 이 세 가지 과정들이 교육자에 의해서 실천되고 있다. 또한 이러한 과정들을 학습자들과 공유하는 것이 학습결과에 긍정적인 영향을 준다는 것이 지금은 입증되었다(Biggs, 1999). 이 세 가지 과정은 자기평가, 동료평가, 교사평가 등을 포함한 다양한 접근방법들을 통해서 실행될 수 있다.

반성적 실천과 함께 사용될 때 자기평가(self assessment)는 학습자들이 단편적인 기술들에 대한 평가를 넘어서 실천에 대해서 보다 전체적인 관점을 가질 수 있도록 한다. 공식화된 스토리텔링을 통해서 학습자들은 그들의 실천에 대한 통찰을 얻고 성취한 결과를 평가하는 방법들을 찾는다. 비판적 사고는 학습자들이 이용 가능한 대안을 탐구하거나 변화를 계획할 수 있게 하여 결과물에 대한 타당성을 평가할 수 있도록 한다(Boud, 1995). 반성과 자기평가를 하지 않으면 실천 상황에서 발생하는 어려움 또는 예상치 못한 문제 영역들에 초점을 두게 되어 획득된 많은 결과물들이 인정받지 못하게 된다.

총괄목표를 위해 사용되는 준거를 명확하게 하는 것은 자기평가를 강화시킬 수 있는데 이는 교육과정에서 요구하는 사항들에 대한 학습자들의 이해를 더욱 분명하게 만들 수 있기 때문이다. 이를 기반으로 자기평가를 사용하는 학습자들은 증거를 고려할 가능성이 더 커진다. 학습자들이 기준을 충족하는 정도를 검사함으로써 기준

충족 수준을 결정할 수 있는 기회를 제공받는다면, 예상되는 학습 결과에 대한 이해가 증진되고 목표를 달성하기 위한 특정한 방향으로 노력을 기울이게 된다. 반면에 일부 교육자들은 학습자들이 이러한 과업을 수행하는데 필요한 역량이 부족하다고 말한다. 따라서 학습자들의 역량이 형성적 피드백과 동료들과의 협력적 토론에 의해서 지원된다면 적합한 기준들을 달성할 수 있는 기회들이 있다.

자기평가는 반성적 대화를 통해서 강화된다. 왜냐하면 대화는 일어난 일에 대한 세부 사항들을 분석할 수 있는 기회들을 제공하거나 무엇이 달라질 수 있었는지를 분석해 볼 수 있는 기회를 제공하기 때문이다. 이러한 평가적 판단들은 학습자들이 이전에 선택했던 실천방식과 비판들 중 선호하는 방식을 선택할 수 있게 도와준다(Boud. 1995; Brown, 1999a).

반성적 대화도 학습자들에게 동료평가에 관여할 수 있는 기회를 제공한다. 스토리텔링 단계에서 청중이 스토리텔러에게 주는 피드백은 형성적 동료평가의 한 유형이다. 이 피드백은 실천의 일부 과정과 통찰을 스토리텔러가 습득하도록 도와주기 때문에 형성적 평가이다. 동료평가는 사고를 증진시키고 자신감을 향상시키기 때문에 상당한 학습적 이익을 제공한다(Brew, 1999; Falchikov, 1986). 가장 효과적인 동료 피드백은 스토리텔러가 선택된 과정들과 주어진 상황에서 초래되는 결과물들을 서로 연관시키도록 도와준다. 이러한 피드백을 동료에게 제공하기 위해서는 실습에 관한 건설적 비평을 필요로 한다. 이러한 과정은 스토리텔러에게 유익한 정보를 제공할 뿐만 아니라 청중에게는 자신들의 실천에 관해서 배울 수 있고 '자신들을 위한 평가적인 기능들'을 개발할 수 있는 기회를 제공한다(Brown, 1999b: 8).

스토리텔링을 통해서 반성적 학습을 촉진시키는 교육자의 한 가지 역할은 자기평가와 동료평가를 통해서 스토리텔러와 청중이 실습에 관한 통찰을 갖도록 촉진하는 것이다. 실습에 관한 세부사항들을 분석하고 검증하기 위한 효과적인 방식을 보여주는 교육자의 사례는 아주 중요하며, 이것은 실습을 대체할 수 있는 방안을 찾을 수 있는 공개적이면서 학습자들에게 부담되지 않는 환경에서 발생될 필요가 있다. 세부사항들과 동기부여 또는 결과들에 대한 설명이 가능하도록 하는 질문 기법의 예들이 학생들에게 제공된다면 매우 효과적일 것이다.

또 평가자로서 교육자의 역할은 실천에 대한 통찰을 기를 수 있도록 형성적 피드백을 스토리텔러가 충분히 받도록 하는 것이다. 이와 같은 피드백의 필수요소는 총괄평가보다 형성평가에 적절한 소재들에 대한 기준을 분명히 하는 것이다. 형성적 피드백을 통해서 교육자는 스토리텔러가 그들의 실천에 대해서 보다 심층적인 인식을 가질 수 있도록 그리고 과제평가를 위해 수립된 기준과 관련된 증거를 제공할 수 있도록 사례를 만드는 것을 도와줄 수 있다. 이것은 증거가 적절한 맥락과 설명 자료들에 의해서 지지될 수 있도록 만든다. 이외에도, 형식적 피드백은 평가를 통한 반성적 학습과 이미 발생된 반성적 학습을 명확하게 설명해 주는 증거가 정확한지 여부를 입증할 수 있다. 이런 과정은 복잡하며, 일반적으로 교육자와 학습자는 반성적 과정과 성취된 학습 결과물들을 분명히 밝히는 대화에 참여하도록 요청된다. 평가목적의 스토리텔링을 통한 반성적 실천에 의해 발생된 통찰을 사용하면 그것이 반성적 과정을 강화하고 학습 기회들을 증진시키기 때문에 유용한 '역류' 효과를 가져 온다(Biggs, 1999). 교육자들과 그들의 학습자는 평가의 특성, 평가될 정보, 사용될 기준에 관해서 분명하게 이해하고 있는 교육자들은 형성적 피드백에 기초하여 총괄 평가자의 역할로 이동할 수 있다.

이 장에서 다루어진 윤리적 이슈와 평가요소의 범위는 일어날 수 있는 모든 상황들을 포함하진 않는다. 이들 이슈들은 학습자와 함께 스토리텔링에 참여할 때 더욱 자주 일어나는 상황들이기 때문에 선택되었다.

이와 같은 상황들을 다룰 때는 상호 협의된 기본규칙을 통해 반성적 과정을 안내하고, 반성적 결과물과 스토리에 관한 대화를 할 수 있는 기회를 제공하고, 경험 학습에 참여하는 동안 학습자와 교육자가 안전할 수 있도록 분명한 기준을 수립하는 것이 중요하다.

CHAPTER

11

반성과 결론

STORY
TELLING

✔충고 이야기 듣기
✔서로 다른 여정과 합일점
✔스토리텔링의 수용
✔학습이론으로서의 스토리텔링

CHAPTER

11

반성과 결론

실천을 향상시키기 위해서는 학습도구로 내러티브를 사용해야 한다는 주장이 다양한 분야 – 예를 들면 교육, 심리학, 철학, 인류학, 역사, 의학, 그리고 최근에는 생물학– 에서 나오고 있다. 서로 다른 배경과 다양한 아젠다를 보유한 학자, 작가, 교육자 및 실천가들은 이야기를 교육적인 목적으로 사용하고 있다. 이 책을 쓰고 또 스토리텔링 경험을 공유하면서 우리는 내러티브 형식에 맞춰 현재 축적되어 있는 지식체에 공헌하고자 하였다. 이 마지막 장에서 우리는 반성과 관련된 최근의 충고 이야기를 간략하게 언급하고 이 책을 쓰면서 경험했던 것을 기술하고 이전 장들의 아이디어와 통찰을 요약하고자 한다.

충고 이야기 듣기

전문적인 준비를 위한 반성적 지향의 옹호자로서 우리들은 형식화된 스토리텔링은 학생들의 자신들의 초기 실천을 반성할 수 있도록 해 주고 나중에 전문적인 일을 수행할 때 직면하게 될 복잡한 사항이나 불확실한 일 혹은 긴장을 처리할 수 있는 능력을 향상시켜준다고 주장한다(Loughran, 1996). 그러나 반성의 제약이나 방해에 관한 충고 이야기에 주목한다. Larrivee(2000:34)와 마찬가지로 우리는 '반성적 실천가가 되는 길은 불규칙한 과정의 증대된 변화로 전염된다'는 것을 인정한다. 우리는 또한 일부 학생들이 반성 과정을 수용하기 어려워하는 것도 알고 있다. 특히 우리는 전문적 과정에서 반성이 진척되는 동안 발생하는 일부 교육자들의 맥락 인식 부족에 관해 Boud와 Walker(1998: 196)가 우려를 표한 점에 주목했다. Boud와 Walker(1998)는 맥락을 '반성이 일어나는 문화적이고 사회적이며 정치적인 전체 환경'으로 여긴다. 그들은 일부 교육자들이 반성 활동을 계획할 때 다음과 같은 요인을 고려할 것을 제안한다:

- 문화적이고 제도적이며 원칙적인 맥락에서 어떤 요소가 이 지역의 맥락에 비추어 걸러지거나 직면할 필요가 있는지 혹은 학습 사태(즉 특정 코스에서의 기간)에 도움이 되는지에 관한 인식
- 그들이 몸담고 있는 제도/기관의 요구사항을 처리하는 방법
- 이것이 학습자들에게 개별적으로든 집단으로든 영향을 미칠 수 있는 그들의 권위와 방식(p. 203)

우리는 일부 교육자들이 교수-학습에 미치는 맥락의 영향을 인식하지 못하고 있다는 것에 동의하며 이 문제를 작게나마 개선시키고자 고군분투했다. 우리는 먼저 스토리텔링을 구성주의 관점에 두고 Vygotsky(1978)의 사회-문화적 이론과 연관지었다. 그 다음으로 맥락적 특징을 스토리텔링에 통합시키는데 주력하여 반성의 과정 일부로 탐구될 수 있도록 하였다. 우리가 장려하는 접근법은 학생들로 하여금 문화적으로 형성된 의미구성 과정으로 작업하고 과거와 현재의 학습을 통합하며 정서적 요인에도 관심을 갖도록 격려

하는 것이다. 우리의 개별 및 그룹 스토리텔링 과정은 학생들이 전문적인 실천의 의미를 구성하기 위해서 반성과 경험을 사용할 수 있도록 하며 맥락, 구성, 협동 및 대화의 구성주의 원리로 뒷받침된다. 그러나 이러한 과정과 원리가 우리의 학습 접근법을 지지하더라도 우리는 다른 사람들의 연구 결과에도 주의를 기울인다.

주저하는 반성가들

반성의 네 가지 형태 – 저널 쓰기, 실습 경험의 재검토, 중요한 사건의 확인 및 비판적 친구와의 토론 – 에 노출되어 있는 주저하는 반성가들에 관한 Sumsion(2000)의 진술은 흥미롭다. 이 연구에서 강조되고 있는 두 가지 영향은 학생들이 자신들의 직무(이 연구에서는 교수)에 전념하는 것과 반성에 전념하는 것이 부족하다는 것이다. 교육자로서 우리는 학생들이 자신들이 등록하여 선택한 학습 프로그램에 전념하기를 바라지만 이 연구에서 제시하듯이 우리는 이러한 근본적인 추정을 실현할 수 없다. 아마도 그러한 결과물은 학생들이 등록 전에 특정 전문직에 노출되는 것과 실천을 반성해 보는 것을 지원한다.

반성적 활동에 대한 변수가 되는 학습자 전념은 어떻게, 언제, 어떤 조건 하에서, 그리고 어떤 목적으로 학생들이 반성 및 반성과 관련된 활동의 개념에 접하는가에 관한 이슈를 야기한다. 이 텍스트에 소개된 바와 같이 우리는 5단계의 반성적 스토리텔링 접근법을 택하며 우리가 볼 때 이 접근법은 개념을 좀 더 작고 처리가능하며 쉽게 소화시킬 수 있는 부분으로 제시하여 학생들이 태도/사고방식의 문제점을 극복할 수 있도록 돕는다. 우리는 또한 반성은 일부 학생들을 불편하게 하는 개념임을 알고 있으나 그들의 저항은 전문가가 되는 법을 학습할 때 반성의 역할을 이해함으로써 줄어든다고 주장한다.

우리가 교수 실제에서 개별 및 집단 저널쓰기를 포함하여 다양한 반성 활동을 해 보았지만 스토리텔링을 도구로 활용했던 것만큼의 성공을 거두지는 못했다. 이것은 아마도 스토리텔링이 설명이 필요 없고 다양한 방식으로 사용될 수 있다는 측면을 지닌 익숙한 소통의 도구이기 때문일 수도 있고 혹은 우리가 이 도구를 가지고 작업하는 방식에 좀 더 능숙해졌기 때문일 수도 있다. 아마도 두 가지 모두가 원인인 것 같다. 이는 우리가 주저하는 스토리텔러들을 만나본 적이 없다고 말하는 것이 아니라 우리 경험으로 보았을 때는 그러한 사람들이 드물다는 것이다. 우리가 가장 빈번히 접하게 되는 어려움은 적절하게 처리할 수 있는 시간을 갖는 것보다 더 많은 학습자 이야기를 수용하고자 애쓰는 것이다.

반성적 활동의 평가

Sumsion(2000)의 연구에서 주저하는 반성가로 묘사되었던 학생들이 이구동성으로 지적한 가장 중요한 요인은 반성적 성찰활동과 연계된 평가 – Crooks(1993)가 '평가 주도 학습'이라 언급한 것의 좋은 예– 의 부족이었다. 우리는 이 문제를 본보기(예시)를 제공하면서 스토리텔링과 연관 지어 다루었는데, 이것은 반성적 도구로 하여금 학생들과 도구 그 자체 혹은 반성적 성찰학습 결과를 성취하는 잠재력과 타협하는 것 없이 평가되도록 허용한다.

변화를 줄 수 있는 어필

우리가 이미 인정했던 것처럼 스토리텔링을 통한 학습이 모든 학생이나 교육자의 흥미를 끌지는 못할 것이며 스토리텔링의 모든 형식이 구성적인 성과를 산출하지도 못할 것이다. 우리가 이 책을 집필하던 동안 서로의 다른 배경과 세계관 및 전문적인 경험 때문에 우리는 서면 스토리텔링과 구두 스토리텔링의 우위에 대한 이견을 가지고 있었다. 사실 그 때는 이야기를 하는 것에 관한 책을 집필하려는 생각에서 이야기를 하는 것에 관한 이야기를 하는 것으로 전환한 직후였고, 우리의 이견은 수렴되어 우리의 사고를 움직이게 되었고 결국 이 책을 집필하기에 이르게 되었다.

그것은 교육자들 입장에서 학생들이 스토리텔링과 그 방법에 관해 학습해야 하는 것과 학생들 입장에서 자신들이 스토리텔링에 관해 배워야 할 것과 그 이유 사이에 있는 긴장일 수 있다. 이러한 긴장을 줄이기 위해서 우리는 구두 및 서면 형태로 스토리텔링을 촉진시킨다. 결국 스토리텔링은 인간이 자연스럽게 행하는 것이다. 그것은 문화 내에서 혹은 여러 문화를 망라한 가장 매력적이고 흔히 사용되는 상호작용 양식이다. 따라서 교육자 입장에서 그것을 반성적 학습 도구로 활용하는 것은 타당하다. 우리는 그것이 형식적인 교육 현장에서 빈번히 활용되기를 바란다. 우리가 중요한 토픽에 관해 유의미한 방식으로 서로서로 연관될 때 학습이 진정한 보람이 되기 때문이다.

스토리텔러와 청자가 형식적 장면에 함께 모여 스토리를 가지고 작업할 때 각각의 학습자가 배우는 것은 다를 수 있는데 이러한 측면이 일부 교육자들을 걱정스럽게 한다. 한 가지 방법은 이것이 사용되는 학습도구와 상관없이 발생하는 것이 아닌지를 묻는 것이다. 이러한 우려를 살펴보는 또 다른 방법은 우리가 이 책을 협동하여 작업했을 때 우리에게 발생했던 일을 기술하는 것이다.

서로 다른 여정과 합일점

우리가 집필을 시작했을 때 우리는 반성과 스토리텔링에 대해 꽤 잘 알고 있다고 생각했다. 그리고 교육자들과 학생들의 이목을 끌 수 있는 방식으로 표현하는 것이 도전적이지만 황홀한 경험이 되리라 생각하였다. 여러 면에서 특히 이것이 우리의 첫 번째 책이기 때문에 그랬다. 그것은 또한 우리가 이제껏 해본 일 중 가장 힘든 작업이었다. 왜냐하면 우리의 논의 중에 그리고 초고를 작성하는 동안 우리는 왜 우리가 특정한 방식으로 생각했고 특정한 관점으로 가르쳤으며 특정한 원리를 확고부동하게 신뢰했는지를 서로에게 해명해야만 했다. 이 때 우리는 종종 서로에게 이야기를 들려주었고 그 과정에서 같은 결론 －형식화된 스토리텔링을 통해 반성적 학습 성과를 성취할 수 있다－ 에 이르게 되었다. 그러나 서로 다른 길로 결론에 도달하였다. (제1장에 수록되어 있듯이) 처음 서로의 이야기를 읽었을 때 우리는 서로 다른 여정을 알게 되었다. 이러한 차이점은 때로 같은 장소에 가기 위해 다른 길을 택할 필요가 있음을 상기시켜 주었다.

우리가 함께 작업하는 학생들도 다양한 학습의 길로 그들을 데려가며 서로 공유할 이야기를 갖게 될 것이다. 이러한 이야기 중 일부는 일상적으로 경험하는 주제이다. 다른 일부는 동떨어져 있으나 그것이 특정 학생의 특정한 관점에서 특정한 시간에 경험한 것을 반영하므로 동일한 가치를 지닌다. (제8장과 9장에서 살펴본 과정에 명시되어 있는 것처럼) 우리가 시간을 내어 경청하고 또 다른 사람의 관점에서 세계를 바라보며 무엇이 그들의 사고와 감정과 행위를 형성했는지 이해하고자 노력할 때 차이점은 해방될 수 있다.

스토리텔링은 우리가 서로서로 관계를 맺도록 해주고 때로는 홀로 설 수 있도록 해준다. 소통 양식이자 탐구양식으로서의 스토리텔링은 여러 면에서 우리 인간들이 타인을 통해 그리고 때로는 내면의 세계로 들어가 자아로부터 학습할 필요가 있음을 보여준다. 만일 우리가 지식의 구성을 개별적이고 협동적인 학습을 포함하는 과정으로 본다면, 우리는 우리의 전문직과 우리 자신 그리고 타자와의 관계에 내재되어 있는 복잡성을 이해할 수 있는 잠재력을 더 잘 기를 수 있다. 반성적 스토리텔링을 통해 비판적으로 실행을 탐구하는 방법을 학습하는 것은 교육자와 학생들에게도 마찬가지로 어마어마한 과업이 되지만 그것은 보람이 있는 과업이 될 것이다.

스토리텔링의 수용[1]

스토리텔링을 학습 도구로서 사용하는 것이 처음인 교육자들에게 좋은 출발점이 되는 것은 우리가 제5장에서 기술하였던 활동 몇 가지를 시도해보거나 제8장에서 소개된 것처럼 개별화된 과정을 사용하여 실천과 관련된 자신의 이야기를 동료와 함께 공유하는 것이다. 우리가 내러티브의 역할을 자신의 실천의 전개에서 그리고 일상생활에서 파악할 때만 우리는 스토리텔링을 학생들의 학습도구로 온전히 수용할 수 있다. 우리가 이야기로 작업하면 할수록 우리는 이 도구의 학습 잠재력을 더욱 의식하게 된다. 때로 이 잠재력은 시작부터 속히 들여다보이지만 그것은 우리의 개인적이고 전문적인 삶의 중층 주머니 안에 자리 잡고 있다.

사실 우리는 이 책의 집필 결과로서 스토리텔링을 통하여 학습하는 것에 관해 좀 더 열정적인 모습을 보였다. 이전에 경로 모형의 양상을 출판하였으나, 우리가 생각하기에 스토리텔링의 다양한 단계와 유형 동안에 발생한 것을 도표로 나타내는 방식에 관해 고심할 때 스토리텔링을 통한 반성적 성찰학습 모형(Model for Reflective Learning through Storytelling)이 형성되었다. 우리는 (우리가 생각하기에) 학습이 어떻게 발생하였는지를 기술하고, (우리가 느끼기에) 어떤 특징이 학습 결과에 영향을 미치는지를 식별하고 싶었다. 서로서로

1) 스토리텔링 혹은 스토리텔링의 입장을 적극적으로 채택하고 용인하는 것을 의미함.

의 대화, 동료 및 학생, 자기 반성과 자기 탐구의 집중 시간, 그리고 삶에 대한 내러티브 접근법을 다양하게 옹호하는 논문 읽기를 통해 우리의 아이디어는 이 모형을 개발하도록 이끌었다.

이 책의 집필을 위한 맥락은 고로 많은 원천으로부터 구성되었다. 여기에는 우리가 직관적으로 아는 것은 무엇이며 교육적으로 올바른 틀 안에서 전달하고 싶은 것은 무엇인지를 밝혀내기 위한 시도에서 우리가 서로에게 했던 이야기를 포함시켰다. 이야기는 많은 개인들과 더불어 우리의 개인적이고 전문가적인 삶을 형성하도록 도움을 주었기 때문에, 이 책의 집필에서 이야기는 주된 역할을 하였다. 일부 이야기는 깨지기 쉽고 일부는 견고하며 또 다른 이야기는 우리가 자기-반성에 지속적으로 종사하고 타인과 상호작용을 하며 우리 삶에 직접적으로든 간접적으로든 영향을 미치는 맥락과 연계됨에 따라 변한다. 공생관계의 본질을 가정하면 우리는 또한 이러한 맥락에 영향을 미친다.

이 책의 형성에 중요한 영향을 미친 또 다른 맥락은 학습과 반성에 대한 문헌이다. 여기서 우리는 Moon(1999)의 학습 지도를 발견했고, 이를 Entwistle(1988, 1996)의 피상적 학습 및 심층 학습 이론과 함께 우리의 모형에 통합시켰다. 우리는 또한 이 텍스트에서 언급했던 개념 -사회문화적 학습(Vygotsky, 1978), 경험으로부터의 의미 구성(Schön, 1991), 반성적 대화(Brookfield, 1995), 비판적 사고(Kemmis, 1985), 정서(Boud, Keogh & Walker, 1985), 변형 학습(Mezirow, 1981), 그리고 문화적 맥락(Bishop & Glynn, 1999)- 을 스토리텔링과 연관시키고자 시도하였다. 기쁘게도 우리는 각 측면이 형식화된 스토리텔링 과정의 사용을 통해 연관될 수 있다는 것을 발견하였고, 그 결과 이 도구가 대학 교육 맥락에서 중요한 학습 잠재력을 지니고 있다고 추정하게 되었다.

학습이론으로서의 스토리텔링

Van Manen(1991)이 주장하는 바처럼 만일 스토리텔링이 '일상 속에서의 이론화하기 형식'(p. 369)이라면, 그리고 만일 교육자인 우리가 학생들의 반성도구를 사용하여 학습을 촉진시킬 수 있다면, 아마도 우리는 학생들이 실천가로 전환하는 것을 더 잘 준비시킬 수 있을 것이다. Mattingly(1991:236)는 다음과 같이 말했다:

> 스토리텔링과 스토리 분석은 종종 행하기 어려운 반성과 실천을 안내하는 일상적이고 암묵적인 구성체에 대한 고려를 촉진시킨다. 스토리는 사람들이 종종 제안 방식, 지시 형식, '개인적인 이론들', 그리고 그들의 행동을 안내하는 깊이 박혀있는 이미지로는 말할 수 없는 깊은 신념과 가정으로 향한다.

이런 식으로 스토리텔링을 조망하는 것은 교육자들로 하여금 학생들이 대안적 가정과 모형 및 이론에 민감할 수 있도록 충분한 기회를 제공한다. 제7장에서 소개했던 메타분석과 같은 프로세스를 사용하여 우리는 우리 자신뿐만 아니라 우리와 함께하는 학생들이 많은 다양한 관점으로 이야기에 접근할 수 있도록 도전할 수 있다. 그렇게 함으로써 우리는 이야기를 보다 효율적이고 비판적으로 사용할 수 있으며 우리가 해석하고 의미를 구성하는 것이 우리가 그것들을 만들 수 있는 것만큼 책임 있는 일임을 확신할 것이다.

학생들이 스토리텔링을 통해 자신들의 경험을 표현하고 처리하도록 그들을 격려할 때 우리는 그들의 가정/추정을 명시하고 의문시할 수 있는 기회를 제공하는 것이며 이는 반성적 실천가의 전형적인 특징 중 하나이다. 만일 교육자와 학생들이 이런 방식으로 함께 일하고 배운다면, Brookfield(1995)가 언급했던 것처럼 그 결과는 학생들에게 좀 더 도전적이고 흥미로우며 자극적인 학습 경험이 될 것이다. 더 나아가 형식화된 스토리텔링은 예측된 것과 예측되지 않은 것을 함께 드러내는 정서적 울림과 능력을 지닌 채 교육자와 학생들 모두가 실행을 개발하는 과정에서 자아의 이해를 확장시킨다. Webb(1996:101)은 진정한 교육자/학생 관계에 관해 그의 논문에서 다음과 같이 간결하게 적고 있다:

> 진정한 직원 개발 혹은 교사-학생 관계를 추구할 때 양측이 변화될 것이라는 기대가 있다. 우리가 서로 상호작용할 때 우리는 도구적 수준 이상에서 그렇게 한다. 즉 우리는 (전체적인) 정서 수준에서 타인과 소통한다. 우리는 다른 사람들을 발전시키거나 가르치기 위해서뿐만 아니라 우리 자신을 찾기 위해서 그렇게 한다. 우리는 우리의 발달 및 교수 관계에 있어서 이해와 인성을 확장시켜야 한다.

우리가 이 책을 쓰기 시작했을 때 우리는 스토리텔링이 강력한 학습 도구이며 대학교육에서 중요한 역할을 한다고 믿었다. 우리는 다음의 사항을 강조하면서 우리의 이야기를 끝내려고 한다. 우리가 자신의 실행이나 실천에 관한 이야기를 하고 다른 사람들의 이야기를 들을 때 그리고 그것들을 좀 더 깊이 있고 비판적으로 처리하기 위해 함께 작업할 때, 우리는 자아(self), 관계성 및 실천을 풍부하게 하는 방식으로 관련을 맺게 된다. 이러한 관계성 속에서 우리는 새로운 지식을 구성하고 우리가 구성하거나 구성되는 관계성의 이해를 향상시킨다. 이러한 이유로 스토리텔링은 학습 이론으로 조망될 수 있고 또 그래야만 한다는 확신을 얻고 이 여정을 마친다.

인명 색인

사항 색인

(ㅇ)

(ㅈ)

(ㅊ)

(ㅋ)

(ㅌ)

(ㅍ)

(ㅎ)

참고 문헌

본 QR코드를 스캔하시면 '스토리텔링 학습법 혁명'의

참고문헌을 참고하실 수 있습니다.

[저자 약력]

Janice McDrury & Maxine Alterio는 New Zealnd, Dunedin의 Otago Polytechnic에서 교수로 근무하고 있다. Janice는 유명한 대학 교육자이며 건강 교육 분야 연구자이기도 하다. Maxine는 대학교 교직원 개발 분야의 전문가이며, 대학교육 프로그램 코디네이터이다. 이들은 특히 대학교육의 학습에서 혁명이 필요하다고 강조하며 학습도구로서 스토리텔링을 활용하는 방안을 제안하고 있다. 스토리텔링을 통하여 다양한 분야의 전문가들이 자신이 업무 현장에서 전문성을 향상시키는 방안을 스토리텔링에서 찾을 것을 권고하고 있다. 이 저자들은 현재 스토리텔링을 통하여 전 세계의 대학의 학습혁명을 강조하면서 전 세계의 고등교육 혁신을 주창하는 전도사로서 활약하고 있다.

[역자 약력]

강현석
경북대학교 대학원 교육학과 박사 졸업
Univ. of Wisconsin–Madison 연구원 역임
현재 경북대학교 사범대학 교육학과 교수
주요 저서: '현대 교육과정 탐구', '내러티브 교육과정의 이론과 실제' 외 다수

전명남
경북대학교 대학원 교육학과 박사 졸업
한국학술진흥재단 post–doc.
연세대학교 학습지원부장 역임
Harvard University 'Study Skills' 과정 수료
NorthEastern University 초청교수 역임
현재 대구한의대학교 상담심리학과 교수
주요 저서: '학습전략', '학습상담'

현영섭
고려대학교 대학원 교육학과 박사 졸업
한국교육개발원 연구위원 역임
현재 경북대학교 사범대학 교육학과 부교수
주요 저서: 'HRD 핵심지식', '인적자원개발의 이해'

이윤복
경북대학교 대학원 교육학과 박사 졸업
경북대학교 교육대학원 외래 교수 역임
현재 대전 동명초등학교 교사
주요 저서: '최신 교육과정 개발론'

스토리텔링 학습법 혁명

초판인쇄 2015년 8월 12일
초판발행 2015년 8월 26일

지은이 Janice McDrury · Maxine Alterio
옮긴이 강현석 · 전명남 · 현영섭 · 이윤복
펴낸이 안상준

편 집 김선민 · 배근하
기획/마케팅 박세기
표지디자인 홍실비아
제 작 우인도 · 고철민

펴낸곳 (주) 박영story
서울특별시 마포구 월드컵북로 400, 5층 2호(상암동, 문화콘텐츠센터)
등록 2014. 2. 12. 제2014-000009호
전 화 02)733-6771
f a x 02)736-4818
e-mail pys@pybook.co.kr
homepage www.pybook.co.kr
ISBN 979-11-85754-16-1 93370

정 가 18,000원